REINHART HUMMEL

# RELIGIÖSER PLURALISMUS ODER CHRISTLICHES ABENDLAND?

REINHART HUMMEL

# RELIGIÖSER PLURALISMUS ODER CHRISTLICHES ABENDLAND?

Herausforderung an Kirche und Gesellschaft

WISSENSCHAFTLICHE BUCHGESELLSCHAFT
DARMSTADT

Einbandbild: Moschee auf der Messe in Hannover. Foto AP.

Die Deutsche Bibliothek – CIP-Einheitsaufnahme

**Hummel, Reinhart:**
Religiöser Pluralismus oder christliches Abendland?: Herausforderung an Kirche und Gesellschaft / Reinhart Hummel. – Darmstadt: Wiss. Buchges., 1994
ISBN 3-534-11717-4

Bestellnummer 11717-4


Gedruckt auf säurefreiem und alterungsbeständigem Offsetpapier
Gesamtherstellung: Wissenschaftliche Buchgesellschaft, Darmstadt
Printed in Germany
Schrift: Times, 9.5/11

ISBN 3-534-11717-4

# INHALT

# VORWORT

Die Arbeit an dieser Monographie hat mir Gelegenheit gegeben, auf einige wichtige Erfahrungen zurückzugreifen. Sieben Jahre Tätigkeit in Indien hatten mir die Möglichkeit eröffnet, das Funktionieren des religiösen Pluralismus in einem Land zu beobachten, das nicht zu Unrecht als Hort religiöser Toleranz gilt, aber doch immer wieder von religiös-politischen Auseinandersetzungen erschüttert wird. Zwölf Jahre Arbeit in der Evangelischen Zentralstelle für Weltanschauungsfragen (EZW) haben mir Einblicke in den religiösen Pluralismus Mitteleuropas verschafft, wie man sie anderswo nicht so leicht erhält. Vor allem haben sie mir die Vielfalt und Konkretheit der hiesigen Religionsbegegnung vor Augen gestellt. Dazu gehört auch die Begegnung mit konkreten Menschen, die in ihrem persönlichen Leben davon geprägt worden sind. Ich habe für alles zu danken, was ich von ihnen gelernt habe. Danken möchte ich auch den Kollegen in der EZW, die sich in unterschiedlichen Bereichen mit dem modernen Pluralismus auseinandersetzen und mich an ihren Einsichten haben teilnehmen lassen. Dank schulde ich schließlich auch meiner Frau für die Geduld, mit der sie meine doppelte Belastung durch Institutspflichten und Autorenarbeit ertragen hat.

Die EZW ist eine Schaltstelle zwischen religions- und sozialwissenschaftlicher Beschäftigung mit dem religiösen Pluralismus und dem kirchlich-theologischen Umgang mit dieser Materie. Daraus wie auch aus den innerkirchlichen Polarisierungen in dieser Frage ergeben sich Spannungen, die sich nicht leicht überwinden lassen. Übereinstimmung sollte sich zumindest darüber erzielen lassen, daß die Herausforderung durch den religiösen Pluralismus zu den epochalen Aufgaben der Gegenwart gehört.

# I. EINLEITUNG

Die Weichen der Gegenwart sind in Richtung eines zunehmenden religiösen Pluralismus gestellt. Der Begriff Pluralismus ist zunächst deskriptiv gemeint und bezeichnet einfach die zunehmende Pluralität religiöser Optionen, die sich dem Individuum öffnen. In diesem Sinne ist Pluralismus ein empirischer Befund. „Religiöser Pluralismus" ist aber auch ein normativer Begriff und steht für eine Anerkennung, ja positive Wertung dieses Befundes. Den religiösen Pluralismus bejahen bedeutet Bereitschaft zu Toleranz und Dialog; in den Augen seiner Gegner signalisiert es Relativismus und postmoderne Beliebigkeit. Die „pluralistische Religionstheologie" zeichnet sich dadurch aus, daß sie auf das verzichtet, was sie als den überholten Absolutheitsanspruch des Christentums empfindet, ohne dem Relativismus huldigen zu wollen. Unter dem Stichwort des religiösen Pluralismus vollzieht sich gegenwärtig eine Auseinandersetzung über die theologischen Konsequenzen, die aus der unleugbaren Pluralität der Religion zu ziehen sind. Im öffentlichen Bewußtsein lassen sich die deskriptive und normative Füllung des Pluralismusbegriffs ohnehin nicht säuberlich voneinander trennen. Pluralität als solche hat bereits, vor aller deutenden Bewältigung, eine relativierende Wirkung.

Pluralität löst auf beiden Seiten Angst aus. Einerseits verunsichert sie denjenigen, der wissen möchte, was gilt. Wie sollen Menschen in der Gesellschaft miteinander leben können, wenn sie über die letzten Dinge uneins sind? Andererseits löst Pluralität gerade im religiösen Bereich Angst vor Religionskriegen und Kreuzzügen aus. Wie sollen die Menschen miteinander leben können, wenn jeder seine letztgültigen Wahrheitsansprüche in der Gesellschaft durchzusetzen entschlossen ist? Das Christentum steht in dieser Hinsicht in keinem guten Ruf, während man den Religionen Asiens eine größere Fähigkeit zur Toleranz zuzubilligen geneigt ist. Solche Befürchtungen stärken die Tendenz, Religion in den privaten Bereich abzudrängen oder auf andere Weise zu neutralisieren.

Keine der beiden Ängste ist unbegründet. Die Gegenwart steht erneut im Zeichen religiöser Auseinandersetzungen. Allerdings läßt sich einwenden: Wo Religion aus dem öffentlichen Leben ausgeschaltet wurde, haben die Konflikte auch nicht aufgehört, sondern sich nur anderer, nichtreligiöser Symbole bedient. Menschlicher ist das Leben dadurch auch nicht geworden. Gewiß kann es – in der Formulierung Hans Küngs – ohne Frieden zwischen den Religionen keinen Weltfrieden geben. Aber der Religionsfriede allein garantiert den Weltfrieden keineswegs. Selbstaufgabe religiöser Wahrheitsansprüche und der Geist religiöser Beliebigkeit als Postulate einer globalen Friedenspolitik sind kein überzeugendes Konzept.

Wie können Religionen ohne Selbstaufgabe miteinander leben? Welches ist die Aufgabe des Christentums in dieser Lage? Unterschiedliche akademische Disziplinen können zu einer Antwort auf diese Fragen beitragen: Religionswissenschaft, Kulturwissenschaften, Sozialpsychologie, Soziologie usw. Vor allem ist die Theologie gefordert, nicht nur ihren Beitrag zu dieser Diskussion zu leisten, sondern theologische Vorgaben für kirchliches Handeln zu liefern. Die Kirchen müssen lernen, mit dem neuen Pluralismus umzugehen. Das primäre Interesse der vorliegenden Untersuchung ist theologisch, die Methodik zu einem erheblichen Teil religionswissenschaftlich, vor allem wenn es darum geht, ein unverstelltes Bild des real existierenden religiösen Pluralismus zu zeichnen.

Begriffe wie „multireligiöse" und „multikulturelle" Gesellschaft sind zu Reizworten geworden und werden in vielen Stellungnahmen auf ebenso sorgfältige wie rührend durchsichtige Weise umschrieben. Die Angst vor dem Verlust religiös-kultureller Einheit beschwört wieder einmal die Sehnsucht nach dem „christlichen Abendland" herauf. Die These, der Begriff Abendland habe keinen Anhalt in der realen Geschichte, würde zu weit gehen. Und doch umschreibt er vor allem einen Mythos, und der läßt sich ohne allzu große Übertreibung als eine Erfindung der Romantik bezeichnen, der gleichen Romantik übrigens, die ein umfassendes Interesse an Indien und den Religionen des Ostens entwickelte. Die Entdeckung des Fremden läßt nach dem Eigenen fragen – und nach dem Verhältnis beider zueinander.

Gegenüber allen Verschwörungstheorien, die das heutige Europa schon als Opfer fremder religiös-kultureller und politischer Aggressionen oder „heiliger Kriege" sehen, ist, auf der grundsätzlichen Ebene, auf die Ambivalenz der heutigen Kulturbegegnung zu verweisen: Auch und vor allem die nichtwestlichen Kulturen haben Grund, sich als Opfer zu fühlen. Sie müssen ihre Rolle in einer Geschichte spielen, die sie nicht selbst geschrieben haben, und deren Autoren, wenn es sie überhaupt gibt, vielmehr im Westen sitzen. Sogar ihr Eigenes müssen sie heute in einer fremden Sprache und Gedankenwelt ausdrücken, wenn sie sich verständlich machen wollen.

Der Westen hat selbst jene Prozesse ausgelöst, als deren Opfer er sich heute gelegentlich fühlt.

Wilhelm Halbfass[1] hat bei seinen Überlegungen über Indien und Europa auf Ernst Troeltsch und dessen Gedanken über den unaufhebbaren Universalismus Europas hingewiesen: „Für uns gibt es nur die Universalgeschichte der europäischen Kultur, die natürlich der vergleichenden Blicke auf fremde Kulturen praktisch und theoretisch bedarf, um sich selbst und ihr Verhältnis zu den anderen zu verstehen, die aber mit den anderen dadurch nicht etwa in eine allgemeine Menschheitsgeschichte und Menschheitsentwicklung zusammenfließen kann." „Es gibt für uns nur eine Weltgeschichte des Europäertums", als „Beziehung des Planeten auf den Europäismus und sein Schicksal".

Halbfass kommentiert aus der Sicht des Nachgeborenen völlig zutreffend: „Troeltsch beschwört hier Europa gegen die Geister, die es selber rief; er beschwört Europa im Namen eines Universalismus, dessen Folgen sich nun gegen es kehren ... Sicher ist, daß die Universalität, die Europa heraufgeführt hat, nicht mehr Europas eigene Universalität ist ... Die geschichtliche Entwicklung ... hat die Europäer zwar zu Entdeckern und Eroberern der außereuropäischen Welt werden lassen; sie hat sie aber auch zum Mißtrauen gegen sich selbst, zum Zweifel an der eigenen Orientierung, zum Ungenügen an den Inhalten der eigenen Überlieferung geführt. In der Entfaltung seines Universalismus hat Europa zugleich Kräfte gegen sich geweckt. Seine 'Überlegenheit' ist insofern zugleich der Grund seiner Bedürftigkeit und Gefährdung."

Karl Rahner[2] hat diesem ambivalenten abendländischen Universalisierungsprozeß bereits 1957 eine geschichtstheologische Deutung gegeben, indem er auf die Notwendigkeit hinwies, das Erbe des Abendlandes (als des „geschichtlich-kulturellen Raums des Christentums") „in die ganze Welt ein(zu)stiften", es (als „heilsgeschichtliche Größe") andererseits „aufzuheben in den Daseinsraum der Weltkirche". In doppelter Weise weist die Vorstellung eines „christlichen Abendlandes", sofern sie überhaupt einer historischen Realität entspricht, über sich selbst hinaus, einmal in Richtung einer weltweiten kulturellen Auswirkung, über deren Nutzen oder Schaden sich noch nichts Endgültiges sagen läßt, zum anderen in Richtung einer nicht mehr eurozentrisch orientierten Weltchristenheit. Im Rahmen dieser Deutung verwandelt sich das, was leicht als Bedrohung empfunden werden kann, in eine Hoffnung oder zumindest in eine Chance, so daß Europa und der Kirche ein Raum für sinnvolles weltweites Handeln eröffnet wird.

Über die inhaltliche Deutung des abendländischen „Erbes" ist damit noch nicht entschieden. Romantikern wie Novalis und Friedrich Schlegel stand die Vision eines christlich-katholischen Europa im Sinne jenes Bildes vor Augen, das sie vom Mittelalter hatten. Protestanten sind eher geneigt, das Erbe der Aufklärung zu beschwören. Aber auch der Katholik Johann B. Metz erinnert an den „Rationalitätstypus der Aufklärung, auf dem unsere Freiheit und Gerechtigkeit suchende politische Kultur basiert", und befürwortet für die heutige Begegnung der Kulturen eine „Spannung zwischen der Authentizität der Kulturwelten und dem in den europäischen Traditionen entwikkelten Universalismus der Menschenrechte".[3]

Die vergangenen Jahrzehnte standen im Zeichen des Dialogs. Es hat eine geradezu inflationäre Verwendung des Dialogbegriffs gegeben, die ihm nicht gut getan hat. Die interreligiöse Euphorie ist unter dem Eindruck fundamentalistischer Aufbrüche und Exzesse weitgehend verflogen. Versuche, sie wieder zu beschwören, wirken verkrampft. Wer dem Frieden zwischen den Religionen dienen möchte, ist zu interreligiösem Realismus verpflichtet. Die Tatsache, daß zum Dialog zwei gehören, muß ernst genommen werden. Die Reaktionen der anderen Seite, in diesem Fall diejenige der anderen Religionen, ihre Stellung zum religiösen Pluralismus allgemein und zum Christentum im besonderen verdienen Aufmerksamkeit. Zwar kann der Dialog auf beiden Seiten Prozesse auslösen, die nicht im voraus berechenbar sind. Trotzdem ist es sinnvoll, nach den Grenzen des Erreichbaren zu fragen und die Hindernisse ernst zu nehmen, vor allem wenn sie aus der Substanz einer Religion kommen und nicht nur das Ergebnis historischer Zufälligkeiten sind – die freilich auch nicht gering veranschlagt werden sollten. Schöne Erfahrungen aus dem Dialogghetto sollten nüchtern eingeschätzt und angesichts der Breite der Religionen nicht überbewertet werden. Das kann natürlich nicht heißen, daß die christliche Seite ein problemloser Dialogpartner wäre und keiner Selbstprüfung bedürfe.

Konkrete Kenntnis des Dialogpartners ist ebenso wichtig wie die rechte Gesinnung. Ein Hauptproblem bei der Abfassung dieser Arbeit war die angemessene Balance zwischen konkreter Information und abstrakter Reflexion. Es fehlt in Staat und Gesellschaft noch weitgehend an detaillierter Wahrnehmung außerchristlicher Präsenz. Hier besteht der größte Nachholbedarf. Deshalb habe ich globale Theorien über Dialog und Pluralismus zu vermeiden versucht. Wir müssen zunächst wissen, mit wem wir es zu tun haben. Vereinfachend kann man feststellen: Die islamische Präsenz unter uns ist vor allem – natürlich längst nicht ausschließlich – eine Herausforderung für Staat und Gesellschaft. Das hängt erstens mit den rechtlichen und politischen Aspekten dieser Religion zusammen, zweitens mit der Tatsache, daß wir es in Mitteleuropa überwiegend mit einem eingewanderten ethnischen Islam zu tun haben. Allerdings darf die spirituelle und mystische Seite des Islam dabei nicht unterschlagen werden. Die „östlichen Religionen" – Hinduismus, Buddhismus, Taoismus, der islamische Sufismus könnte unter diesem Aspekt auch an dieser Stelle aufgeführt werden – und die neureligiösen Bewegungen sind vornehmlich eine religiöse Herausforderung für die Kirche, wenn man von den besonderen Verhältnissen in Großbritannien absieht. Diese Herausforderungen müssen in ihrer jeweiligen Konkretheit dargestellt werden. Die Herausforderung muß formuliert, mögliche Antworten müssen dargelegt werden. Die Gliederung des Buches orientiert sich an dieser Aufgabenstellung.[4]

Schwerpunkt ist der eigene Kontext, die Herausforderung an der eigenen westlichen Haustür. Primär geht es um Mitteleuropa. Seitenblicke in die benachbarten europäischen Länder und in die USA sind zu Vergleichszwecken hilfreich. Eingestandenermaßen spielten dabei pragmatische Gesichtspunkte eine Rolle: Einschlägige empirische Untersuchungen liegen vor allem aus dem englischsprachigen Raum vor und sind dort am leichtesten zugänglich, in geringerem Umfang in Holland und Frankreich. Also nicht der christliche Dialog mit dem japanischen Buddhismus oder mit dem Islam saudiarabischer Prägung steht im Mittelpunkt, sondern derjenige mit der Vielfalt buddhistischer Vorstellungen und Praktiken in Mitteleuropa und mit dem türkischen (bzw. im Falle Großbritanniens: mit dem indisch-pakistanischen) Islam. Andererseits kann nicht jedes konkrete Problem – von türkischen Kindern im Kindergarten bis zur Überlassung kirchlicher Räume an eine neureligiöse Gruppe – behandelt werden. Hier war Beschränkung auf das Wesentliche und der Mut zur Lücke geboten.

Der Dialog mit dem japanischen Buddhismus ist in gewisser Weise der schwerste und leichteste zugleich. Leicht ist er, weil zwischen den Partnern ein großer geographischer Abstand liegt und keine unbeglichenen Rechnungen das Verhältnis belasten. Die Probleme einer interreligiösen Hermeneutik[5] jedoch sind in diesem Fall kompliziert: Vorstellungswelt und Sprache haben von Hause aus keine Berührungsflächen, sondern verstehen sich aus dem jeweiligen religiös-kulturellen Gesamtzusammenhang. Gleichlautende Begriffe sind unterschiedlich gefüllt, so daß Mißdeutungen in einem mühsamen Prozeß eliminiert werden müssen. Der Dialog mit deutschen bzw. europäischen Buddhisten dagegen kann auf eine gemeinsame Vorstellungswelt und Sprache zurückgreifen. Jeder europäische Buddhist ist gezwungen, die Verständigungsprobleme zwischen christlicher und buddhistischer Welt schlecht und recht in seiner eigenen Existenz zu lösen. In der einen oder anderen Weise ist sein bzw. ihr Verständnis des Buddhismus von den Vorgaben des abendländischen Erbes und von der individuellen Begegnung mit Christen und Christentum geprägt. Zugleich ist das Christentum die Folie, der Hintergrund, vor dem das eigene Buddhistsein abgrenzend oder harmonisierend definiert wird. Buddhistsein im Westen impliziert im allgemeinen eine Stellungnahme zum Christentum. Das erleichtert das Verstehen, kann aber das Einverständnis erschweren. Die Frage, was im Leben und Denken eines westlichen Buddhisten Ausdruck eines authentischen Buddhismus ist und in welchem Umfang man im Bereich des „Abendlandes" überhaupt buddhistisch leben und denken kann, ist viel schwerer zu beantworten. Das gleiche gilt natürlich für deutsche Muslime, österreichische Anhänger eines Hindu-Guru oder Schweizer Schüler eines tibetischen Lama. Diese Arbeit geht davon aus, daß Weltreligionen wie Buddhismus und Islam wandern können und im Prinzip, wenngleich nicht ohne Schwierigkeiten, in fremde Kulturen verpflanzbar sind.

Die bedauerlich geringe jüdische Präsenz in Deutschland war einer der Gründe, das Judentum aus dieser Untersuchung auszuklammern. Es fehlt überdies nicht an Literatur zu diesem Thema, das die Deutschen verständlicherweise besonders stark bewegt. Vor allem ist das Judentum im Verhältnis zum Christentum nicht einfach eine andere Religion wie Hinduismus, Buddhismus und Islam. Die schrecklichen Erfahrungen christlichen Versagens im Umgang mit ihm waren allerdings ein wichtiger Anlaß, das Verhältnis zu den Religionen insgesamt einer Überprüfung zu unterziehen. In der Geschichte des 2. Vatikanischen Konzils ist dieser Zusammenhang ganz evident. Er gilt aber auch für den evangelischen Bereich. So wichtig die zu lernende Lektion auch ist, so wenig läßt sich das Modell christlich-jüdischer Beziehungen pauschal auf das christliche Verhältnis zu allen Religionen anwenden.

Zur Konkretheit der Wahrnehmung gehören auch Kenntnis und Ernstnehmen jenes weiten Bereichs von grauer Literatur und Kleinliteratur, in der sich fremdreligiöse Präsenz unter uns artikuliert: Faltblätter, Periodika usw. Über viele einschlägige Phänomene – Organisationen, Gruppen, Personen, jüngeren Datums wohlgemerkt – gibt es nicht viele Forschungsergebnisse, vor allem nicht in der deutschsprachigen Literatur. Forschungsarbeit über die unterschiedlichen außerkirchlichen „Szenen“ gibt es vor allem im angloamerikanischen Bereich; in Mitteleuropa schlägt sich einiges in Magister- und Diplomarbeiten unterschiedlicher Qualität nieder. Für das Gewinnen eines Gesamtbildes ist diese Literatur unverzichtbar.

Die Analyse der Ursachen des modernen religiösen Pluralismus erweist sich bei näherem Zusehen als schwierig, weil ganz unterschiedliche, sich überdies wandelnde Bedürnisse befriedigt werden. Es gibt eine manchmal kontinuierlich, manchmal in Schüben wachsende Präsenz nichtchristlicher Religion und Religiosität bei sich wandelnder gesellschaftlicher Situation. Religiöser Pluralismus nimmt zu, so ist nachgewiesen worden, wenn Einwanderungsbestimmungen und andere einschlägige Gesetze liberalisiert werden. Diese enttäuschend nüchterne Tatsache ist aber nicht alles. Die Faszination neuer oder neu auftretender Religionen hat auch mit der Befindlichkeit der Gesamtgesellschaft zu tun und verrät einiges über sie. Trotzdem sollte die Beschäftigung mit ihnen mehr sein als ein weiterer Anlaß für die narzißtische Beschäftigung der Gesellschaft mit sich selbst. Darum soll im folgenden versucht werden, die vielfältigen Formen anderer Religionen und Religiosität wahr- und ernst zu nehmen.

# II. 1893–1993: EIN JAHRHUNDERT „INTERRELIGIÖSE BEWEGUNG“

## *1. Das Weltparlament der Religionen von Chicago und seine Nachwirkungen*

Das Jahrhundert von 1893 bis 1993 ist voll von Fortschritten, aber auch von Enttäuschungen auf dem Weg der interreligiösen Verständigung. Es lohnt sich, die Ereignisse dieses Jahrhunderts im Rückblick mit den Hoffnungen, ja der Euphorie des Anfangs zu vergleichen. Thema und Anliegen sind, wie sich herausgestellt hat, nach wie vor gültig. Das Bewußtsein der damit verbundenen Probleme ist seitdem gewachsen, und auch das war notwendig.

Das Jahr 1993 war für die Freunde interreligiöser Zusammenarbeit das Jahr der Erinnerung an das Weltparlament der Religionen in Chicago von 1893. Hundertjahrfeiern fanden an verschiedenen Orten statt. In Chicago wurde eine von Hans Küng vorbereitete "Declaration of Global Ethic" angenommen (darüber mehr im Schlußkapitel), im indischen Bangalore die Gründung eines "interfaith body" bei der UNO beschlossen. Veranstalter waren die vier größten interreligiösen Organisationen, die an späterer Stelle dargestellt werden sollen. Was sie gemeinsam feierten, waren 100 Jahre "interfaith movement". Eine zusammenfassende Darstellung hat Marcus Braybrooke, selbst einer der Vorkämpfer in diesem Bereich, 1992 unter dem Titel ›Pilgrimage of Hope. One Hundred Years of Global Interfaith Dialogue‹ geliefert.[1]

Das „Weltparlament der Religionen“ von 1893 war der erste neuzeitliche Versuch, ein Forum für die weltweite Begegnung aller Religionen zu schaffen. Es wurde anläßlich der Weltausstellung in Chicago von christlichen Liberalen veranstaltet. Die Weltausstellung ihrerseits sollte Kolumbus und die Entdeckung Amerikas feiern. Mit einem Wort: Amerika, noch frei von Selbstzweifeln, wollte sich selbst, seine Errungenschaften und Zukunftshoffnungen feiern. Auch das Religionsparlament, dessen Hauptveranstaltungen in der „Kolumbushalle“ stattfanden, war vom damals noch ungebrochenen Fortschrittsoptimismus des 19. Jahrhunderts geprägt.

Welche Kräfte und theologischen Konzepte standen dahinter? Die Idee dazu hatte C.C. Bonney, ein Rechtsanwalt und Mitglied der

„Neuen Kirche" bzw. der "New Jerusalem Church", die auf den schwedischen Visionär E. Swedenborg zurückgeht. Swedenborgs Deutung der Heilsgeschichte als Abfolge von fünf Epochen oder Dispensationen hat in der neueren Religionsgeschichte eine anregende Wirkung entfaltet und muß deshalb an dieser Stelle erwähnt werden.[2] Für Swedenborg hatten sich im Jahr 1757 die Wiederkunft Christi und das Jüngste Gericht in geistiger Weise ereignet. Die Dispensation der christlichen Kirche war damit beendet, die Zeit der Neuen Kirche hatte begonnen. Dispensationsvorstellungen sowie moderner Evolutionismus und Fortschrittsglaube im 19. Jahrhundert förderten beide den religiösen Optimismus und weckten Hoffnungen auf eine Zeitenwende und auf neue göttliche Offenbarungen. (Eine ähnliche Funktion hat gegenwärtig die Paradigmentheorie übernommen.) Das hat auch Bonney und seine Sicht des Chicagoer Religionsparlaments bestimmt.

In der von Bonney formulierten Einladung wird die Aufgabe des Religionsparlaments in euphorischen Tönen beschrieben: "To unite all religion against all irreligion; to make the golden rule the basis of this union; to present to the world the substantial unity of many religions in the good deeds of the religious life; to provide for a World's Parliament of Religions, in which their common aims and common grounds of union may be set forth, and the marvellous religious progress of the nineteenth century reviewed."[3] In Bonneys Chicagoer Eröffnungsrede an die „Anbeter Gottes und Liebhaber des Menschen" kommt die Fortschrittseuphorie noch deutlicher zum Ausdruck: „Heute geht die Sonne einer neuen Ära religiösen Fortschrittes und Friedens über der Welt auf und zerstreut die dunklen Wolken sektiererischen Haders ... Heute ist in die Welt des menschlichen Fortschritts eine neue Bruderschaft hineingeboren worden, um die Errichtung des Königreiches Gottes in den Herzen der Menschen zu fördern ..."[4]

Ähnlich äußerte sich der unitarische Geistliche J. L. Jones, der das ursprüngliche Programm des Religionsparlaments entworfen hatte und dem in unitarischen Kreisen eine wichtige Rolle bei ihm zugeschrieben wird. In seiner Kritik am offiziellen Bericht nach Abschluß des Parlaments beschreibt er seine eigene Vision des „Tempels einer universalen Religion, dem Fortschritt geweiht", und seine Hoffnung auf eine neue Religion mit „offenen Tempeln der Vernunft, heiligen Schreinen der Hilfstätigkeit und mit Beichtstühlen, in denen die Seele keine Angst hat, ihre Unwissenheit zu bekennen" (zitiert nach Braybrooke, S. 18).

Vorsichtiger formulierte der wohl wichtigste Mann des Religionsparlaments, J.H. Barrows, ein presbyterianischer Geistlicher liberaler Prägung. Er mußte es hinnehmen, daß seine eigene Kirche sich gegen das Unternehmen aussprach. Sein Rückblick (am Ende des von ihm verfaßten zweibändigen Berichts) hat denn auch einen apologetischen Ton: „Das Christentum erzieht nun diejenigen, die nicht seine Lehren annehmen, zu der Einsicht, daß es keinen mit Christus vergleichbaren Lehrer gibt und keinen Heiland außer Christus ... Die nichtchristliche Welt mag uns wertvolle Kritik geben und Wahrheiten der Schrift bestätigen und ausgezeichnete Vorschläge zur christlichen Besserung machen, aber sie hat dem christlichen Glaubensbekenntnis nichts hinzuzufügen. Mit diesem Glauben, der von vielen Missionaren ausgedrückt wird, daß das Parlament eine neue Ära des christlichen Triumphs markiert, schließt der Herausgeber diese Bände“ (Braybrooke, S. 15). Seine Schlußansprache an das Parlament hatte einen anderen Akzent gesetzt: „Wir haben gelernt, daß die Wahrheit groß ist und daß es in Gottes Vorsehung mehr als einen Weg gibt, auf welchem Menschen aus der Finsternis aufsteigen in himmlisches Licht.“ Den Menschen des Orients sei zu sagen, „daß wir keine Sympathie mit den Greueln haben, die von fälschlich so genannten Christen begangen wurden“. Seine Rede klang aus mit einem Bekenntnis zum Glauben „an die göttliche Vaterschaft und menschliche Bruderschaft, verkörpert in einem asiatischen Bauern, der der Sohn Gottes war“ (Braybrooke, S. 26). (Zum Schluß stimmte die Versammlung ins Vaterunser ein, das von Rabbi [!] Dr. Hirsch gesprochen wurde.) Barrows Äußerungen vor unterschiedlichem Publikum sind ambivalent, ja nicht frei von einer Doppelzüngigkeit, die aus der Situation heraus allerdings verständlich erscheint.

Michael Biehl stellt mit Recht fest, daß der Diskurs des Weltparlaments uneingestandenermaßen protestantisch war.[5] Religiöse Wahrheiten und moralische Vorstellungen, die im nordamerikanischen Gesamtprotestantismus allgemeine Geltung besaßen, wurden unbemerkt zum gemeinsamen Nenner aller Religionen gemacht. Die kulturell unakzeptablen Ausführungen eines amerikanischen Muslim über die Polygamie gingen dagegen in lautem Protest unter. In Chicago hat sich der moderne Protestantismus zum erstenmal für die Religionen geöffnet, aber zu seinen eigenen Bedingungen und immer noch im Gefühl seiner eigenen Überlegenheit. Das entsprach dem damaligen Kräfteverhältnis zwischen den Religionen. Islam, Hinduismus und Buddhismus fingen erst an, ein neues Selbst- und Sendungsbewußtsein zu entwickeln. Dasjenige des Christentums war noch nicht in eine Krise geraten. Übrigens entsprach auch die Idee, die Religionen in Form eines „Parlaments“ zusammenzubringen und Englisch zur einzigen Konferenzsprache zu erklären, dem Geist des amerikanischen Protestantismus. Vieles davon prägt bis heute die interreligiöse Arbeit.

Die Mitwirkung von jüdischer und katholischer Seite darf allerdings nicht übersehen werden. Sowohl orthodoxe wie liberale Juden vertraten auf dem Parlament ihre Positionen. Liberale Katholiken sahen im Religionsparlament eine Gelegenheit, sich als patriotisch und progressiv zu zeigen. Schon 1894 verdammte freilich der Kölner Katholikentag die liberalen Tendenzen des amerikanischen Katholizismus mit ausdrücklichem Verweis auf das Parlament. 1895 verbot Papst Leo XIII. offiziell die Teilnahme an allen “future promiscuous conventions”. 1896 wurde Bischof John Kean, der Hauptverantwortliche für die katholische Mitwirkung, aus seinem Amt als Rektor der Katholischen Universität entlassen (Braybrooke, S. 29). Diese Haltung sollte sich erst etwa 70 Jahre später, mit dem 2. Vatikanischen Konzil ändern.

Von einer Teilnahme der asiatischen Religionen am Weltparlament zu sprechen wäre übertrieben. Der Islam war nur durch einen amerikanischen Konvertiten vertreten. Der türkische Sultan hatte die Teilnahme abgelehnt. Schintoismus, Konfuzianismus, Jainismus und Zoroastrismus waren repräsentiert. Aus dem Bereich von Hinduismus und Buddhismus waren überwiegend Vertreter von Reformbewegungen anwesend: Anagarika Dharmapala, Gründer der neubuddhistischen Maha Bodhi Society, aus Ceylon; Shaku Soyen aus Japan, der später seinen Schüler D. T. Suzuki in die USA holte, den Apostel des westlichen Zen. Wichtige Sprecher des Reformhinduismus auf dem Parlament waren P. C. Mozumdar, Autor des Buches ›The Oriental Christ‹ und einer der führenden Persönlichkeiten des Brahmo Samaj, und vor allem Swami Vivekananda, der schnell zum populärsten Sprecher der Versammlung avancierte und später zum Gründer der westlichen „Vedanta Gesellschaften“ sowie, in Indien, der Ramakrishna-Mission wurde. Vivekananda wie Dharmapala nützten das Parlament, um im Anschluß daran in den USA zu bleiben, Anhänger zu sammeln und in Organisationen zusammenzufassen. Das Weltparlament der Religionen in Chicago hat die organisierte Mission asiatischer Religionen im Westen eingeläutet.[6]

Auch die Hindu-Reformer in Chicago vertraten einen Dispensationalismus oder religiösen Evolutionismus. Die eigene Bewegung wurde als neue Dispensation verstanden (so Mozumdar über den

Brahmo Samaj) oder als Speerspitze der Evolution. Auf diese Weise konnte man sich von den traditionellen Formen der eigenen Religion und ihren Abgrenzungen distanzieren. Neureligionen, die sich selbst als Überbietung aller früheren Offenbarungen und als Überwindung aller religiösen Gegensätze verstanden wie zum Beispiel die Baha'i, sollten im Laufe des interreligiösen Begegnungsprozesses noch an Bedeutung gewinnen. Der Glaube an die Konvergenz der Religionen hat in diesem Dipensationalismus und Evolutionismus seinen theologischen Wurzelboden.

Das Weltparlament der Religionen von 1893 ist im Rückblick gelegentlich als „Wasserscheide" bezeichnet worden, die den Übergang von einer protestantisch dominierten zu einer multireligiösen Gesellschaft markiert.[7] In Wirklichkeit liegt seine Bedeutung wohl eher darin, daß es – weit über die USA hinaus – zum Symbol für einen allmählichen Wandel geworden ist, der an keinem einzelnen Ereignis festzumachen ist. Die unmittelbaren Nachwirkungen waren gering. Eine effektive Nachfolgeorganisation konnte nicht geschaffen werden. Vor dem 1. Weltkrieg brachte auch die IARF (s. u.) keinen Weltkongreß zustande.

Erst 1933, 40 Jahre nach dem großen Ereignis, konnte in Chicago eine weltweite interreligiöse Versammlung veranstaltet werden, organisiert von der "World Fellowship of Faiths". In der späteren Entwicklung der interreligiösen Bewegung hat die World Fellowship of Faiths keine Rolle gespielt und kann deshalb als Nachhall von 1893 an dieser Stelle behandelt werden. (Sie ist nicht zu verwechseln mit dem World *Congress* of Faiths [s. u.] oder mit der World Fellowship of *Religions,* die in den fünfziger Jahren von Acharya Sushil Kumar, einem Jain-Führer, gegründet wurde.) Die World Fellowship of Faiths wurde 1924 von Charles F. Weller, einem nordamerikanischen Sozialarbeiter, und dem in England lebenden Inder Kedarnath Das Gupta gegründet. Beiden ging es vor allem um ein gutes Zusammenleben mit Menschen aus anderen Kulturen.

Die "Convention" von 1933[8] zeichnete sich durch das außerordentlich weite Spektrum eingeladener Gruppierungen aus. Die großen religiösen Traditionen und christlichen Denominationen (einschließlich der Baptisten) waren vertreten. Aus dem neureligiösen Bereich des Westens kamen Mormonen, Spiritisten (National Spiritualist Association), Rosenkreuzer, Theosophische Organisationen einschließlich der Liberal-katholischen Kirche und – aus der Neugeist-Bewegung – die Unity School of Christianity. Aus Indien war nicht nur der für seine irenische Einstellung bekannte Brahma Samaj gekommen, sondern auch der eher militante Arya Samaj sowie der bekannte, seit 1920 in den USA wirkende Swami Yogananda, ferner Sikhs und Jains; aus Japan zwei Neureligionen, die Konkokyo und Tenrikyo, eine weitere aus Korea, der „Chuntoismus" (Ch'ondogyo); aus dem islamischen Spektrum die Ahmadiyya-Bewegung. Im Unterschied zu 1893 wurde auch an Afrika gedacht, ferner an benachteiligte Bevölkerungsgruppen: Jugend, Frauen und Schwarze. Der Kommunismus wurde als „ein neuer Glaube für eine neue Zeit" gepriesen.

Krieg und Frieden waren ein wichtiges Thema – nicht zum letzten Mal in der Geschichte der interreligiösen Bewegung. Die Versammlung sah ein „neues Bewußtsein einer weltweiten Gemeinschaft" am Werk, eine Welteinheit im Entstehen, Patriotismus sich in Weltbewußtsein verwandeln. Die mystisch-esoterischen Gruppierungen konnten sich selbst unter dem Thema „Weltregierung durch unsichtbare Mächte" darstellen. Die Versammlung rühmte sich, im Unterschied zu 1893 habe niemand seine eigene Religion für die allein seligmachende gehalten. In Wirklichkeit dürften die Liberalen aus allen Religionen weitgehend unter sich gewesen sein oder mindestens das Feld beherrscht haben. Allzu unterschiedslos und ohne klare Kriterien scheint eingeladen worden zu sein.

Insofern zeigt die Convention der World Fellowship of Faiths im August und September 1933 Gefahren auf, mit denen die interreligiöse Arbeit ständig zu kämpfen hat. Der auf den religiösen Evolutionismus gegründete Optimismus wurde von den politischen Ereignissen überrollt. Immerhin hatte man Rabbi J. C. Cohen vom Amerikanischen Jüdischen Kongreß Gelegenheit gegeben, in einer kurzen Ansprache vor der „Nazi-Drohung" zu warnen: „Wie immer der gefeierte physische und materielle Fortschritt im vergangenen Jahrhundert gewesen sein mag, kürzliche Ereignisse in Deutschland haben den moralischen und ethischen Fortschritt in jenem Land zur Lüge gemacht." Der Weg zu Frieden und Einheit der Religionen ist mit Enttäuschungen dieser Art gepflastert.

## *2. Interreligiöse Organisationen*

Zwischen dem Weltparlament der Religionen 1893 in Chicago und seiner Hundertjahrfeier 1993 sind, zunächst im Westen, später auch in anderen Kontinenten, verschiedene interreligiöse Organisationen entstanden, die ähnliche Ziele verfolgen, miteinander personell verzahnt sind, kooperieren und sich, bei Wahrung ihres je eigenen Profils, als Teile einer „interreligiösen Bewegung" verstehen. Die wichtigsten von ihnen (die „Vier“) sind der Weltbund für religiöse Freiheit (International Association for Religious Freedom, IARF), der Weltbund der Religionen (World Congress of Faiths, WCF), der Tempel der Verständigung (Temple of Understanding, ToU) und die Weltkonferenz der Religionen für den Frieden (World Conference on Religion and Peace, WCRP). Ihnen allen geht es um Einheit der Religionen sowie Frieden zwischen ihnen und in der Welt, aber mit unterschiedlichen Akzenten. Nordamerikanischer Pragmatismus hat von Anfang an auf konkreten Einfluß auf das politische Geschehen gedrängt und die Nähe zu Völkerbund und Vereinten Nationen gesucht. Auf der anderen Seite des Spektrums steht die Suche nach gemeinsamer interreligiöser Spiritualität und nach erfahrener religiöser Einheit. Zweimal haben die beiden Weltkriege hochfliegende Hoffnungen brutal zerstört, ohne die Dynamik der Bewegung brechen zu können.

Der *Weltbund für religiöse Freiheit* (IARF) begann 1900 mit der Gründung des "International Council of Unitarian and other Liberal Religious Thinkers and Workers" in Boston. Die amerikanischen Unitarier hatten bereits im 19. Jahrhundert Beziehungen zum Brahmo Samaj, einer neohinduistischen Reformbewegung, und zum deutschen Protestantenverein gepflegt. Auf dem „Internationalen Kongreß Freier Christen und anderer Religiöser Liberaler“ 1910 in Berlin (die Bezeichnung „Unitarier“ hatte man inzwischen aus dem Namen gestrichen) sprachen maßgebliche Vertreter der deutschen liberalen Theologie: Adolf von Harnack, Wilhelm Bousset und Ernst Troeltsch. Erst 1969 entfernte die Organisation den Hinweis auf das Christentum aus ihrem Namen, um sich anderen Religionen völlig zu öffnen, und nannte sich fortan IARF, Weltbund für Religiöse Freiheit. Japanische Freireligiöse gehörten seit 1923 dazu. 1969 wurde die mitglieder- und finanzstarke Rissho Kosei-kai unter der Leitung Nikkyo Niwanos Vollmitglied.

Gegenwärtig gehören ihr liberale Christen, Unitarier (überwiegend aus den USA und Europa) an sowie Buddhisten, Shintoisten, Sikhs und Muslime, insgesamt etwa 50 Organisationen mit geschätzten 6 Millionen Mitgliedern. Die IARF hat sich also von einer unitarischen über eine liberal-christliche zu einer interreligiösen Bewegung gewandelt, das letztere vor allem unter der Leitung von Dr. Dieter Gehrmann, der von 1972 bis 1990 ihr Generalsekretär war. Trotzdem wird die Spannung zwischen der IARF als einer unitarischen Weltorganisation und einer interreligiösen Organisation auch von einem Teil ihrer Mitglieder weiterhin empfunden. Inhaltlich versteht sie sich als Alternative zu den „dogmatisch verfaßten Kirchen“ sowie als Vorkämpferin für liberale Offenheit, Toleranz und staatlich garantierte Glaubens- und Gewissensfreiheit. In neuerer Zeit ist das Eintreten für Frieden, Abrüstung und Menschenrechte dazugekommen.

Der *Weltbund der Religionen* (World Congress of Faiths, WCF, in Frankreich aktiv unter dem Namen «Union des Croyants») ist 1936, am Vorabend des 2. Weltkriegs, in England entstanden. Sein Gründer, Sir Francis Younghusband, hatte als Offizier und Forscher lange Jahre in Asien verbracht. In Lhasa, wo er mit dem Dalai Lama zusammenkam, war ihm eine religiöse Erfahrung zuteil geworden. Daraus entstand in ihm ein Gefühl der mystischen Einheit aller Menschen, und das war die Basis für sein Konzept religiöser Verbundenheit. Für ihn offenbarte Gott sich durch alle Religionen. Bereits der Gründungskongreß des WCF in London zeichnete sich durch interreligiöse Zusammensetzung aus. Yusuf Ali vertrat den Islam, Surendranath Dasgupta den Hinduismus, G. P. Malalasekara aus Ceylon und D. T. Suzuki aus Japan den Buddhismus. Weiterhin waren vertreten der Jainismus, die Baha'i, der Caodaismus, die Mormonen u. a. m. In späteren Jahren übernahmen Unitarier auch im WCF Führungspositionen. Eine zunehmend wichtige Rolle spielte das Experimentieren mit Formen des interreligiösen Gottesdienstes, mit Gebeten und Liedern, in die Menschen unterschiedlichen Glaubens einstimmen konnten. In Großbritannien hat der WCF in der interreligiösen Arbeit bahnbrechende Arbeit geleistet, vor allem in der Zeit vor 1977, bevor der Nationale Kirchenrat die Initiative ergriff mit der Gründung des Committee for Relations with People of Other Faiths. Seitdem ist ein interreligiöses Netzwerk von Gruppen und Einzelpersönlichkeiten entstanden, die sich vor Ort für ihre Ziele einsetzen.

Als deutscher Zweig des WCF fungierte seit 1956 der *Religiöse Menschheitsbund.* 1921 von Rudolf Otto mit dem Ziel gegründet, „innerhalb der Religionsgemeinschaften das Gefühl der sittlichen Verantwortung zu schärfen", wurde er 1956 von Karl Küssner und Friedrich Heiler wieder ins Leben gerufen. Heiler ging es um den „gemeinsamen Besitz" der verschiedenen Religionen, um die gemeinsame Anbetung des göttlichen Geheimnisses, um das Hören auf ihre Botschaft, um die Antwort darauf im gemeinsamen Schweigen und auch um interreligiöse Zusammenarbeit mit dem Ziel sozialer Gerechtigkeit, religiöser Toleranz und der Wahrung des Weltfriedens.[9] Heiler erwartete und verlangte auch von der Religionswissenschaft ein vertieftes Verständnis der Einheit aller Religionen und einen Beitrag zu religiöser Toleranz, unter heftigem Widerspruch vieler Kollegen (Braybrooke, S. 284).

Der *Temple of Understanding* ist eine vergleichsweise späte Gründung. Er wurde 1960 von Judith Hollister gegründet, als eine Art „spirituelle UNO“, mit Unterstützung der Ford-Stiftung, des damaligen UNO-Generalsekretärs U Thant und anderer Prominenz. Abgesehen vom ursprünglichen (noch nicht verwirklichten) Ziel, einen Tempel als Symbol religiöser Einheit in der Nähe von Washington D. C. zu errichten, konzentriert er sich auf die Durchführung „spiritueller Gipfelkonferenzen“ in Anwesenheit bekannter Vertreter und Gelehrter der Religionen sowie von allem, was in der interreligiösen Szene Rang und Namen hat oder hatte: Thomas Merton, Swami Chinmayananda, Swami Ranganathananda, Seyyed Hossein Nasr, Toshio Miyake, Harvey Cox, David Steindl-Rast OSB, Pir Vilayat Inayat Khan (der eine „kosmische Messe“ beisteuerte), Sri Chinmoy sowie Vertretern des Vatikan. 1988 nahm das “North American Interfaith Network” (NAIN) seine Arbeit auf, ermutigt vom Temple of Understanding. 1984, auf dem 6. spirituellen Gipfel, wurde eine “Declaration on the Oneness of the Human Family” angenommen, die von Dr. Robert Muller formuliert worden war, dem damaligen Sekretär des Sozial- und Wirtschaftsrates der UNO (ESOSOC) und prominenten Vorkämpfer von New-Age-Ideen in der Politik.

Ausgehend von der „Konvergenz der Weltreligionen in Richtung einer globalen Spiritualität“ stellt diese Erklärung eine Liste von zehn Gemeinsamkeiten auf: Einheit der menschlichen Familie; göttlicher Ursprung des Individuums mit einer Beziehung zum Universum und zur Ewigkeit; Bedeutung spiritueller Übungen; ursprüngliches Wissen um Gut und Böse; hingebender Dienst am Mitmenschen; dankbares Teilen der Fülle des Lebens; Notwendigkeit von Dialogagenturen; Ablehnung von Gewalt; Glaube an das Gesetz von Liebe und Mitleid als „transzendierender Kraft“, die allein Frieden auf dem Planeten schaffen kann; und schließlich die “evolutionary task of human life and society to move through the eternal stream of time towards interdependence, communion, and an ever expanding realization of Divinity” (Braybrooke, S. 107). Der 6. spirituelle Gipfel, auf dem diese New-Age-haltige Erklärung verkündet wurde, fand seinen Abschluß im Kirchenzentrum der UNO in New York. Der Temple of Understanding steht, zusammen mit dem “Global Forum of Spiritual and Parliamentary Leaders on Human Survival”, hinter der “Global Survival Conference”, die 1988 unter Mitwirkung hochrangiger Religionsführer in Oxford stattfand.

Die *Weltkonferenz der Religionen für den Frieden* (WCRP)[10] wurde, nach etlichen Vorkonferenzen, 1970 in Kyoto gegründet und spiegelt bereits in ihrem Namen die Kriegsangst und Friedenssehnsucht jener Jahre wider (Kubakrise, Vietnamkrieg). Der ursprüngliche englische Name lautete "World Conference of Religion for Peace" (Braybrooke, S. 335, Anm. 8), nicht, wie jetzt gängig, "World Conference on Religion and Peace". Es ging also ursprünglich weniger um den Beitrag der Religionen (im Plural) für den Frieden, wie der deutsche Name suggeriert, als vielmehr um die Rolle von Religion überhaupt bei der Friedenssicherung. Wiederum lag der Ausgangspunkt in der Gegend von Boston. D. McLean Greely, Präsident der unitarisch-universalistischen Vereinigung, der methodistische Bischof J. W. Lord, der katholische Bischof J. J. Wright und Rabbi M. N. Eisendrath, Präsident der Union of American Hebrew Congregations of New York, hatten die Idee einer „Nationalen Interreligiösen Konferenz über den Frieden". Sie fand 1966 in Washington statt und schlug eine entsprechende Weltkonferenz aller religiösen Traditionen vor. Nach einer weiteren Vorkonferenz, einem Symposium in Neu-Delhi unter Mitwirkung der Gandhi Peace Foundation, wurde die erste Weltkonferenz 1970 in Kyoto veranstaltet. Dr. Homer Jack, ein unitarisch-universalistischer Geistlicher, wurde Generalsekretär. Weitere Weltkonferenzen folgten in Löwen 1974, Princeton 1979, Nairobi 1984 und Melbourne 1989.

Die WCRP ist keine UNO der Religionen, sondern ein Forum religiöser Einzelpersönlichkeiten aus unterschiedlichen Traditionen, die sich durch ihr Engagement für interreligiöse Zusammenarbeit und Frieden miteinander verbunden fühlen, eine „Gemeinschaft aller Gläubigen für den Frieden". Es gibt nationale „Kapitel" in einer Reihe von Ländern. (Ihre Zusammensetzung ist freilich international und interreligiös. Bei der Weltkonferenz in Melbourne trat 1989 ein Sikh als Sprecher der britischen Gruppe auf; zwei australische Frauen im Gewand tibetisch-lamaistischer Nonnen gehörten der australischen Gruppe an.) Unter ihnen ist das Japanische besonders stark. Nikkyo Niwano und seine Rissho Kosei-kai bilden auch in der WCRP eine wichtige Säule der interreligiösen Friedensarbeit. Ältere japanische Neureligionen wie Tenrikyo und Konkokyo haben schon zwischen den beiden Weltkriegen an interreligiösen Kongressen teilgenommen und arbeiten jetzt in der WCRP mit. Daß auch die Baha'i sich dort engagieren, ist angesichts der von ihnen proklamierten Religionssynthese nicht verwunderlich. Ferner machen sich die Brahma Kumaris (BKWSU) durch aktive Mitarbeit und Selbstdarstellung bemerkbar. Sie haben, ebenso wie die Baha'i und andere neureligiöse Gruppierungen, den Status einer NGO, d. h. einer vom Wirtschafts-

und Sozialrat der UNO anerkannten nichtstaatlichen Organisation. Auf der Teilnehmerliste der Melbourner Konferenz von 1989 stand sogar die “Australian Church of Scientology”. Im Gesamtgeschehen von WCRP-Konverenzen machen sich solche interreligiösen Trittbrettfahrer allerdings kaum bemerkbar.

Dazu kommen Organisationen, die sich religiöser bzw. interreligiöser Friedensarbeit verpflichtet fühlen: Sarvodaya-Bewegung in Sri Lanka, Gandhi Peace Foundation und die von Acharya Sushil Kumar ins Leben gerufene jainistische Anuvrat-Bewegung in Indien, Niwano Peace Foundation in Japan, die buddhistisch geprägte Burma Peace Foundation etc. Aus dem christlichen Bereich engagieren bzw. engagierten sich in der WCRP die Unitarier, die Prager Friedenskonferenz und die katholische Pax-Christi-Bewegung.[11] Die katholische Kirche ist in der Regel durch den „Päpstlichen Rat für interreligiösen Dialog“ vertreten, der Islam vor allem durch den Islamischen Weltkongreß. Dr. Imamullah Khan, bis 1992 Generalsekretär des Islamischen Weltkongresses, war lange Jahre einer der WCRP-Präsidenten. Auch die Islamische Weltliga beteiligt sich zunehmend an der WCRP und an anderen interreligiösen Veranstaltungen.

Diese Weltorganisationen sind auf vielen interreligiösen Foren präsent. Bei der Vorbereitung und Durchführung der Friedensgebete, zu denen Papst Johannes Paul II. 1986 nach Assisi eingeladen hatte, konnten die Organisatoren auf die WCRP und auf in ihr engagierte Personen zurückgreifen. WCRP Japan wiederum war an der Veranstaltung des „religiösen Gipfeltreffens“ auf dem Berg Hiei bei Kyoto im August 1987 maßgeblich beteiligt. Dieses Treffen sollte den in Assisi begonnenen Prozeß fortsetzen und zugleich den zwölfhundertsten Jahrestag der Gründung des Tempelkomplexes auf dem Berg Hiei feiern. Sein Gründer war der japanische Mönch Saicho, der Vater des esoterischen Tendai-Buddhismus Japans. Seitdem bildet die Verbindung zwischen WCRP, dem Tendai-Zentrum und dem Vatikan eine feste Achse interreligiöser Zusammenarbeit. Das gleiche interreligiöse Beziehungsgeflecht zeigt sich auf unterschiedlichen Foren.

Die WCRP lehnt, wie alle großen „Vier“, die Schaffung einer Welteinheitsreligion sowie den Synkretismus prinzipiell ab. Ob aus Überzeugung oder um die Mitarbeit der großen Weltreligionen zu ermöglichen, ist eine andere Frage. Interreligiöses Engagement kann zur Entstehung neuer Religionen beitragen, wie das Beispiel der Baha'i zeigt. Es kann sich auch in einer synkretistischen Religiosität ausleben wie in der New-Age-Szene. Religiöse Toleranz kann selbst zum religiösen Höchstwert und zum zentralen Inhalt von Religion werden. Diese Haltung ist schon bei Lessing vorgebildet und prägt den religiösen Liberalismus, wie er sich, mit Elementen der östlichen Religionen angereichert, bei amerikanischen Unitariern findet. Alle diese Haltungen begegnen auch im Umfeld der WCRP. Diese selbst hält sich an den pragmatischen Grundsatz, der 1970 auf der Gründungs-Konferenz in Kyoto formuliert wurde: „Wir entdeckten, daß die Dinge, die uns einen, wichtiger sind als die Dinge, die uns trennen.“ Auf dieser Basis möchte die WCRP Menschen, die in der eigenen religiösen Tradition fest verwurzelt sind, erlauben, sich am interreligiösen und Friedensengagement guten Gewissens zu beteiligen.

Die Problematik dieses Ansatzes zeigt sich beim gemeinsamen interreligiösen Beten, auf das noch an anderer Stelle eingegangen werden soll. In der WCRP ist ein Gebet populär, das von Satish Kumar, einem früheren Jain-Mönch, formuliert und am „Hiroshima-Tag“ 1981 zum erstenmal bei einem interreligiösen Gottesdienst in London gesprochen wurde. Im Anklang an das bekannte upanischadische Gebet heißt es da: „Führe mich vom Leben zum Tod, von Falschheit zur Wahrheit. Führe mich von Verzweiflung zur Hoffnung, von Furcht zum Vertrauen. Führe mich von Haß zur Liebe, von Krieg zum Frieden. Laß unser Herz, unsere Welt, unser Universum von Frieden erfüllt sein“ (Braybrooke, S. 168f.). In dieser allgemeinen Form können die Anliegen von jedem mitgebetet werden. Auf der Weltkonferenz von Lösen 1974 formulierte Paul Verghese (später Metropolit Paul Mar Gregorios) ein eindeutig synkretistisches Gebet, in dem Gott „mit vielen Namen“ aus islamischer, hinduistischer, zoroastrischer, jüdischer und christlicher Tradition angerufen wird: „Allah, Parmeshawar, Satchidanand, Ahura Mazda, Adonai Elohenu, Gott unser Vater ... OM SHANTI, SHANTI, SHANTI, SALAM, SHALOM, SHLOMO.“

Auch die politischen Ziele, die der Sache nach weitgehend mit denen des konziliaren Prozesses identisch sind, müssen in einer interreligiös akzeptablen Sprache formuliert werden, wobei vor allem die buddhistische Ablehnung des Schöpfungsglaubens wichtig ist. So ist in der „Erklärung von Melbourne“ 1989[12] von „Frieden, Gerechtigkeit und Heiligkeit der Natur“ (statt Bewahrung der Schöpfung) die Rede. Das Vertrauen („Frieden bauen durch Vertrauen“) richtet sich auf die „schöpferischen Kräfte im Universum“ und gründet sich auf ein Leben „in Harmonie mit der Quelle unseres Seins, mit den Mitmenschen und der gesamten Natur“. „Wir müssen die Überzeugung lebendig erhalten, daß Glück und Erfüllung der Menschen in ihrer Vollendung von höheren spirituellen Mächten abhängig sind, die uns zum Glauben daran befähigen, daß Friede möglich ist.“ Solche vieldeutigen Formulierungen verraten den interreligiösen Kompromißcharakter, der einer Erklärung dieser Art notwendig anhaften muß. Was völlig fehlt, sind Anstöße aus der lateinamerikanischen Befreiungstheologie.

Der interreligiöse Charakter dieser Friedensinitiativen beschränkt sich freilich nicht auf das Vokabular. Das moderne Ideal der Gewaltlosigkeit ist in einem Feld entstanden, in dem sich Einflüsse der Bergpredigt (in ihrer radikalen Auslegung durch L. Tolstoi) und hinduistisch verstandene Ahimsa wechselseitig durchdrungen haben, wie man an Mahatma Gandhi und Martin Luther King studieren kann. Solche politischen Heiligengestalten sind freilich Ausnahmen. In der Regel kommen die „spirituellen Führer“ in der WCRP und in der gesamten interreligiösen Szene nicht aus der politischen Praxis. Die Kluft zwischen ihnen und den Friedensforschern sowie Ökologieexperten begleitet die Konferenzen als ein ständiges Problem. Entweder die malerisch gekleideten „spirituellen Führer“ fühlen sich marginalisiert und als exotische Verzierung mißbraucht, wie auf dem „Global Forum on Human Survival“ (Braybrooke, S. 164), oder die Sachkenntnis der Wissenschaftler kommt nicht ausreichend zum Zuge.

1985 fand die erste der *Ammerdown Konferenzen* über Zusammenarbeit und vielleicht sogar Zusammenlegung der interreligiösen Organisationen statt. (Das Ammerdown-Konferenzzentrum liegt in Südengland und wird vom World Congress of Faiths benutzt.) Die „Vier“ und einige kleinere Organisationen sprachen sich für die Schaffung eines „Weltrates der Religionen“ (World Council of Faiths) aus – angesichts der geringen Unterschiede und der ständigen Finanzprobleme eine vernünftige Idee. Zu ihrer Verwirklichung konnte man sich aber nicht durchringen. M. Braybrooke stellt dazu fest: „Sie bedrohte die Unabhängigkeit der interreligiösen Organisationen, die manchmal die Eifersüchteleien der Weltreligionen widerspiegeln“ (Braybrooke, S. 300). Bei der nächsten Konferenz in Ammerdown einigte man sich 1988 darauf, daß die „Vier“ die Hundertjahrfeier des Weltparlaments der Religionen von Chicago im Jahr 1993 gemeinsam begehen würden. Diese Feier “should seek to celebrate the century of growing awareness of our shared global humanity”. “We encourage a vision to ensure just and peaceful co-operation and creativity among all people of the world” (Braybrooke, S. 302). 1993 wurde zum „Jahr interreligiöser Verständigung und Kooperation“ erklärt. Ein “International

Interfaith Organization Coordinating Committee" (IIOCC) wurde zu diesem Zweck gebildet; Veranstaltungen in Bangalore, Neu-Delhi und anderen Orten Indiens wurden geplant, ferner in Japan sowie in Chicago und Vancouver. Die Versammlung in Bangalore (vom 19.–22.8.93) sollte die indische Bezeichnung „Sarva-Dharma-Sammelana" („Versammlung aller Religionen") tragen und sich unter dem Motto „Religiöse Menschen kommen zusammen" mit Problemen des Dialogs, der Spiritualität und der interreligiösen Zusammenarbeit beschäftigen. Vor allem aber sollte sie die hundertjährige Geschichte der „interreligiösen Bewegung" feiern, die mit dem Weltparlament der Religionen in Chicago begann.

### *3. Die Kirchen und die interreligiösen Organisationen*

Die Kirchen werden den interreligiösen Organisationen bescheinigen müssen, daß diese früher als sie selbst die Bedeutung interreligiöser Verständigung als Aufgabe begriffen haben. Erst nach dem 2. Weltkrieg haben der ÖRK und die katholische Kirche eigene Dialogprogramme entworfen und in die Wirklichkeit umgesetzt. Für beide Seiten bedeutet das die Notwendigkeit der Kooperation. Die interreligiösen Organisationen haben das begriffen und sich bemüht, die großen Kirchen (wie auch die islamischen Weltorganisationen und diejenigen anderer Religionen) einzubeziehen. Ihre chronische Finanzschwäche erfordert ohnehin die Zusammenarbeit mit potenteren Partnern, und das sind vor allem Kirchen und japanische Neureligionen wie die Rissho Kosei-kai. Umgekehrt können Kirchen sich auf die Erfahrungen und Verbindungen, die sich z. B. bei der WCRP angesammelt haben, zurückgreifen und machen davon faktisch Gebrauch.

Zugleich gibt es eine faktische Konkurrenz zwischen der eigenen interreligiösen Arbeit von Kirchen und anderen Religionsgemeinschaften einerseits und den interreligiösen Organisationen andererseits, auch wenn sie gegenwärtig kaum empfunden wird. Der Einfluß des liberalen Christentums der USA in den interreligiösen Organisationen ist unübersehbar und hat vor allem die IARF geprägt. Lutherische und verwandte Kirchen, vor allem europäischer Prägung, können mit der unitarischen Theologie (oder dem Swedenborgschen Dispensationalismus) wie mit dem amerikanischen Pragmatismus Schwierigkeiten haben. Auch ist unübersehbar, daß die interreligiöse Spiritualität, wie sie bewußt gesucht und gepflegt wird, vor allem Menschen zusagt, die sich in ihren eigenen Konfessionen nicht beheimatet fühlen. Die Kirchen wiederum müssen zur Kenntnis nehmen, daß die Zahl solcher Menschen wächst, schon allein durch die Zunahme religionsverschiedener Ehen, interkulturell orientierter Individuen und anderer äußerer Faktoren. Auch interreligiöse Gebetsveranstaltungen können für solche Menschen eine attraktive Alternative zu kirchlichen Gottesdiensten darstellen.

Auch auf lokaler und regionaler Ebene können interreligiöse Organisationen Funktionen erfüllen, die die Kirchen nur unzureichend wahrzunehmen in der Lage sind, weil sie selbst Partei sind. Zwar können sich Kirchen an der Aufgabe beteiligen, Menschen verschiedenen Glaubens zu Gesprächen und Kooperation zusammenzubringen und über andere Religionsgemeinschaften, zwar aus kirchlicher Sicht und dennoch mit einiger Objektivität, zu informieren u.a.m. Kirchliche Stellen kommen aber in eine zweideutige Lage, wenn sie Moscheebesuche vorbereiten, muslimische Referenten benennen oder spirituellen Suchern geeignete Hindu-Ashrams empfehlen sollen. In Großbritannien[13] hat sich auf einer solchen Basis offensichtlich eine gute Zusammenarbeit und Arbeitsteilung zwischen dem 1988 gegründeten "Inter Faith Network for the United Kingdom" und kirchlichen Stellen eingespielt, die für interreligiöse Beziehungen zuständig sind. Das ist seit 1993 die "Churches' Commission for Interfaith Relations", zuvor war es das "Committee for Relations with People of Other Faith" (CRPOF) des britischen Kirchenrats. Eines der wesentlichsten Ergebnisse des Jahrhunderts seit 1893 ist die Tatsache, daß interreligiöse Arbeit von der hohen Konferenzebene zur lokalen und regionalen Basis herabgestiegen ist oder zumindest im Begriff ist, das zu tun.

## III. INNER- UND RANDCHRISTLICHER PLURALISMUS

### *1. Neuzeitliche Pluralisierungsprozesse im Protestantismus*

Der zunehmende religiöse Pluralismus in Mitteleuropa ist zunächst einmal – das darf nicht übersehen werden – ein inner- und randchristlicher. Wanderungsbewegungen, Flucht aus Dritte-Welt-Ländern vor politischer und wirtschaftlicher Bedrängnis und die daraus resultierende Asylsuche haben zur Präsenz von Spuren fast der gesamten Kirchen- und Konfessionsgeschichte geführt. Armenische Christen und Christen aus anderen morgenländischen Kirchen, orthodoxe Christen aus Äthiopien und Osteuropa, Angehörige von afrikanischen unabhängigen Kirchen[1], junge missionierende Mormonen aus den USA, neupfingstlerische und charismatische Evangelisten und missionarische Gruppen dieser Prägung sind in Mitteleuropa in unterschiedlicher Weise präsent, entweder als Folge von Migration oder mit der Absicht der Mission. Beide Formen von Präsenz stellen Gesellschaft und Kirche vor unterschiedliche Anforderungen, wie noch zu zeigen sein wird.

Der moderne religiöse Pluralismus hat nicht erst 1893, mit dem Weltparlament der Religionen in Chicago begonnen, als die außerchristlichen Religionen mit einer dramatischen Inszenierung die westliche Bühne betraten. Vorangegangen war eine lange Geschichte von Kirchenspaltungen, vor allem die zunehmende Aufsplitterung (oder Ausdifferenzierung) des Protestantismus, die im nachreformatorischen Mitteleuropa zunächst nur geringe Auswirkungen hatte, im angloamerikanischen Raum in der Entstehung neuer Konfessionen und vieler 'Denominationen' aber um so deutlicher in Erscheinung trat. Die Verankerung der Religionsfreiheit in der amerikanischen Verfassung hat die äußeren Bedingungen dafür geschafffen. Die kongregationalistische Betonung der Gemeindeautonomie bildete dabei einen zusätzlichen pluralisierenden Faktor. In vielen europäischen Ländern dagegen war der mit der Reformation einsetzende Pluralisierungsprozeß durch staatliche Gesetze eingefroren worden. Erst die gesetzliche Verankerung religiöser Toleranz, die in vielen deutschen Ländern im 18. und 19. Jahrhundert durchgesetzt wurde, hat ihn wieder in Gang kommen lassen. Die ökumenische Bewegung hat zwar dazu beigetragen, die Folgen der Kirchenspaltungen und denominationellen Aufsplitterung zu mildern; eine Reihe von Kirchen ist in neugebildeten Unionskirchen aufgegangen. Aber die Vielfalt ist nicht wesentlich reduziert worden, während der Aufsplitterungsprozeß sich vor allem in Afrika fortgesetzt hat.

Vom angloamerikanischen Bereich hat der Pluralisierungsprozeß nach Mitteleuropa zurückgewirkt. Die meisten hiesigen Freikirchen, Sondergemeinschaften und Sekten – freilich nicht alle! – sowie viele Formen erwecklichen Christentums haben dort ihren Ursprung. Hierzulande sind die Adventisten (mit über 30000 Mitgliedern und über 40000 Freunden), die Mormonen (mit fast 40000 Mitgliedern), die Zeugen Jehovas (mit geschätzten 160000 Mitgliedern und 300000 Freunden) und vergleichbare aus den USA stammende Gruppierungen zwar viel kleiner als in ihrem Ursprungsland, aber zahlenmäßig immer noch bedeutend stärker als beispielsweise die deutschen Buddhisten.[2] Der religiöse Pluralismus war bis vor kurzem vor allem ein innerchristlicher. Gemessen an der Neuapostolischen Kirche mit ihren geschätzten 430000 Mitgliedern sind die meisten außerchristlichen Religionsgemeinschaften zahlenmäßig unbedeutend. Die genannten Gruppierungen sind weiterhin auf Wachstumskurs. Erst die muslimische Einwanderung der Nachkriegszeit hat den Islam in einigen europäischen Ländern zur zweit- oder drittstärksten Religionsgemeinschaft gemacht.

Die Details gehören in die ökumenische Kirchenkunde und brauchen hier nicht beschrieben zu werden. Ein kurzer Blick auf die religiöse Landkarte der USA mag genügen. J. Gordon Melton[3] hat die Fülle der dortigen Denominationen auf die übliche Weise in „Familien“ geordnet. Neben Katholiken, Lutheranern und Reformierten (bzw. Presbyterianern) führt er als weitere „Familien“ auf: die Liberalen, die pietistisch-methodistische, die Heiligungsfamilie, ferner Pfingstler, europäische Freikirchen, Baptisten, unabhängige Fundamentalisten, Adventisten (einschließlich der Zeugen Jehovas). Dazu kommen die außer- bzw. randchristlichen Familien: die metaphysischen Bewegungen (Neugeist und Christian Science), die Familie der Spiritualisten, Übersinnlichen (“psychic”) und New-Age-Gruppen, die “Ancient Wisdom Family” (okkulte, theosophische und verwandte Gruppierungen), die magische Familie (Neuheiden, Satanisten etc.) und die Mormonen. Dann folgen die Familien aus dem islamischen, hinduistischen, buddhistischen Bereich usw.

Es ist nicht verwunderlich, daß dieser institutionalisierte Pluralismus der USA auf den europäischen Kontinent zurückgewirkt hat und stärker denn je zurückwirkt. Viele derjenigen Einflüsse, die in den USA, teilweise auch darüber hinaus, zur Bildung selbständiger Denominationen geführt haben, sind in Mitteleuropa innerhalb der evangelischen Landeskirchen wirksam geworden: liberale Tendenzen in der Theologie, Einflüsse der Erweckungsbewegungen in der Gemeinschaftsbewegung usw. Der Pluralismus der Denominationen wird hier teilweise zum „innerkirchlichen Pluralismus" innerhalb der Landeskirchen. Das Beispiel der USA demonstriert erwecklichen und charismatischen Kreisen, daß sie sich notfalls auch außerhalb der Landeskirchen etablieren und nach dem Modell der Freiwilligkeitskirche selbst finanzieren können.

Die methodistischen, baptistischen und pfingstlerischen „Freikirchen" bzw. freikirchlichen Verbände[4] in Mitteleuropa haben nie die gleiche Stärke und Dynamik wie im angloamerikanischen Raum entwickeln können. Im öffentlichen Bewußtsein beginnt bereits mit ihnen der Bereich der „Sekten". Weder der Pluralismus der Denominationen noch derjenige der Religionen ist angesichts der dominanten Rolle der großen Kirchen eine selbstverständlich anerkannte Realität. (In Osteuropa wird der von außen hereinströmende außer- *und* innerchristliche Pluralismus gegenwärtig noch stärker als Gefährdung des eigenen kirchlichen Erbes empfunden.) Während die Pluralisierung des religiösen Lebens in den siebziger und frühen achtziger Jahren sich noch überwiegend aus dem außerchristlichen Bereich speiste, haben innerchristliche Bewegungen neupfingstlerischer und charismatischer Prägung jetzt an Bedeutung gewonnen. Die Auseinandersetzung mit ihnen wird, oft pauschal, im Zeichen des Fundamentalismusverdachts geführt.

Auch ohne die Präsenz außerchristlicher Religionen wäre der institutionalisierte innerprotestantische Pluralismus im USA-Stil eine erhebliche Herausforderung der hiesigen großen Konfessionen. Die „Arbeitsgemeinschaft Christlicher Kirchen" (ACK) und ihre regionalen Untergliederungen bieten eine Plattform, auf der einerseits die großen Kirchen lernen können, mit kleineren christlichen Gruppierungen umzugehen, und diese andererseits Gelegenheit finden, sich gegenüber anderen und den großen Kirchen zu öffnen. In einigen größeren Städten hat man begonnen, die eigene religiöse Landkarte und ihre Wandlungen zu erfassen und zu dokumentieren.[5] In der innerkirchlichen Debatte wird die Präsenz dynamischer Strömungen aus dem evangelikalen und charismatischen Bereich unter Stichworten wie „Parallelstrukturen" und „Richtungsgemeinden" abgehandelt. Es kann aber auch zu schmerzhaften Trennungen wie in Hamburg um W. Kopfermann und die von ihm gegründete „Anskar-Gemeinde" kommen. Dabei zeigt sich, das die gleichen Kreise, die sich über den „postmodernen Beliebigkeitspluralismus" erregen, sich für ihre eigenen Verselbständigkeitswünsche auf den modernen Pluralismus und das US-amerikanische Vorbild berufen.[6] Ideologie und Realität des innerchristlichen Pluralismus US-amerikanischer Prägung wirken sich unter den heutigen Verhältnissen viel stärker aus als in früheren Zeiten. Nicht nur können Evangelisten schnell eingeflogen werden; große Teile des frommen Büchermarkts bestehen aus Übersetzungsliteratur aus dem Englischen.

Seit dem 19. Jahrhundert laufen kirchliche Pluralisierungs- und Einigungsprozesse nebeneinanderher und beeinflussen sich gegenseitig. Christliche Ökumene bedeutet Wiederherstellung verlorener christlicher Einheit und Gemeinsamkeit, im Unterschied zur sogenannten „Ökumene der Religionen", die sich für ihre Ziele nicht auf eine ursprüngliche, historisch faßbare Einheit berufen kann. Beide Konzepte gehen von so unterschiedlichen Voraussetzungen aus, daß sie nicht mit dem gleichen Begriff „Ökumene" bezeichnet werden sollten.

## 2. *Die Präsenz okkulter Religionen*

Die Bewältigung des innerchristlichen Pluralismus, der sich unter dem Einfluß des nordamerikanischen Modells und als Folge des gesellschaftlichen Wandels nun auch in Mitteleuropa bemerkbar macht, ist nicht unser Thema. Es war nur darauf hinzuweisen, daß die modernen Pluralisierungsprozesse sich auch innerkirchlich auswirken und Probleme verursachen. Am Rande des kirchlichen Spektrums, wie es sich in den USA entwickelt hat, sind in den letzten 150 Jahren aber auch Bewegungen und Organisationen entstanden, die außerhalb der christlichen Ökumene stehen und unter den Stichworten „Okkultismus" und „Magie" zusammengefaßt werden können.

Meltons Liste von „Familien" dokumentiert, daß auch der Bereich dessen, was hierzulande als Spiritismus, Okkultismus, Esoterik und positives Denken bezeichnet wird, in den USA in viel größerem Maß religiös institutionalisiert ("churched") ist: das positive Denken vor allem in der "New Thought [deutsch: Neugeist] Alliance", der Spiritismus in Gestalt der "National Spiritualist Association of Churches", in deren Credo die Reinkarnationslehre verankert ist, usw. Diese Bewegungen repräsentieren nicht einfach überlebenden „mittelalterlichen" Aberglauben, sondern sind zumindest hinsichtlich ihres weltanschaulichen Rahmens Kinder des 19. Jahrhunderts. Sie sind neuzeitliche Erscheinungen, die aus der Auseinandersetzung mit der Moderne, besonders mit den Naturwissenschaften hervorgegangen sind, deren Konzepte – vor allem die Evolutionsvorstellung – in ihrem Sinn umdeuten, sich selbst lieber als Wissenschaft denn als Religion verstehen und lieber von ewigen Gesetzen als von Gott reden. Melton hat sie zusammenfassend als "occult religions" bezeichnet, während Kurt Hutten[7] von vier großen „Okkultkonfessionen" sprach: Spiritismus, Astrologie, esoterisch-gnostische Weltdeutungen (wie Theosophie, Antroposophie, moderne Rosenkreuzer) und Ufologie.

Die wichtigsten Jahreszahlen in der Geschichte der okkulten Bewegungen[8] sind 1848 und 1875. Der moderne Spiritismus entstand 1848 mit den berühmten Klopflauten in einem Farmhaus in Hydesville/USA, die Theosophische Bewegung 1875 aus einem spiritistischen Zirkel in New York. Beide gehören zu den sechs neureligiösen Bewegungen, die Melton als „amerikanischen Beitrag zur Welt-Religion" bezeichnet: Spirit(ual)ismus, Mormonismus, Adventismus (einschließlich Zeugen Jehovas), Theosophie, Christian Science und Neugeist. Wohl haben Europäer wesentliche geistige Beiträge zur Wiedererwekkung des Okkultismus geleistet: Franz Anton Mesmer, Emmanuel Swedenborg, L.C. de Saint Martin, Eliphas Levi, Aleister Crowley u.a.m.[9] Aus der Theosophie ist 1913 die Anthroposophie Rudolf Steiners hervorgegangen. Während die okkulten Strömungen in Europa sich bislang aber im wesentlichen als Privatreligion oder „parareligiöse Bewegungen"[10] unterhalb und am Rande des offiziellen Christentums, von diesem mißbilligt, angesiedelt haben, sind sie in den USA stärker verkirchlicht (bis hin zur Bildung satanistischer „Kirchen") und zu einem mehr oder weniger anerkannten Bestandteil des religiösen Lebens geworden.

Nach Europa kommt vieles davon aus den USA, nicht selten aus Kalifornien: nicht nur Evangelisten unterschiedlicher Prägung, sondern auch ein Heer von Glaubensheilern, Geistheilern, Medien, New-Age-Aposteln, Psycho-Gurus, Hexen usw. Sogar aus Asien kommen religiöse Bewegungen oft auf dem Umweg über die USA nach Europa und bringen etwas vom Geist Amerikas und der englischen Sprache hierher.[11] Englisch dient oft als „heilige Sprache" solcher Bewegungen. Zentrale Begriffe wie "awareness" und "power" werden nicht ins Deutsche übersetzt, sondern als religiös geladene Lehnworte benutzt. Pluralisierung bedeutet häufig Amerikanisierung des religiösen Lebens, und die ist ein wichtiger Zug der religiösen Gegenwartslage.

Ein wichtiger Aspekt der okkulten und metaphysischen Bewegungen sind die fließenden Übergänge zwischen ihnen und sowohl den östlichen Religionen als auch archaischen Praktiken aus dem Schamanismus und anderen Quellen. In der Regel werden Konzepte und Praktiken der letzteren von den westlichen Okkultbewegungen in synkretistischer Weise absorbiert und umgeformt. In der Geschichte der neureligiösen Bewegungen lassen sich viele sachliche und personelle Verzahnungen sowie wechselseitige Beeinflussungen und Konvergenzen nachweisen[12]: Zwischen hinduistischem Revivalismus und buddhistischer Erneuerungsbewegung einerseits und der theosophischen Bewegung andererseits, zwischen Neovedanta (später auch japanischen Neureligionen) und Neugeist-Bewegung, zwischen östlicher Meditations- und westlicher Psychoszene. Gemeinsam ist vielen von ihnen das magische Weltbild und die Beschäftigung mit Alltagsproblemen, vor allem mit Krankheit und Therapie, für die magische Bewältigung angeboten wird. Es sind viele Quellen zusammengeflossen, um die „okkulte Explosion" zustande zu bringen, die gegenwärtig einen wichtigen Teil der Kultur, besonders der Jugendkultur darstellt und die Kirche vor erhebliche Herausforderungen stellt.[13]

### *3. Exkurs: Japanische Heilungsreligionen*

In diesem Zusammenhang muß am Rande auf Heilungspraktiken und Neureligionen japanischen Ursprungs hingewiesen werden, die jetzt auch in Mitteleuropa Anhänger gewinnen. Die älteren japanischen Neureligionen *(shinkō shūkyō)*[14] wie Tenrikyo („Lehre von der himmlischen Weisheit", gegr. 1838) und Omotokyo („Lehre vom großen Ursprung", gegr. 1892) weisen gemeinsame Merkmale auf: Ihr Hintergrund ist überwiegend schamanistisch-schintoistisch; sie beschäftigen sich vor allem mit den Nöten des Alltags: Armut, Schmerz und Krankheit; sie treten ihnen mit spiritistischen Heilungspraktiken und anderen Mitteln magischer Lebensbewältigung entgegen; sie wecken Hoffnung auf das baldige Kommen einer besseren Welt; an ihrem Anfang steht eine charismatische, oft weibliche Führergestalt; sie sammeln sich um einen zentralen, aufwendig errichteten Schrein und einen Kanon heiliger Schriften; ihr optimistisches Glaubenssystem ist leicht faßbar. Ihre Ausbreitung im modernen Japan hängt mit der Urbanisierung und dem Verlust dörflicher Geborgenheit zusammen. Sie vermitteln die Zugehörigkeit zu einer größeren Gemeinschaft und die Möglichkeit, in einer überschaubaren Gruppe, der *hōza,* individuelle Lebensprobleme zu besprechen.

Viele der im 20. Jahrhundert entstandenen Neureligionen wie die aus der Omotokyo hervorgegangenen oder von ihr beeinflußten Mahikari-Gruppen (Sekai bzw. Sukyo Mahikari, „Wahres Licht", gegr. 1959)[15] sind ähnlich. Sie führen Krankheit auf Besessenheit durch Ahnen – oder andere Geister zurück und bieten exorzistische Reinigungsrituale (*okiyome, jōrei* usw.) als Mittel der Heilung an. Durch sie sollen der Körper gereinigt und der schädliche Geist vertrieben oder so weit geläutert werden, daß er sich in einem glücklicheren Leben reinkarnieren kann. Handauflegen und wunderwirkende Amulette spielen eine wichtige Rolle. Sie weisen aber auch Wege zu einem transzendenten Heil, das oft buddhistisch gedeutet wird. In den siebziger Jahren folgte eine neue, stärker auf die Bedürfnisse der Wohlstandsgesellschaft ausgerichtete Generation von „Neo-Neureligionen", die nach Aussage von Beobachtern in Richtung eines „neuen Spiritismus" tendieren. Etwa 20% der japanischen Bevölkerung sind heute Anhänger einer Neureligion, von denen etliche freilich stärker buddhistisch geprägt sind.

Für eine Analyse des modernen religiösen Pluralismus sind diese Phänomene in mehrfacher Hinsicht bedeutungsvoll:
– Die Welle spiritistischer und okkulter Neureligionen – nicht nur in Japan, sondern auch in Lateinamerika und den USA – scheint ein wichtiges Element neuzeitlicher Religionsgeschichte zu sein und noch für längere Zeit mit dem Geist der Moderne koexistieren zu können. Okkulte bzw. magische Lebensbewältigung und technische Lebensbewältigung verhalten sich offensichtlich eher komplementär als konträr zueinander.
– Die internationale Vernetzung okkulter Religionen nimmt zu: Die japanische Neureligion Seicho-No-Ie („Haus des Wachstums", gegr. 1930) ist in ihren Heilungsvorstellungen vom mentalen Heilen der Neugeist-Bewegung und Christian Science beeinflußt und gehört der New Thought Alliance an. In der interreligiösen Bewegung haben die japanischen Neureligionen von Anfang an eine wichtige Rolle gespielt. Okkulte Religionen erfreuen sich bleibender oder sogar zunehmender Respektabilität.

Zur Auseinandersetzung des Christentums mit ihnen soll hier nur so viel gesagt sein: Sie sollte sich von der aufklärerischen Kritik an ihnen unterscheiden, zumal diese Kritik auch das Christentum in wesentlichen Aspekten treffen kann. Ausgangspunkt muß die Einsicht der modernen Religionswissenschaft und Kulturanthropologie sein, daß Magie – gegen Frazer, Durkheim und Tylor – keine von der Evolution überholte, „primitive" Vorstufe der Religion ist, die von dieser grundsätzlich zu unterscheiden wäre. Der Mensch der traditionalen

Gesellschaften war durchaus zu rationalem Handeln in der Lage, und auch in der modernen Gesellschaft scheinen rationale und magisch-okkulte Lebensbewältigung nebeneinander existieren zu können. Eine Koexistenz von beidem, von Säkularität und neu aufbrechender Religiosität sowie zwischen Aufklärung und Romantik, wird so lange möglich sein, wie Geschichte als kontingentes Geschehen im gesellschaftlichen und persönlichen Leben eine Rolle spielt, wie Abhängigkeit von unkontrollierbaren Mächten erfahren wird und die Grenzen des menschlichen Erkennens schmerzlich bewußt werden.[16] Andererseits muß die deutliche biblische Kritik an vielen Formen magischer Lebensbewältigung in Geltung bleiben. Der vertrauensvolle Glaube an das bewahrende Handeln des freien Gottes darf nicht durch okkulte Lebensbewältigung beeinträchtigt werden.

# IV. DIE PRÄSENZ ÖSTLICHER RELIGIONEN

## *1. Wechselwirkung zwischen West und Ost*

Die Präsenz „östlicher" (genauer: süd-, südost- und ostasiatischer) Religionen in Europa geht nicht nur auf Einwanderung zurück. Gewiß hat der Zusammenbruch der Kolonialreiche nach dem 2. Weltkrieg größere Mengen indischer Hindus und Sikhs, buddhistischer Vietnamesen, Hindus aus Surinam usw. nach Europa gebracht, besonders nach Großbritannien, Holland und Frankreich, wo sie als ethnische Minderheiten[1] keinen starken Einfluß auf die Religiosität ihrer Umgebung ausüben. Die willkürliche chinesische Okkupation Tibets hat zu einer starken, übrigens auch missionarisch aktiven Präsenz des tibetischen Buddhismus geführt, der Bürgerkrieg zwischen singhalesisch-buddhistischer Mehrheit und tamilisch-hinduistischer Minderheit in Sri Lanka zu einer erheblichen Zahl tamilischer Asylanten.

Älter als diese Einwanderungswellen ist aber die Ausstrahlung östlicher Religion und Geistigkeit auf den Westen, die Verbreitung ihrer Konzepte und Praktiken und die wechselseitige Befruchtung von Ost und West, freilich auch die Auseinandersetzung zwischen beiden. Sieht man von den Kontakten mit östlichen Religionen in vorislamischer Zeit ab und beschränkt sich auf die Neuzeit, so kann man auf eine etwa zweihundertjährige Geschichte zurückblicken, in der sich Europa und Nordamerika der Begegnung mit dem „Osten" in unterschiedlicher Weise zu stellen hatten. Es ist eine Geschichte von Ausstrahlung und Ausbreitung, von Diffusion und „Mission".[2]

Zunächst sind äußere Faktoren zu nennen: das Zusammenrücken der Kontinente, die globale Kommunikation, die Erschließung fremder Kulturen und Religionen durch wissenschaftliche Forschung, Übersetzungen usw. Der Westen ist dabei aber nicht der allein aktive Teil; es geht nicht nur um Rezeptionsprozesse, obgleich es sich aus einer eurozentrischen Perspektive leicht so darstellt. Vielmehr haben die östlichen Religionen im 19. Jahrhundert ein neues Sendungsbewußtsein und eine neue missionarische Dynamik entwickelt. Der Hinduismus, von Hause aus die ethnische Religion (bzw. Religionen im Plural) Indiens, hat sich als universale Religion neu definiert. Der Buddhismus hat seine ursprüngliche missionarische Dynamik wiedergewonnen. Die östlichen Religionen sind selbst auch Subjekte im Prozeß der Begegnung mit dem Westen.

Sie haben überdies seit dem Ende des vorigen Jahrhunderts ein zunehmendes Gefühl für Krisenerscheinungen des Westen entwickelt. In ihrer (nicht selten polemischen, schwarzweißmalenden) Sicht ist der Westen dem Materialismus verfallen, es fehlt ihm an Spiritualität, und genau die haben sie selbst anzubieten. In Swami Vivekanandas Aufruf von 1896 „Auf, indische Spiritualität, erobere die Welt!“[3] hat das neue Sendungsbewußtsein seine klassische Gestalt gefunden. Die politischen Welteroberer aus dem Westen sollen sich auf eine spirituelle Welteroberung aus dem Osten gefaßt machen. Seit dem Ende der Kolonialzeit sind diese Töne leiser geworden. Die Völker des Ostens haben mehr als genug mit ihren eigenen Problemen zu tun. Das national-indische Pathos ist geringer geworden. Für das Einströmen östlicher Religiosität müssen aber immer noch die genannten Faktoren verantwortlich gemacht werden: Die globale Kommunikation sowie die Wechselwirkung zwischen neu erwachtem östlichen Sendungsbewußtsein und westlichem Krisenbewußtsein. Was gemeinhin die Faszination des Ostens genannt wird, ist kein zeitloses Phänomen (sieht man einmal von der allgemeinen Attraktivität des Exotischen ab), sondern ein Ergebnis dieser Wechselwirkung.[4]

Andererseits ist diese Gegenbewegung bzw. Rückmission[5] selbst nur Teil einer aus dem Westen kommenden Bewegung. Letztlich ist der Westen für das Erwachen des „östlichen“ Sendungsbewußtseins und für dessen Folgen selbst verantwortlich zu machen. Es handelt sich ja nur um eine Reaktion auf die Begegnung mit den aus dem Westen kommenden universalen Ansprüchen: dem Anspruch überlegener westlicher Zivilisation und Technik und dem missionarischen Anspruch des Christentums. Beide trafen im 19. Jahrhundert die östlichen Religionen mit voller Wucht. Das Einströmen östlicher Religiosität und Religionen ist also einerseits ein natürlicher Prozeß in einer kleiner gewordenen Welt. Die christlichen Kirchen, an ihre traditionelle Dominanz in Europa gewöhnt, müssen die Pluralität der Religionen als ein Stück Normalität akzeptieren. Auch stehen Ost und West einander nicht völlig exklusiv gegenüber. Die Begegnung bringt beiden Teilen Gemeinsamkeiten zu Bewußtsein und erinnert an vergessene Elemente der eigenen Kultur. Andererseits geht es, vor allem im religiösen Bereich, um konkurrierende Wahrheitsansprüche und alternative Lebensmodelle, die als solche ernst genommen zu werden verdienen.

## 2. *Phasen der Ausbreitung östlicher Religionen*

Die Geschichte der Ausbreitung östlicher Religionen läßt sich in mehrere Phasen gliedern. Was mit ersten Übersetzungen ihrer heiligen Schriften begann, hat zu ihrer vollen Präsenz geführt. Zwischen den einzelnen Phasen gibt es Überlappungen und zeitliche Verschiebungen je nach Geographie und Geschichte. Inzwischen liegen etliche längsschnittartige Einzeldarstellungen vor, auf die ausdrücklich verwiesen sei: über Zen in Deutschland, Hinduismus in den USA usw.[6] In der *ersten Phase,* deren Beginn mit dem Ende des 18. Jahrhunderts anzusetzen ist, machte ein kleiner Kreis von Gelehrten und Gebildeten die Bekanntschaft mit den Schriften östlicher Kulturen und Religionen. Erste, noch mangelhafte und zu Mißverständnissen führende Übersetzungen der Upanischaden, der Bhagavadgita, des Tao te King und wichtiger Schriften des buddhistischen Pali-Kanons entstanden. Man war nicht mehr auf die mehr oder weniger parteiischen Schilderungen christlicher Missionare angewiesen, deren Beitrag zur Erforschung fremder Religionen und Kulturen allerdings nicht gering veranschlagt werden darf.[7] Kulturell wirksam wurden diese Texte freilich erst dadurch, daß sie in die Hände verwandter Seelen gelangten und das geistige Leben Europas und Amerikas befruchteten. Die Romantiker erkannten, in den Worten Friedrich Schlegels, im Orient das „höchste Romantische" (sein Bruder August Wilhelm wurde 1818 der erste Inhaber des Bonner Lehrstuhls für Indologie); Arthur Schopenhauer fand seine pessimistische Weltanschauung in den frühen Upanischaden und in buddhistischen Texten wieder. Er erwartete, daß das Einströmen indischer Weisheit nach Europa eine Grundveränderung in unserem Wissen und Denken hervorbringen würde. Die ersten deutschen Buddhisten waren überwiegend durch Schopenhauer zur Konversion veranlaßt worden und vertraten einen Buddhismus Schopenhauerscher Prägung. In den USA begeisterte sich Ralph Waldo Emerson, Anhänger eines monistischen Idealismus, für den Monismus der Upanischaden.

Dieser Prozeß literarischer und philosophischer Befruchtung hat sich bis heute fortgesetzt und ist inzwischen aus dem westlichen Geistesleben nicht mehr wegzudenken. Hermann Hesse und Carl Gustav Jung sind Beispiele aus diesem Jahrhundert. Der Prozeß der Übersetzung heiliger Schriften der östlichen Religionen geht auch weiter. Im Unterschied zum hinduistischen Sanskritschrifttum und zum theravada-buddhistischen Pali-Kanon warten noch viele Texte der tibetischen und zentralasiatischen Buddhismusliteratur auf ihre Übertragung in westliche Sprachen. Das gleiche gilt für den größeren Teil der taoistischen Texte. Auch Literatur und Kunst nehmen weiterhin Einflüsse und Anregungen aus östlichen Religionen und Kulturen auf: Komponisten wie Peter Michael Hamel, Dichter wie Alfred Döblin und Bert Brecht, Philosophen wie Peter Sloterdijk („Eurotaismus").[8] Wie tief östliche Begrifflichkeit in die westliche Psyche eingedrungen ist, verrät die Werbung: Eine Rockband nennt sich „Nirvana", ein verführerisches Parfum heißt „Samsara". Das ist nicht gerade der Ursinn dieser Worte, aber auch keine völlig abwegige Assoziation.

Den Anfang einer *zweiten Phase* kann man auf das Jahr 1875 datieren. Mit der in diesem Jahr in New York gegründeten „Theosophischen Gesellschaft"[9] beginnt die Konvergenz und wechselseitige Befruchtung zwischen westlichem Okkultismus und östlichen Religionen. Die von den Gründern, H. P. Blavatsky und H. S. Olcott, gelehrte Theosophie ist in vieler Hinsicht eine Entstellung östlicher Religionen und wird auch von Hindus und Buddhisten mit Recht als solche kritisiert. Andererseits haben Theosophen einen wichtigen Beitrag nicht nur zur Verbreitung östlicher Religionen im Westen, sondern auch für deren Stabilisierung und Revitalisierung in ihren Ursprungsländern geleistet. Blavatsky und Olcott konvertierten 1880 in Ceylon zum Buddhismus. Olcott hat 1881 den ersten buddhistischen „Katechismus" im westlichen Stil auf Englisch und Singhalesisch publiziert und viel für den Aufbau eines buddhistischen Schulwesens in Konkurrenz zu den christlichen Missionsschulen Ceylons geleistet. Annie Besant, die zweite Präsidentin der „Theosophischen Gesellschaft", wandte sich dem Hinduismus zu, pries ihn in den höchsten Tönen und machte sich um die Errichtung der "Benares Hindu University" verdient, der ersten Hindu-Universität in Indien. Das theosophische Buddhismusbild hat bis heute zur Mißdeutung dieser Religion im Westen beigetragen. In England waren maßgebliche Buddhisten (C. Humphreys, E. Conze) zugleich Theosophen. Die Befruchtung zwischen westlichem Okkultismus und östlichen Religionen hat sich bis in die Gegenwart hinein fortgesetzt und in der an späterer Stelle zu behandelnden New-Age-Bewegung eine neue Gestalt gewonnen.

In diese Zeit nach 1875 fallen die Anfänge des deutschen und westeuropäischen Buddhismus. 1881 wurde die "Pali Text Society" in England gegründet, und Hermann Oldenberg veröffentlichte sein Werk über den Buddha. 1888 schrieb Friedrich Zimmermann seinen „Buddhistischen Katechismus". Ab 1892 folgten Übertragungen aus dem Pali-Kanon von Karl Eugen Neumann. Aus Engagement für die buddhistische Sache wurde Konversion zum Buddhismus. 1903 entstand mit dem „Buddhistischen Missionsverein Deutschland" die erste Organisation des deutschen Buddhismus; W.F. Gueth wurde in Ceylon als erster Deutscher buddhistischer Mönch und empfing den Mönchsnamen Nyanatiloka. In dieser frühen Phase wurde der Buddhismus nicht nach Deutschland gebracht, sondern geholt. An den existierenden buddhistischen Schulrichtungen vorbei suchten deutsche Buddhisten nach dem „Urbuddhismus".

Eine *dritte Phase,* nämlich diejenige der organisierten Ausbreitung östlicher Religionen, kann man mit dem „Weltparlament der Religionen" 1893 in Chicago beginnen lassen. Dieses bot den Vertretern der Religionen nicht nur ein Forum für die Darstellung ihrer Traditionen, sondern auch Gelegenheit, im Westen dauerhaft Fuß zu fassen. Swami Vivekananda machte nach dem Weltparlament eine Vortragsreise durch die USA, sammelte erste Anhänger um sich und gründete dort die ersten „Vedanta-Gesellschaften", bevor er nach Indien zurückkehrte und dort die Ramakrishna-Mission ins Leben rief. Diese hat die westlichen Vedanta-Gesellschaften in Amerika und Europa jahrzehntelang mit indischen Swamis versorgt. Der Reformbuddhist Anagarika Dharmapala aus Ceylon, der Gründer der Maha-Bodhi-Gesellschaft, tat ähnliches. Shaku Soyen, der Abt des berühmten Rinzai-Klosters in Kamakura, war auch nach Chicago gekommen und veranlaßte seinen Schüler D.T. Suzuki, in die USA zu gehen, um die Publikation buddhistischer Schriften auf Englisch voranzutreiben. Ohne Suzukis Arbeit ist die Ausbreitung des Zen im Westen nicht vorstellbar. Das Religionsparlament von Chicago hat, wie erwähnt, die Phase der organisierten Ausbreitung östlicher Religionen im Westen eingeläutet.

Was auf diese Weise in den Westen gelangte, waren freilich nicht die östlichen Religionen in ihrer traditionellen Gestalt. Insbesondere der von Vivekananda in Chicago verkündete Neohinduismus war schon selbst ein Ergebnis der Auseinandersetzung mit westlichen und christlichen Ideen unter den Bedingungen der britischen Kolonialherrschaft. Er war beeinflußt vom Evolutionismus und anderen Konzeptionen des Westens. Sein Schlüsselbegriff „Spiritualität" hat in der hinduistischen Sanskritgelehrsamkeit kein Gegenstück. Die Anpassung an den Westen begann bereits bei der Neuformulierung des hinduistischen Erbes in Indien. Die Kritik der Puristen unter den westlichen Orientalisten[10] richtet sich nicht erst gegen die Verschleuderung des hinduistischen Erbes durch im Westen missionierende Gurus, sondern gegen den gesamten englischsprechenden Neohinduismus in der Nachfolge Vivekanandas und gegen die theosophische Umdeutung der östlichen Religionen. Die Indologie richtet ihre Aufmerksamkeit in den letzten Jahren denn auch vermehrt auf die regionalen, bodenständigen Hindu-Traditionen, die sich vom westlichen Hinduismusbild und von der Selbstdarstellung des Neohinduismus unterscheiden.

Im Buddhismus, noch ausgeprägter im Taoismus, hat die erzwungene Auseinandersetzung mit dem Westen erst später und in weniger dramatischer Weise begonnen. Die beiden Religionen sind darum auch in traditionellerer Gestalt im Westen rezipiert worden und hatten den Prozeß der Inkulturation in den westlichen Kontext noch vor sich. Die westliche Rezeption des Buddhismus hat umgekehrt auf traditionell buddhistische Länder zurückgewirkt, so z. B. Edwin Arnolds poetische Buddha-Darstellung ›The Light of Asia‹ von 1879 auf den ceylonesischen Buddhismus. Die immer noch verbreitete Unterscheidung zwischen asiatischem und verwestlichtem Hinduismus und Buddhismus muß aufgegeben werden zugunsten einer stärkeren Differenzierung zwischen traditionellen östlichen Religionen, ihrer bereits von der Begegnung mit dem Westen veränderten Gestalt als Neohinduismus, Neobuddhismus usw., missionarisch gewordenen Traditionen dieser Religionen, die sich um Inkulturation im westlichen Kontext bemühen, und schließlich einer Rezeption östlicher Religionen durch den Westen im direkten, oft willkürlichen und entstellenden Rückgriff auf deren Texte und Inhalte.

Die Auswirkungen des Weltparlaments der Religionen auf Europa waren gering, obgleich Swami Vivekananda auch nach England kam und dort Vedanta-Gesellschaften ins Leben rief. Verstreut entstanden erste Zentren auch in anderen europäischen Ländern wie Frankreich und Deutschland. In Deutschland fanden die ersten Persönlichkeiten unter dem Eindruck der Schopenhauerschen Philosophie den Weg zur Lehre des Buddha: Karl Seidenstücker, Paul Dahlke und Georg Grimm gaben den buddhistischen Gemeinden, die nach dem 1. Weltkrieg entstanden, das Gepräge. Die Pali-Gesellschaft brachte deutsche Übersetzungen buddhistischer Schriften heraus. Die ersten Europäer empfingen seit 1903 in Ceylon die buddhistische Mönchsweihe. Aus ihrer Mitte sind anerkannte buddhistische Gelehrte deutscher und österreichischer Herkunft wie Nyanatiloka und später Nyanaponika hervorgeganen. Die angloamerikanischen Vedanta-Gesellschaften und die deutschen buddhistischen Gemeinden gewannen ihre Mitglieder aus gebildeten Schichten, unter ihnen profilierte Persönlichkeiten wie den Amerikaner Aldous Huxley. Viele von ihnen betrachteten sich als Anhänger einer neuen Philosophie und Wissenschaft, nicht einer Religion bzw. eines „Glaubens“, wie sie das

Christentum sahen. Ritual und meditative Praxis spielten eine geringe Rolle.

Die Zeit nach dem 1. Weltkrieg brachte neue Ansätze, so daß manche Darstellungen von einer neuen Rezeptionsphase sprechen. Der Mahayana-Buddhismus, vor allem das Zen wird vom Westen entdeckt. D. T. Suzuki veröffentlicht 1927 seine ›Essays in Zen Buddhism‹ und verbindet diese östliche Meditationsweise mit westlicher Psychologie. Zugleich erklärt er das Zen zum „Geist aller Religion und Philosophie" – ein Schritt von weittragender Bedeutung. In Europa ist es C. G. Jung, der das Zen und andere Erscheinungen der östlichen Religionen tiefenpsychologisch deutet, vor seiner „Übertragung auf westliche Verhältnisse" freilich warnte. In Deutschland wurde die Bekanntschaft mit dem Zen zuerst durch Aufsätze von Rudolf Otto (1923) und Karl Heim (1926) sowie durch das gemeinsame Buch von August Faust und Ohasama Schuej, eines deutschen Philosophen und eines mit deutscher Philosophie vertrauten japanischen Zen-Meisters, vermittelt.[11]

Auf die „Lesemeister" folgten die „Lebemeister" (Bergler): Eugen Herrigel berichtete über seine Erfahrungen während eines Japan-Aufenthaltes mit der Zen-Kunst des Bogenschießens. Karlfried Graf Dürckheim begegnete dem Zen in der Zeit um den 2. Weltkrieg in Japan und brachte nach Kriegsende eine verwestlichte Version zurück in den Schwarzwald. Diese Konvergenz wurde möglich, nachdem Japaner sich in Deutschland mit deutscher Philosophie und Deutsche sich in Japan mit der Kultur und Praxis des Zen vertraut gemacht hatten. – Die Bemühungen um eine christliche Zen-Praxis nahmen erst nach dem 2. Weltkrieg ernsthafte Gestalt an.

Die *vierte Phase* begann in den sechziger Jahren. Die östlichen Religionen, im Westen vorher eine eher elitäre Angelegenheit, konnten nun in der westlichen Massengesellschaft vor allem in der jugendlichen Sub- und Gegenkultur Fuß fassen. In der Hippie- und Drogenszene fanden Hindu-Gurus[12] Anhänger, die auf der Suche nach einer religiösen Alternative waren, Formen der Meditation lernen wollten und sich der Guru-Autorität zu unterwerfen bereit waren. Jugendliche Indienpilger wanderten von Ashram zu Ashram und suchten neue Erfahrungen. Neben einigen authentischen indischen Gurus wirkten synkretistische Gurus wie Bhagwan Rajneesh, die in keiner legitimen indischen Guru-Tradition stehen und Wasser aus unterschiedlichen Quellen mischen.

Unter den buddhistischen Meditationsformen gewann das Zen in der Gegenkultur eine neue Funktion. Wegen seiner Betonung des Paradoxen und Spontanen und wegen seiner Naturverbundenheit übte es eine starke Faszination auf Intellektuelle wie Alan Watts und auf die Beatniks aus. Ernst Benz [13] sprach in diesem Zusammenhang von „Zen-Snobismus“ statt Zen-Buddhismus. In den siebziger und achtziger Jahren verstärkte sich der Einfluß des tibetischen Buddhismus[14] und damit die Bedeutung von Ritual, meditativer Praxis und Mönchtum. Heute sind die Gewänder von Mönchen und Nonnen des Lamaismus ein fester Bestandteil der buddhistischen Szene. Der Grad der Verwestlichung ist beim gegenwärtigen westlichen Buddhismus sehr unterschiedlich. Während die Anhänger von Tschögyam Trungpa und Lama Anagarika Govinda – beide sind inzwischen verstorben – und einige andere sich bewußt der Schaffung eines westlichen Buddhismus widmen und vor allem zur westlichen Psychologie Brücken zu schlagen versuchen, wird in anderen Gruppierungen zusammen mit der buddhistischen Glaubenswelt auch tibetische oder japanische Kultur gesucht und vermittelt. Hier ist das am Werk, was M. Mildenberger als „religiöse Revolte“[15] bezeichnet hat. Aus dieser gegenkulturellen Tendenz erklärt sich in erheblichem Ausmaß die Faszination hinduistischer und buddhistischer Religiosität in Randgruppen der Gesellschaft der sechziger und siebziger Jahre, aber auch die Grenze gesamtgesellschaftlicher Akzeptanz in dieser Phase.

Auch außerhalb der gegenkulturellen Strömungen fanden in der Phase nach dem 2. Weltkrieg Elemente der östlichen Religionen Eingang in die säkularisierte westliche Gesellschaft. Vor allem Yogapraktiken[16] wurden vom religiösen Mutterboden und vom hinduistischen Heilsstreben abgelöst und dem westlichen Bedürfnis nach Entspannung und Fitneß dienstbar gemacht. Volkshochschulen sind der bevorzugte Ort dieser Form des Yoga.

In den siebziger und achtziger Jahren findet östliche Religiosität einen neuen westlichen Kontext in der aus Kalifornien kommenden New-Age-Bewegung und transpersonalen Psychologie.[17] Die Idee eines "New Age", daß nämlich das neue Zeitalter des Wassermanns dazu bestimmt ist, das gegenwärtige Fische-Zeitalter der Kirchen und Konfessionen abzulösen, stammt aus theosophischen Kreisen und findet sich in vergleichbarer Form auch im modernen Spiritismus. Insofern ist bzw. war die New-Age-Bewegung ein Kind der Theosophischen Gesellschaft, freilich in Gestalt eines lockeren Netzwerks. Im Zusammenhang mit den östlichen Religionen ist die Verschmelzung östlicher Meditation und westlicher Psychologie wichtig. Damit war seit 1962 im kalifornischen Esalen-Zentrum experimentiert worden, neben der stärker spiritistisch orientierten Findhorn-Gemeinschaft das wichtigste Modell der New-Age-Bewegung. Neben östlichen Meditationslehrern fanden in Esalen F. Perls mit seiner Gestalttherapie, Körpertherapeuten und Bioenergetiker aus der Schule Wilhelm Reichs und andere psychologische Schulrichtungen eine geistige Heimat. Die transpersonale Psychologie, die den Menschen nicht als isoliertes Einzelwesen, sondern als Teil des Kosmos begreifen möchte, interessiert sich für Meditations- und Ekstasetechniken aus allen religiösen Traditionen bis hin zum Schamanismus und wertet sie als Wege zu einem „neuen Bewußtsein“, das die evolutionäre Höherentwicklung des Menschheitsbewußtseins vorwegnimmt und vorantreibt. Reinkarnationsvorstellungen der östlichen Religionen und der abendländischen Esoterik werden evolutionistisch als Weg zu individueller und menschheitlicher Selbstvervollkommnung gedeutet. Als Kronzeugen dieses Evolutionismus nehmen New-Age-Bewegung und transpersonale Psychologie den neohinduistischen Meister von Pondicherry, Sri Aurobindo, den Jesuiten Teilhard de Chardin und den Schweizer Kulturphilosophen Jean Gebser in Anspruch. Auch Pater Enomiya Lassalle hat in seiner späten Phase die Zen-Meditation als Beitrag zur Entstehung eines evolvierenden neuen Bewußtseins gedeutet.

Als Basis des New-Age-Synkretismus dient die Auffassung, die mystische Erfahrung sei die gemeinsame Grundlage aller Religionen. Der mystischen Einheitserfahrung wird auch naturwissenschaftlicher Erkenntniswert zugesprochen: Der Mystiker nimmt die verborgene Interdependenz aller Dinge wahr. Die mystische Erfahrung bestätigt das ökologische Weltbild. Das taoistische Yin-Yang-Symbol ist in weiten Kreisen als Ausdruck eines „ganzheitlichen“ Denkens bekannt geworden. In dieser ganzheitlich-ökologischen Form ist das New-Age-Denken über den Kreis der Meditierenden und Esoteriker hinausgedrungen und ins allgemeine Bewußtsein eingegangen. In dem Maße, wie der Glaube an diese mystische Utopie nachgelassen hat, dient New Age freilich nur noch als Überbau eines eklektischen, konsumistischen Umgangs mit religiösen Traditionen zum Zweck individueller Selbstverwirklichung.

## *3. Ergebnis*

Das Ergebnis der geschilderten Entwicklung der letzten 150 bis 200 Jahre ist ein zunehmender religiöser Pluralismus mit einer kaum noch übersehbaren Fülle religiöser Bewegungen und Gruppierungen. Zahlenmäßig ist der hinduistische und buddhistische Anteil an der Gesamtbevölkerung nur dort beträchtlich, wo im Gefolge der Entkolonialisierung durch Einwanderung größere ethnische Minderheiten[18] entstanden sind: schätzungsweise 400000–500000 Hindus in Großbritannien, knapp 100000 in Holland; in Frankreich ca. 700000 Buddhisten (buddhistische Schätzungen sprechen von 1 Million), in Großbritannien 30000 oder mehr, in Deutschland etwa 40000 asiatische (und etwa 20000 deutsche) Buddhisten und 10000–15000 Hindus. Die Zahl konvertierter Einheimischer ist sehr viel niedriger. (In etlichen europäischen Ländern sind viele einheimische Buddhisten und Hindus Kinder und Enkel von Eingewanderten. Nach anderen Angaben soll es in Deutschland 20000 praktizierende Buddhisten geben, davon bestenfalls die Hälfte Deutsche [gemeint sind offenbar Deutschstämmige]). Die Zahl der Buddhisten in Österreich wird mit 5000 angegeben. Hindutempel werden teils von landsmannschaftlich und kastenmäßig organisierten Gruppierungen errichtet und unterhalten, teils von „sektarischen" Gruppen wie der Hare-Krishna-Bewegung.

Diese erhalten so eine neue Funktion: Ihr Dienste werden von den „ethnischen" Hindus in Anspruch genommen, die wiederum zu ihrem Unterhalt beitragen, sie aber auch einbinden. Die ethnischen Hindus und Buddhisten verhalten sich in der fremden Umgebung verständlicherweise konservativ. Indische Organisationen, die dem konservativen bis fundamentalistischen Hindu-Spektrum zugerechnet werden wie die Vishva Hindu Parishad und der Arya Samaj, spielen eine wichtige Rolle bei der Zusammenfassung und Interessenvertretung der Hindu-Minderheiten im Westen.

Sieht man von den ethnischen Minderheiten ab, so sind zunächst die kulturellen Einflüsse aus dem Osten auf westliche Literatur, Musik und Malerei zu nennen. Daneben stehen die verschiedenen Formen religiöser Ausstrahlung und Ausbreitung. Säkularisierte und synkretistische Formen östlicher Religionen und Religiosität belegen die Tatsache, daß diese sich bei der Inkulturation in den westlichen Kontext verändert haben und manchmal bis zur Unkenntlichkeit entstellt worden sind. Insbesondere meditative Praktiken haben ganz unterschiedliche Funktionen übernommen: Von gesundheitsorientierten Volkshochschulkursen bis zu kirchlichen Veranstaltungen; Meditationspraktiken im Dienst der Psychotherapie und westlicher Selbsterfahrungsbedürfnisse oder als gymnastische Betätigung. Östliche Vorstellungen wie Karma und Reinkarnation[19] tauchen in unterschiedlichen Kontexten auf: Sie dienen der individuellen Sinnsuche und Identitätsfindung, therapeutischen Bedürfnissen (Rückführungen und Reinkarnationstherapie) und der Wiedergewinnung eines evolutionär-optimistischen Weltbildes im Rahmen des New-Age-Denkens. Taoistische Symbolik verbindet sich mit modernem ökologischen Denken usw. (Auch im Bereich der westlichen Yogapraxis gewinnen taoistische Techniken und Vorstellungen an Boden.) Diese Verwestlichungsprozesse vollziehen sich freilich nicht nur im Westen. Vielmehr haben sie bereits im Osten als Folge der dortigen Begegnung mit dem Westen begonnen und wirken weiterhin auf ihn zurück.

Neben dieser diffusen Ausbreitung gibt es die organisierten Formen östlicher Religionen im Westen. In ihnen werden häufig kultische und rituelle Praktiken ausgeübt; Menschen werden in die mönchische Lebensform eingeweiht; man bemüht sich, die überkommenen Traditionen, freilich in einer dem Westen angepaßten Form, zu bewahren. Östliche Meditationswege werden hier nicht säkularisiert und in Kursen angeboten, sondern in ihrem ursprünglichen religiösen Zusammenhang von Guruverehrung, Initiation und Mantra-Vergabe gelehrt. Neben der Diffusion steht die Mission, neben dem ans westliche Ufer gespülten und hier aufgelesenen Strandgut die mehr oder weniger kompletten Schiffsladungen, die von zielbewußten Kapitänen ans Land gesteuert werden.

Die *indischen Gurubewegungen* repräsentieren durchweg einen von seiner ethnischen Grundlage abgelösten und reduzierten Hinduismus mit einer bestimmten Gurugestalt oder einer Meditationstechnik im Mittelpunkt. Universale Geltung nimmt zum Beispiel die Transzendentale Meditation für ihre Technik in Anspruch, die das „Zeitalter der Erleuchtung“ heraufführen soll. Die Verehrung des Sadguru oder „Vollkommenen Meisters des Zeitalters“ sowie der „Yoga des Klangs“ stehen im Zentrum der Gruppen des Sant Mat (Radhasoami Satsang usw.). Häufig gelten die Gurus als Avataras („Herabkünfte“, einer der höchsten hinduistischen Würdetitel), insbesondere Sathya Sai Baba, der die typisch neohinduistische Religionssynthese in seiner Person verkörpert sieht. Alle diese Meistergestalten sehen sich selbst in einer Linie mit Jesus und anderen Religionsgründern.

Starke emotionale Erlebnisse vermitteln tantrische Gurus wie der verstorbene Baba Muktananda und Swami Narayanananda. Auch der synkretistische Bhagwan Shree Rajneesh („Osho“), der nicht als hinduistischer Guru gelten kann, gehört in den tantrischen Bereich. Die „Internationale Gesellschaft für Krishna-Bewußtsein“ (ISKCON) verbreitet unter dem Beifall fundamentalistischer Hindu-Organisationen (Vishva Hindu Parishad usw.) eine bengalische Form der Krishna-Bhakti in aller Welt. Sri Aurobindo ist durch seine Bücher, vor allem aber durch seinen Ashram in Pondicherry und die „Zukunftsstadt“ Auroville in Südindien zum Inspirator westlich geprägter Kreise geworden, die alternative Lebensformen suchen. Die meisten dieser Gurubewegungen werden am besten als missionarisch gewordene Hindu-Traditionen verstanden, auch wenn ihr Verhältnis zum indischen Hinduismus weitgehend ungeklärt ist.

Die *buddhistische Präsenz* im Westen, früher von den theravadisch geprägten buddhistischen Gemeinden aus der Zeit zwischen den beiden Weltkriegen dominiert, bezieht ihre Dynamik zunehmend vom tibetischen Lamaismus. Die tantrisch geprägte Kagyüdpa-Schule, die in der Person des Dänen Ole Nydahl einen effektiven Missionar besitzt, aber auch über angesehene tibetische Lamas verfügt, ist mit einer wachsenden Zahl von Zentren und Klöstern vertreten. Auch bei ihr spielen der Lama als Guru sowie meditative und rituelle Praktiken eine zentrale Rolle. Auch Chögyam Trungpa und die von ihm gegründeten Organisationen (Vajradhatu, Naropa-Institut usw.)[20] kommen aus der Kagyü-Tradition, haben sich aber stärker den Selbstverwirklichungsbedürfnissen des Westens angepaßt. Auch die Gelugpa-Schule, der der Dalai Lama angehört, hat Zentren errichtet. Der von Lama Anagarika Govinda für den Westen geschaffene Orden „Arya Maitreya Mandala“ hat auch einen lamaistischen Hintergrund, fühlt sich aber allen buddhistischen Schulrichtungen verpflichtet. Überhaupt ist es dem Buddhismus am besten gelungen, über alle Schulunterschiede hinweg eine buddhistische Ökumene aufzubauen und auch im Westen seine Einheit sichtbar zu machen, z. B. durch die Deutsche Buddhistische Union.

Der japanische Buddhismus ist hier mit etlichen Gruppen vertreten, mit der Jodo Shinshu (der „Wahren Schule vom Reinen Land“, einer Form des Amida-Buddhismus) sowie mit verschiedenen buddhistischen Laienbewegungen, die sich vom militanten Reformer Nichiren herleiten. Dazu gehören die der Friedensarbeit verpflichtete Rissho Kosei-kai mit ihrem Gründer Nikkyo Niwano sowie die Soka Gakkai und die ihr (früher, vor der Trennung) verbundene Nichiren Shoshu. Die letzteren pflegen die überschaubare Gruppenarbeit und konzentrieren ihr religiöses Leben um die Rezitation eines bestimmten Mantras und die Betrachtung eines kultischen Gegenstandes. Die Soka Gakkai wird in der britischen Öffentlichkeit mit Sätzen wie “chanting for a Porsche” als eine Erfolgsreligion charakterisiert. (Andere japanische Neureligionen wie z. B. die Mahikari-Gruppen[21] sind nicht buddhistisch, sondern schamanistisch bzw. schintoistisch geprägt. Immer mehr von ihnen bringen ihre magischen Heilungspraktiken und -vorstellungen in den Westen.) Während die

Übung der Zen-Meditation im Westen überwiegend nicht mit einem formellen Bekenntnis zum Buddhismus verbunden ist, führt die Zugehörigkeit zu einer der anderen Gruppierungen häufig zu einer Konversion, indem die dreifache Zuflucht zum Buddha, zur Lehre und zum Orden (bei den lamaistischen Gruppen auch die vierfache oder sechsfache Zuflucht) genommen wird.[22] Das Streben der deutschen Buddhisten nach Authentizität dokumentiert sich auch in der Formulierung eines buddhistischen Bekenntnisses und in der Mitarbeit in buddhistischen Weltorganisationen. Etwas Vergleichbares gibt es im Bereich des westlichen Hinduismus – soweit man überhaupt davon sprechen kann – nicht.

Mit dieser hinduistischen, buddhistischen und taoistischen Präsenz, zu der ja noch die islamische und diejenige neuer Religionen kommt, hat sich die religiöse Situation des Abendlandes grundlegend geändert. Zwar ist das Christentum noch weit davon entfernt, seine dominierende Rolle einzubüßen, sowohl was die Zahl als auch was die Einflußpositionen betrifft. Für das Individuum hat sich die Lage jedoch geändert. Während der Prozeß der Säkularisierung fortschreitet, sieht sich der westliche Mensch zunehmend einem multireligiösen Angebot gegenüber, das ihn mit der Möglichkeit, aber auch dem Zwang zur Wahl konfrontiert, von dem Peter L. Berger[23] gesprochen hat.

# V. CHRISTENTUM UND ÖSTLICHE RELIGIONEN IM DIALOG

## *1. Vorüberlegungen*

Während die im wesentlichen durch Migration zustande gekommene islamische Präsenz vor allem eine gesellschaftliche Herausforderung für Europa darstellt, sind die Religionen des Ostens, genauer: die süd-, südost- und ostasiatischen Religionen, schon seit langem und mit Recht als eine primär religiöse Herausforderung empfunden worden. Insofern hat der „Wettstreit zwischen Jerusalem und Benares“, von dem P. L. Berger gesprochen hat, eine andere Qualität als der Wettstreit zwischen Jerusalem und Mekka. M. Mildenberger[1] hat im Blick auf deutsche Buddhisten formuliert: „Pointiert gesagt: man wird nicht Buddhist, weil einen der Buddhismus überzeugt; dieser überzeugt vielmehr, weil man ein religiöses Welt- und Menschenbild bereits mitbringt, das sich in ihm wiederfinden ... kann.“ Diese „vorgängige Disposition“ sei der „religiöse Humanismus“. Zum Verständnis der europäischen Buddhisten sei beim abendländischen Kontext einzusetzen, nicht beim Studium der Palikanons und des östlichen Buddhismus. Jedenfalls sind östliche und westliche Kultur häufig und von beiden Seiten als komplementär und aufeinander angewiesen verstanden worden.[2] Offensichtlich hat der „Osten“ dem „Westen“ etwas zu geben oder zumindest zu sagen, und umgekehrt.

Nun ist unser Wissen über die Vielfalt der östlichen Traditionen in den letzten Jahrzehnten so sehr gewachsen, daß man kaum noch wagt, undifferenzierte Aussagen über das Verhältnis zwischen ihnen (d.h. verallgemeinernd sämtliche hinduistische, buddhistische, taoistische und konfuzianische Schulrichtungen) bzw. zwischen *dem* Hinduismus oder *dem* Buddhismus einerseits und *dem* Christentum andererseits zu machen. Es paßt ganz und gar nicht in das übliche Schema, daß buddhistische Neureligionen in Japan wie die Soka Gakkai ausgesprochene Erfolgsreligionen sind, fern vom Geist ursprünglicher buddhistischer Entsagung. Die orthodoxen Kirchen des Osten wiederum stehen dem Geist östlicher Religionen in vielem näher als die westliche Christenheit. Es wird sich im folgenden auch zeigen, daß es mehr als einen Brückenschlag zwischen „Ost“ und „West“ gegeben hat und geben muß. Trotzdem geht die folgende Darstellung davon aus, daß Religionen, unbeschadet der Vielfalt ihrer geschichtlichen Entfaltungen, identifizierbar sind. Unter dieser Voraussetzung soll in diesem Kapitel versucht werden, einige wichtige Themen und Probleme des Dialogs zwischen Christentum und östlichen Religionen zu skizzieren.

Zur Vielfalt religiöser Traditionen und Entwürfe kommt die Vielfalt der geographischen und kulturellen Kontexte, in denen sie einander begegnen. Christliche Minderheiten in Indien und in buddhistischen Ländern stehen vor anderen Problemen als die westliche Christenheit in einer zugleich säkularen und religiös pluralen Situation. Mit der – allerdings bedeutungsvollen – Ausnahme Japans vollzieht sich die Begegnung des Christentums mit hinduistischen und buddhistischen Tradtitionen in Asien immer noch im Schatten des Kolonialismus. Westlicher Herrschaftsanspruch und christlicher Absolutheitsanspruch werden im allgemeinen als zwei Seiten einer Medaille betrachtet, die christliche Mission als ein kulturimperialistisches Unternehmen be- und verurteilt. (So sieht man es auch im Islam.) Interreligiöser Dialog bedeutet in diesem Zusammenhang zunächst Absage an den Geist westlicher Überheblichkeit und Bereitschaft zum Gespräch auf der Basis der Gleichwertigkeit. Zum Ernstnehmen der einheimischen Kulturen gehört auch die Bereitschaft der christlichen Minderheitskirchen, sich tiefer in ihnen zu verwurzeln und zu „inkulturieren". Überdies werden die im Westen entwickelten Formen des Tagungsdialogs mit seinem intellektuellen Diskurs in Asien meist als fremd empfunden und zugunsten eines „spirituellen Dialogs" zurückgestellt. Von hinduistischer wie buddhistischer Seite wird christlichen Dialogfreunden nahegelegt, sich zuallererst auf einen der östlichen Schulungswege zu begeben.[3] Aber kann man dieser Aufforderung folgen, ohne bereits ein halber Hindu oder Buddhist zu werden?

Das alles schwingt mit, wenn Aloysius Pieris, Jesuit aus Sri Lanka, fordert, das Christentum in Asien müsse nicht nur inkulturiert, sondern auch „inreligionisiert" werden. Die Christen Sri Lankas sollten „in der Gegenwart eines autoritativen Führers im Jordan buddhistischer Spiritualität untertauchen. Dieser selbst-auslöschende Taufeintritt in die buddhistische Überlieferung ist es, was wir unter *communicatio in sacris* verstehen."[4] Das westliche Christentum sollte sich in diese asiatische Debatte wenn überhaupt, dann nur mit Vorsicht einmischen, sich aber um so gründlicher überlegen, wie es mit der hinduistisch-buddhistischen Herausforderung an der eigenen Haustür umgeht.

Was hier an den östlichen Religionen fasziniert, ist vor allem die

Betonung spiritueller Praxis, der Vorrang der „Orthopraxie“ vor der Orthodoxie, der als Ausdruck der Toleranz empfunden wird, und die Wirksamkeit spiritueller Lehrer und charismatischer Meistergestalten. Dieses Bild ist eine Mischung aus Beschreibung und Zuschreibung. Westliche Projektionen spielen dabei eine Rolle, sind aber keineswegs ohne Anhalt in der Realität der östlichen Religionen.

### 2. *Spirituelle und meditative Praxis*

Der pragmatische Zugang zur Religion, wie er gegenwärtig im Westen vorherrscht, kommt eher den östlichen Religionen als dem Christentum zugute. Wer von der Frage umgetrieben wird, „Wie mache ich es, ein besserer und/oder glücklicherer Mensch zu werden, Gier, Haß und Verblendung zu überwinden, Stille zu finden, religiöse Erfahrungen zu machen etc.“, der stört sich an dem, was er als Glaubensforderung oder ethischen Appell des Christentums empfindet, und greift eher zum Angebot östlicher Meditations-„Techniken“. Der Beitrag der östlichen Religionen zur neueren Religionsgeschichte des Westens besteht vor allem in der Verbreitung ihrer Meditationspraktiken und der Präsenz ihrer Meditationslehrer. Viele dieser Meditationsformen können in Gruppen erlernt, aber auch individuell praktiziert werden – ein nicht seltener Ersatz für die aus der Mode gekommene christliche Morgenandacht. Meditation ist überdies eine Form der Beschäftigung mit sich selbst und paßt auch deshalb in eine Kultur, die nicht von ungefähr als narzißtisch charakterisiert wird.

Vor allem die metaphysische Skepsis des *Buddhismus* kommt dem religiösen Pragmatismus der Moderne entgegen: Kein von einem Giftpfeil Getroffener wird, nach dem bekannten Gleichnis des Buddha, vor der Entfernung des Geschosses wissen wollen, wer der Schütze war, woher er stammt und aus welchem Material Pfeil und Bogen waren. In Wirklichkeit verlangt der Buddhismus sehr wohl einen Vertrauensvorschuß in die buddhistische Lehre. Deren Wahrheit aber soll durch eigene Erfahrung verifiziert werden können. Man mag bezweifeln, ob fremdgeleitete meditative Erfahrungen ausreichen, um gültige Aussagen über das Wesen von Wirklichkeit zu machen. Die Bereitschaft, sich auf solch ein Experiment einzulassen, ist aber bei vielen größer als die Glaubensbereitschaft gegenüber der angestammten christlichen Religion. Der Buddhismus zeigt überdies große Variabilität in der Anwendung von geeigneten „Mitteln“ *(upāya),* um in Übereinstimmung mit der jeweiligen Kultur seine Heilsziele zu verwirklichen. Der westliche Kontext verstärkt noch die Tendenz des Buddhismus, sich nicht als System von Glaubenswahrheiten, sondern vor allem als ein zu betretender Pfad zu verstehen: Der Buddha ist der erfahrene Arzt, der die richtige Diagnose und Therapie für den Grundschaden dieser Welt jedem anzubieten hat, der sich darauf einzulassen bereit ist. Viele deutsche Buddhisten haben sich dagegen gesperrt, den Buddhismus überhaupt als eine Religion zu betrachten.[5]

Diese Konzentration auf die Praxis erleichtert dem Buddhismus die Anerkennung anderer Religionen, soweit sie dazu beitragen, im Menschen Liebe und Mitgefühl zu stärken, kurz: ihn zu einem besseren Menschen zu machen, wie der Dalai Lama nicht müde wird zu verkünden.[6] Auf dieser Basis verliert die Religionszugehörigkeit an Bedeutung, wächst aber auch kein großer Dialogeifer, soweit es um kognitive Aspekte geht. Zwar beklagen deutsche Buddhisten immer wieder den Mangel an kirchlicher Dialogbereitschaft. Doch ist deutlich zu spüren, daß die meisten buddhistischen Gruppierungen vollauf mit ihrer eigenen Tagesordnung beschäftigt sind.[7] Östliche Toleranz in Fragen der Religionszugehörigkeit und westlicher Eklektizismus resultieren darin, daß viele Menschen östliche Meditationswege praktizieren, ohne sich als Buddhisten oder Hindus zu verstehen oder gar formell konvertieren zu wollen. (Die Schwierigkeit, als Nichtinder überhaupt Hindu zu werden, kann hier außer Betracht bleiben.)

Deshalb ist die Frage unvermeidlich, ob und in welchem Umfang diese Meditationswege von ihrem religiösen Mutterboden ablösbar und in einem säkularen oder christlichen Kontext praktizierbar sind. Einerseits arbeiten sie mit der psychischen und physiologischen Grundausstattung der Menschen. Sie setzen „natürliche“ Prozesse in Gang.[8] Die anthropologischen Aspekte der Meditation dürfen nicht übersehen werden. Östliche Meditationswege haben als Gegengewicht gegen westliche Reizüberflutung und Veräußerlichung eine neue Bedeutung gewonnen. Auch aus dieser Sicht ist verständlich, daß gegenstandslose Meditation bevorzugt wird.

Neben den anthropologischen Aspekten sind aber auch die religiösen Zielsetzungen ernst zu nehmen, insbesondere bei den weiterführenden östlichen Meditationswegen. Manche Meditationswege des Kleinen Fahrzeugs dienen allgemein der Beruhigung des Geistes ohne speziellen Bezug auf buddhistische Glaubensinhalte. Andere wie die Vipassana- oder Klarblick-Meditation sind so stark von buddhistischen Zielsetzungen, z. B. der Realisierung der Ichlosigkeit, bestimmt, daß ein erfahrener und gelehrter Buddhist wie Nyanaponika (ein Mönch deutscher Abstammung und Übersetzer buddhistischer

Schriften) meint: „Bei ihr [der Vipassana-Meditation] geht ein Nicht-Buddhist das Risiko ein, daß er von der Strömung einer Meditationserfahrung weitergetrieben wird und dann seinen Glauben an eine ewige Seele gefährdet sieht. Doch wie weit er mit seiner Meditation geht, das ist seine eigene Verantwortung."[9] Die tibetischen Lamas machen eindeutige religiöse Vorgaben und leiten ihre Schüler zum festen Entschluß an, „schnell, schnell zum Heil aller fühlenden Wesen den kostbaren Zustand eines vollkommen vollendeten Buddha zu erlangen"[10].

Für die interreligiöse Begegnung hat die Zen-Meditation verständlicherweise die größte Bedeutung erlangt. Sie ist gegenstandslos, arbeitet also im Unterschied zu vielen hinduistischen und lamaistischen Meditationsformen ohne Visualisierung von Gottheiten und anderen Verehrungsgegenständen; religiöses Ritual wie die Rezitierung buddhistischer Sutras spielt nur eine geringe, vor allem keine unverzichtbare Rolle; der Zen-Buddhismus setzt auf die schnelle Durchbruchserfahrung und ist im Unterschied zum Kleinen Fahrzeug am allmählichen Aufstieg durch viele Reinkarnationen nicht interessiert. Zen-Meditation ist religiös so neutral, wie ein buddhistischer Meditationsweg nur sein kann. Trotzdem bleibt Zen die chinesisch-japanische Meditationsschule des Mahayana-Buddhismus, wie vor allem H. Dumoulin immer wieder betont.[11] Die Bereitschaft, Zen als einen interreligiösen Meditationsweg zu deuten und christliche Geistliche als Schüler zu nehmen, beschränkt sich bisher weitgehend auf die Zen-Schule der (inzwischen verstorbenen) Meister Sogaku Harada, Hakuun Yasutani und Koun Yamada und wird von anderen abgelehnt.[12]

Die maßgeblichen Fürsprecher einer katholischen Zen-Meditation wie der 1990 verstorbene Pater Hugo Enomiya-Lassalle sind auch nicht ohne Widerspruch geblieben. Eine Verlautbarung der römischen „Kongregation für die Glaubenslehre" hat sich 1989 eher zurückhaltend über die asiatischen Meditationsformen geäußert.[13] Vor allem geht es um die theologische Deutung der durch Zen vermittelten „Wesensschau" *(kenshō)*. Was ist das „ursprüngliche Antlitz vor der Geburt", dessen der Mensch dabei innewerden soll? Handelt es sich bei dem, was der Zen-Buddhismus als Realisierung der eigenen Buddha-Natur betrachtet, um eine „relative Transzendenzerfahrung" (H. Dumoulin), um eine Seinserfahrung (K. Graf Dürckheim), um eine Gotteserfahrung im Sinne christlicher Mystik, wie Meister Eckhart sie verstanden hat (D. T. Suzuki und S. Ueda)? Wir werden bei der Behandlung der Gottesfrage darauf zurückkommen. Angesichts der Breite der christlich-buddhistischen Beziehungen darf der Stellenwert der Zen-Meditation für den Dialog nicht überschätzt werden. Der westliche Zen-Meditierende bekommt nur einen winzigen Ausschnitt des buddhistischen, ja des japanisch-buddhistischen Spektrums zu sehen, wenn es überhaupt zu einer Begegnung mit dem Buddhismus kommt. Zwischen Christentum und Buddhismus ist die Zen-Erfahrung eine viel begangene, aber äußerst schmale Brücke.

Was den *Hinduismus* betrifft, so ist der indische Yoga von Hause aus ein Meditationsweg zur Verwirklichung hinduistischer (oder, im Kontext buddhistischer Lehre, buddhistischer) Heilsziele. Er dient freilich auch der Kräftigung des Körpers und Beruhigung des Geistes, so daß sich in diesem Jahrhundert sowohl in Indien als auch im Westen ohne große Umstellungsprobleme ein säkularisierter Gesundheits-Yoga herausbilden und von den religiösen Aspekten des Yoga getrennt entwickeln konnte. Er dominiert in der westlichen Yoga-Szene.[14] Dort wird die yogische Meditation meistens auch nicht mehr im Rahmen eines Guru-Jünger-Verhältnisses auf der Basis einer persönlichen Initiation gelehrt, wie es noch in den Guru-Bewegungen geschieht.

Der traditionelle hinduistische Yoga hat eine große Variationsbreite. Er kann der magischen Beherrschung der Außenwelt mit Hilfe paranormaler Fähigkeiten (Siddhis) dienen, aber auch der Befreiung von der Umklammerung durch die Außenwelt oder der liebenden Vereinigung mit einem personhaft vorgestellten Gott. Dieser theistische Yoga, der den Geist „einspitzig" auf Gott richten helfen soll, wird vor allem in der Bhagavadgita gelehrt. Diese Variationsbreite erschwert, ja verbietet Pauschalurteile über den Wert oder Unwert des Yoga für Christen. Zunächst ist stets die Frage zu stellen: Welcher Yoga?

Erfahrungen zeigen, daß es wesentlich auf die Einbettung östlicher Meditationsformen ankommt. In einem religiösen Vakuum praktiziert, wie es häufig geschieht, bleiben sie leicht der ihnen innewohnenden Dynamik überlassen und führen somit zu Erfahrungen und Bewußtseinszuständen, die den Heilszielen der östlichen Religionen entsprechen. Solche Erfahrungen dienen nicht der Festigung und Vertiefung des christlichen Glaubens, ja können sogar von diesem wegführen. Werden östliche Meditationspraktiken jedoch in einen christlichen Lebensvollzug integriert und möglicherweise noch zum Bestandteil eines kommunitären Lebens gemacht, so können sie als Bereicherung und Vertiefung einer weithin ausgetrockneten christlichen Spiritualität erfahren werden. Dabei spielt die Person des Meditationslehrers eine entscheidende Rolle.

Die berechtigte Kritik am Guru-Unwesen, wie sie nicht nur im Westen, sondern auch in Indien selbst geübt wird, darf nicht den Blick darauf verstellen, daß die Begegnung mit den östlichen Religionen zur Wiederentdeckung der Heiligen, speziell des spirituellen Lehrers und der Bedeutung personaler Glaubenskommunikation geführt hat.[15] Gerade in einer säkular gewordenen Welt, in der die traditionellen Formen religiöser Kommunikation – z. B. in der Familie – weitgehend ausgefallen sind, bieten die spirituellen Lehrer oder Heiligen in ihrer Person und Wirksamkeit eine Alternative zum komsumorientierten „materialistischen“ Dasein, dessen viele Bessergestellte überdrüssig geworden sind. Vielleicht ist in der modernen Gesellschaft der segensreiche Anblick *(darshan)* dieser „Meister“ überhaupt nur im exotischen Gewand einer fremden Kultur erträglich. Gerade der Protestantismus mit seinem tiefsitzenden Mißtrauen gegen Heiligenverehrung hat dem wenig entgegenzusetzen.[16] Der Wunsch nach individueller geistlicher Leitung durch einen selbstgewählten Lehrer, nicht zuletzt der Wunsch nach persönlicher Initiation[17] ist nicht zu überhören.

### *3. Gottes- und Transzendenzerfahrung*

Zu den Gründen für die Faszination der östlichen Religionen, besonders den *Buddhismus*, im Westen gehört auch das Angebot einer Alternative zum personalen Gottesbegriff der christlichen Theologie. Was E. Drewermann seine „Bekehrung zum Buddhismus“ im Alter von 16 Jahren nennt, war auch dadurch motiviert, daß er „die Beseitigung bestimmter Gottesbilder als eine innere Befreiung empfand“.[18] Diese Befreiung vom Theodizeeproblem war von Anfang an eine typische Motivation bei deutschen Konvertiten zum Buddhismus. Der Buddhismus des „Kleinen Fahrzeugs“ ist in seiner Ablehnung der christlichen Vorstellung des die Welt erschaffenden und erhaltenden Gottes kompromißlos und hegt häufig eine Abneigung gegenüber dem Bhakti-Aspekt sogar innerhalb des Buddhismus.[19] Im „Großen Fahrzeug“ werden nicht nur zahllose Buddhas und Bodhisattvas verehrt, auch der Dharma (die Buddha-Lehre) bzw. die „drei Juwelen“ (Buddha, Dharma und Sangha) können zum Gegenstand religiöser Verehrung werden. Hier stößt man an die Grenzen der interreligiösen Hermeneutik: Was Christen mit dem Wort Gott meinen, ist praktisch nicht ins Buddhistische übersetzbar. Überall ist der Platz Gottes schon durch anderes besetzt: durch den Buddha als Heilbringer, durch seine Lehre, durch die Leere *(śūnyatā)* als Inbegriff der Buddha-Natur des

Menschen und aller Dinge, durch das Karma. Der Buddhismus muß auch als Religion ernst genommen werden.

Die Gottheiten des tibetischen Buddhismus gelten, jedenfalls in der gelehrten Reflexion, als Projektionen des Bewußtseins. Im Zen-Buddhismus gilt die paradoxe Aufforderung: „Wenn du dem Buddha begegnest, so töte ihn!" Taisen Deshimaru Roshi, der 1982 in Frankreich gestorbene Meister des Soto-Zen, hat, anknüpfend an den Prolog des Johannesevangeliums, das Zen-Anliegen auf die Formel gebracht: „Wir müssen den Logos *vor* Jesus Christus, ja selbst *vor* Gott finden. Wir müssen vor die Schöpfung des Kosmos zurückgehen, vor das Ur-Chaos, vor den Ursprung der Dinge." „Wir müssen das Licht Gottes auslöschen."[20] Schon D.T. Suzuki hat die Verwandtschaft zwischen solchen Zen-Aussagen und der negativen bzw. apophatischen Theologie des Christentums bemerkt, besonders der mystischen Theologie Meister Eckharts; S. Ueda und andere Philosophen der Kyoto-Schule haben den Faden fortgesponnen.[21] Meinen Meister Eckharts Aussage „Gott ist Nichts" und das „absolute Nichts" des Zen-Buddhismus dasselbe? Kann die Selbstentäußerung des leidenden Christus im Sinne buddhistisch verstandener „Leere" gedeutet und für Japan eine „kenotische Christologie" entwickelt werden? Unter Mitwirkung von japanischen christlichen Theologen wie dem Barth-Schüler K. Takizawa und seinem Schüler S. Yagi hat die Diskussion über die Annäherung zwischen Zen-Philosophie und christlicher Theologie inzwischen ein Maß an Abstraktheit und Kompliziertheit erreicht, das fast nur noch Insidern zugänglich ist.[22]

Darum müssen wir uns hier mit einem Hinweis auf die Bedeutung dieses Vorgangs begnügen. Die Infragestellung der ohnehin verunsicherten traditionellen christlichen Gottesvorstellung durch die verschiedenen buddhistischen Schulrichtungen gehört zweifellos zu den wichtigsten Ergebnissen des christlich-buddhistischen Dialogs und den größten Herausforderungen für die christliche Theologie. Das muß freilich nicht bedeuten, daß sich das christliche Gottesverständnis an den Erfahrungen und Konzeptionalisierungen der Zen-Mystik zu orientieren hätte. Gewiß enthält das mahayana-buddhistische Transzendenzverständnis berechtigte Anfragen an ein allzu gegenständlich vorgestelltes und am modernen Personbegriff orientiertes Gottesbild. Ebenso deutlich muß aber festgestellt werden, daß ein Gott, jenseits dessen die eigentliche göttliche Wirklichkeit erst beginnt, der also selbst etwas Vorletztes darstellt, nicht der an Menschen handelnde und sich offenbarende Gott, der „Gott Abrahams, Isaaks und Jakobs" sein kann. Es ist nämlich zu fragen, wie ein so verstandener Gott in Beziehung zur Geschichte treten können soll – für das christliche Gottesverständnis eine eminent bedeutungsvolle Frage. Es hängt ja mit der Transzendenzvorstellung des Mahayana-Buddhismus zusammen, daß der Zen-Buddhismus, wie der Zen-Philosoph Shin'ichi Hisamatsu festgestellt hat, immer in Gefahr steht, von Welt und Geschichte isoliert zu bleiben und zu einem Wald-Buddhismus, einem Tempel-Buddhismus oder bestenfalls zu einem Zen-Kloster-Buddhismus zu werden, zu einem „Zen in einer gespenstischen Höhle".[23]

D. T. Suzuki hat den Unterschied zwischen Christentum und östlichen Religionen auf die Formel Inkarnation – Exkarnation gebracht. „Das Christentum, die Religion des Westens, spricht von Logos, Wort, Fleisch, Inkarnation und leidenschaftlicher Weltlichkeit. Die Religionen des Ostens streben nach Exkarnation, Stille, Absorption, ewigem Frieden." Ganz im Sinne des Großen Fahrzeugs fügt er hinzu: „Für Zen ist Inkarnation gleich Exkarnation, die Stille dröhnt wie Donner, das Wort ist wortlos, das Fleisch fleischlos, Hier-jetzt ist gleich Leere *(sunyata)* und Unendlichkeit."[24] Diese Tendenz zur „Exkarnation" prägt die meisten asiatischen Meditationswege, die, jeder auf seine Weise, Wege aus der Gefangenschaft der materiellen Welt, Wege der Weltüberwindung sind. Die Begegnung der Religionen führt aber zu einem doppelten Lernprozeß, in dem das erfahrungsarm gewordene westliche Christentum von östlicher Mystik neue Anregungen erhält und die östlichen Religionen ihre Weltverantwortung entdecken.

Auf andere Weise wird die Strenge des christlichen Gottesglaubens vom *Hinduismus* in Frage gestellt. Zwar ist in den meisten Hindu-Traditionen der Polytheismus transzendiert worden, in Richtung entweder eines zunehmenden Monotheismus oder eines philosophischen Monismus, der in allen Gottheiten nur Manifestationen des All-Einen, des Brahman sieht. Aber nur wenige Hindu-Traditionen (und dann unter dem Einfluß des Islam) haben sich zu monotheistischer Eindeutigkeit im Sinne des 1. Gebots des Dekalogs durchringen können.

In der Regel wird die Bilderverehrung als Konzession an die Ungebildeten betrachtet. Aber auch der Fortgeschrittene darf sich ihrer bedienen, solange er die konkrete Bildgestalt in Richtung auf das unpersönliche Brahman transzendiert. Überhaupt ordnet der Hinduismus die verschiedenen Manifestationen des Göttlichen gern als Stufenweg der Verehrung.[25] Man beginnt mit den niederen Formen der Gottesverehrung und steigt zu den höheren langsam auf. Ramakrishna hat fragwürdige tantrische Praktiken damit gerechtfertigt, daß Häuser schließlich auch eine Tür für den Latrinenkehrer haben. Der Mensch schreitet, in den Worten Vivekanandas, nie vom Irrtum zur Wahrheit, sondern immer nur von niederer zu höherer Wahrheit. Der Hinduismus überwindet die polytheistische Bilderverehrung nicht, indem er sie ausschließt, sondern indem er dazu anleitet, sie auf den Einen oder das Eine hin zu transzendieren. Diese ebenso relativistische wie tolerante Weitherzigkeit fügt sich dem Geist westlicher Postmoderne nur allzu gut ein.

Dieses unterschiedliche Gottesverständnis hat natürlich Rückwirkungen auf die Art, wie Erlösung gedeutet wird. Bhakti-Bewegung und Amida-Buddhismus verbieten es, Hinduismus und Buddhismus pauschal als Wege der Selbsterlösung zu qualifizieren. Wo der Mensch es aber nicht mit einer handelnden und rettenden Gottheit zu tun hat – wie auch immer sie heißen mag –, sondern mit einem in sich ruhenden, passiv gedachten göttlichen Sein, muß der Mensch selbst die aktive Rolle übernehmen. In diesem Sinn definieren die ›Zwölf Grundsätze‹[26] den Buddhismus als einen Weg der Selbsterlösung, und R.N. Dandekar[27] hat aus der Sicht des Advaita-Anhängers festgestellt, Moksha (Befreiung oder Erlösung) sei für den Hindu das angeborene Recht jedes Individuums und insofern „die genaue Antithese zur Lehre von der Gnade Gottes". Denn der Mensch selbst, nicht irgendeine außenstehende Macht, sei für seine Befreiung verantwortlich. Das Wort „Selbsterlösung" ist also keineswegs nur ein christlicher Kampfbegriff, wie gelegentlich unterstellt wird. Es darf aber nicht pauschal gegen die östlichen Religionen gewendet werden. Vielmehr geht der Riß in dieser Frage mitten durch die Religionen hindurch.

### *4. Christus, Avatara, Bodhisattva*

Die Akzeptanz östlicher Religionen im Westen wird auch durch deren Bereitschaft gefördert, eine Vielfalt von Heilbringern anzuerkennen. Die von P. Hacker als „Inklusivismus" bezeichnete Bereitschaft des *Hinduismus*, Fremdes sich unterordnend anzueignen,[28] hat auch die Einbeziehung Jesu in eine umfassende Religionssynthese möglich gemacht. Das bekannte Konzept der periodisch auftretenden Avataras aus Bhagavadgita 4, 7–8 ist freilich nur so lange plausibel, wie der Boden des Kreislaufdenkens nicht verlassen ist und die Aufgabe der Avataras wirklich darin gesehen wird, den ewigen Dharma nach immer neuen Perioden des Verfalls wiederaufzurichten. Im Kontext des modernen Zeitverständnisses stellt sich jedoch sofort die aus dem Gespräch mit Judentum und Islam bekannte Frage der Über- bzw. Unterordnung, ob nämlich die spätere Offenbarung die früheren abzulösen bestimmt ist. Mit dem Auftreten moderner Guru-Avataras hat dieses Problem neues Gewicht erhalten. Im Umkreis von Sathya Sai Baba hat man die Frage der Unterordnung mit einer Abwandlung von Joh. 3, 16 gelöst: „So sehr hat Sai Baba die Welt geliebt, daß er einen [sic!] Sohn, Jesus Christus, sandte ...“[29] Was den Inhalt seiner Verkündigung betrifft, so wird Jesus als Lehrer der Reinkarnation und Identitätsmystik dargestellt, die er zwischen seinem 12. und 30. Lebensjahr in Indien kennengelernt habe, und damit zu einem Kronzeugen hinduistischer Vorstellungen gegen das Christentum gemacht. Als Beleg für diese Ansichten werden Schriften wie das 1902 erschienene ›Evangelium des vollkommenen Lebens‹ und das 1937 veröffentlichte ›Friedensevangelium des Jesus Christus durch den Jünger Johannes‹ in Anspruch genommen.[30] Die Anerkennung Jesu als eines gleichwertigen Heilbringers wird faktisch zurückgenommen, sofern es um den Inhalt seiner Verkündigung geht.

Der *Buddhismus* hat sich viel weniger mit der Gestalt Jesu auseinandergesetzt und zeigt bis heute kein großes Interesse an ihr. Im Prinzip haben die buddhistischen Schulrichtungen keine Schwierigkeiten, Jesus mit den Farben des Bodhisattva zu malen und seine Selbstentäußerung im Sinne buddhistisch verstandener Selbstentleerung zu deuten. Buddhistische Selbstlosigkeit kann, wie erwähnt, als Hintergrund einer „kenotischen“ Christologie dienen.

Der eigentliche Anstoß sowohl für Hindus wie für Buddhisten ist die Kreuzigung Jesu. D.T. Suzuki[31] hat bekannt, der gekreuzigte Christus sei „ein schrecklicher Anblick, und ich kann nicht anders, in meiner Vorstellung verbindet er sich mit dem sadistischen Impuls einer seelisch überreizten Phantasie.“ Das ist keine zufällige Äußerung. Aus der Sicht der meisten östlichen Traditionen schließen Leiden und Erlöstsein einander aus. Das christliche Verständnis von Sünde, stellvertretender Sühne und Versöhnung ergibt auf dem Hintergrund des All-Einheitsdenkens keinen Sinn; im Rahmen des östlichen Kreislaufdenkens kann ein einmaliges geschichtliches Geschehen keine universale Bedeutung haben. Dazu kommt schließlich die Wichtigkeit des Ästhetischen in den östlichen Religionen, das am Anblick des Leidenden Anstoß nimmt. Gewiß gibt es im Großen Fahrzeug Ansätze für ein besseres Verstehen dessen, was der gekreuzigte Jesus für den christlichen Glauben bedeutet. Aber die bisherige Geschichte der Jesus-Rezeption in den östlichen Religionen hat die Ambivalenz solcher halb verstehender, halb mißverstehender und immunisierender Aneignungsstrategien illustriert. Der interreligiöse Dialog wird nicht nur durch exklusivistische Ausgrenzungen, sondern auch durch inklusivistische Vereinnahmungen belastet.

## *5. Reinkarnation und Karma*

Keine andere Vorstellung aus dem Bereich östlicher Religionen ist im Westen so popularisiert, freilich auch verwestlicht worden wie diejenige von Reinkarnation und Karma. Insofern haben die östlichen Religionen dazu beigetragen, den westlichen Menschen mit einer neuen Option jenseits von christlicher Auferstehungshoffnung und deren aufklärerischer Leugnung zu versehen. Daß die Reinkarnationsvorstellungen der östlichen Religionen vor allem die Erlösungsbedürftigkeit der Menschen beschrieben, wird in der öffentlichen Diskussion des Westens allerdings gern unterschlagen.[32] Es dominieren die neuzeitlichen, mit dem religiösen Evolutionismus verbundenen Reinkarnationskonzepte, die sich nicht als religiös, sondern als „wissenschaftlich“ verstehen. Insofern stellt der heute verbreitete Reinkarnationsglaube faktisch eine Form der Säkularisierung und Entkonfessionalisierung der Thematik von Sterben und Tod dar. Als solche ist er in Teile der Hospizbewegung eingedrungen.[33] Daß die Popularität des Reinkarnationsglaubens dazu beigetragen hat, den östlichen Religionen kulturelle Akzeptanz zu verschaffen, steht nicht im Widerspruch dazu. Allen Reinkarnationsvorstellungen ist gemeinsam, daß sie dem Menschen Zeiträume für seine Hoffnungen und Spielräume für seine Phantasien und Planungen eröffnen, die in der Endlichkeit des einen irdischen Lebens nicht zur Verfügung stehen. Sie stellen eine Form des Protests gegen die Endlichkeit des Daseins dar und haben, ob wahr oder trügerisch, eine entlastende Wirkung. Nach christlichem Verständis kann diese Endlichkeit freilich nur durch Gottes versöhnendes und neuschöpferisches Handeln überwunden werden.

Eine besondere Bedeutung der östlichen Reinkarnationssvorstellungen liegt darin, daß sie die Frage nach dem Personkern wachhalten, der von einer Existenz zur anderen wandern soll. Ihre Antworten auf diese Frage variieren. Gemeinsam ist ihnen, daß das Ziel dieser Wanderung die Überwindung der Ichhaftigkeit und das Ablegen der Individualität ist. Das triumphierende „Ich werde wiedergeboren werden“ des westlichen Reinkarnationsglaubens kann sich nicht auf die östlichen Religionen berufen.

Am deutlichsten trifft das für den *Buddhismus* zu. Er hat die komplizierte Theorie vom „Bedingten Entstehen“ *(pratītyasamutpāda)* zum ausdrücklichen Zweck des Nachweises entworfen, daß man sich den Prozeß von Sterben und Wiedergeburt vorstellen kann, ohne die Idee eines Ich oder einer durchhaltenden Persönlichkeit bzw. Substanz zur Hilfe nehmen zu müssen. Aus dieser Sicht erscheint der gesamte Weltprozeß als ein Konglomerat von Beziehungen, in dem es keine unabhängig voneinander existierenden Dinge, sondern nur wechselseitige Abhängigkeiten gibt, die wiederum auch nicht für sich, sondern nur im Geist des Betrachters existieren. Mit Hilfe des Analogiedenkens schlagen westliche Buddhisten von dort eine Brücke zum modernen Wirklichkeitsverständnis. Die Lehre des Buddha habe „die Dinghaftigkeit der Dinge und die Ichhaftigkeit des Individuums zugunsten der lebendigen Dynamik unbegrenzter Relationen in einem unendlichen Universum“ aufgehoben, heißt es bei Lama Anagarika Govinda.[34]

Die Lehre vom „Bedingten Entstehen“ hat ursprünglich eine soteriologische Zielsetzung. Sie spricht der Erscheinungswelt einschließlich der menschlichen Person Substanzhaftigkeit ab und löst alles in ein Spiel unpersönlicher Kräfte auf, weil sie den Menschen befähigen möchte, das falsche Anhaften zu beenden und Befreiung zu erlangen. In der Sprache des Zen ausgedrückt: „Alle Dinge sind leer, und es gibt nichts, das begehrenswert ist oder wert, daß man ihm nachgeht“ (Bodhidharma). Im Westen dient diese kosmologische Theorie dazu, ein neues naturwissenschaftliches oder ökologisches Weltbild zu untermauern und den Künstler als Schöpfer seiner eigenen Welt erscheinen zu lassen. Die buddhistische Reinkarnationslehre ist ein extremes Beispiel für die Wandlungsprozesse, denen östliche Konzeptionen bei ihrem Transfer in westliche Kulturen unterworfen sein können.

## *6. Annäherungen an die östlichen Religionen*

Unbeschadet aller unüberbrückbaren Gegensätze gibt es eine Gemeinsamkeit zwischen Christentum und östlichen Religionen, die sie in eine Front gegen die religiös-weltanschaulichen Entwürfe der Neuzeit stellt. Sie liegt in der Aussage, daß Mensch und Welt in einem Unheilszustand leben und der Befreiung daraus bedürfen. Heilssuche und Heilsverwirklichung sind also gemeinsame Themen. Anders ausgedrückt: Hinduismus und Buddhismus betrachten, ebenso wie das Christentum, das menschliche Elend nicht als eine (leider noch nicht ganz beseitigte, aber überwindbare) Randerscheinung des Lebens, sondern als Symptom einer tiefergreifenden Störung, die auch einer tiefer ansetzenden Therapie bedarf. Der Weg aus dem Elend heraus wird im Christentum wie bei vielen Hindu-Traditionen, nicht aber im Buddhismus, als ein Weg zu Gott bzw. zum Göttlichen betrachtet, wie immer es verstanden sein mag. Die Reinkarnationsvorstellung, die in den neuzeitlichen Entwürfen vom evolutionären Optimismus geprägt ist, beschreibt in den klassischen östlichen Religionen das Elend des Menschen und hat, trotz erheblicher Unterschiede zum christlichen Daseinsverständnis, eine ähnliche Funktion wie die paulinische Lehre vom Menschen unter dem Gesetz.

Wie stets in der Begegnung mit anderen Religionen, stellt sich auch gegenüber den östlichen Religionen die Frage nach der eigenen christlichen Identität. Je nach dem eigenen Verständnis des Christlichen drängen sich Parallelen aus der Vielfalt hinduistischer und buddhistischer Schulrichtungen auf. Steht der Glaube an die Gnade Gottes im Zentrum des eigenen Glaubens – wie vor allem bei Protestanten –, so empfindet man das als verwandt, was Rudolf Otto „Indiens Gnadenreligion" genannt hat, nämlich den Bhakti Marga, den Weg der hingebenden Gottesliebe. An dieser Stelle haben namhafte Kirchenführer und Religionswissenschaftler wie Bischof Appasamy und R.C. Zaehner die Annäherung gesucht.[35] Aus der Bhakti-Theologie stammte überdies das Konzept des Avatara, das man zur Ausbildung einer indischen Christologie verwenden konnte. Christus als Avatara oder als „Integraler Avatara" (irreführend mit "incarnation" übersetzt) – in diesem Konzept schien die gemeinsame Erkenntnis aufzuleuchten, daß Gott sich in der Erscheinungswelt inkarniert. Auch wegen ihrer Kastenkritik wurde die Bhakti als dem Christentum nahe empfunden.

Die Einschätzung des Christentums als Bhakti Marga deckt sich mit dem Urteil vieler Hindus.[36] Swami Vivekananda hat es als „Dvaita [d.h. Dualismus], angewendet auf die Volksgruppen Europas", bezeichnet und ihm in seiner Hierarchie der Religionen einen niedrigen Platz unterhalb der Identitätserkenntnis und der Mystik angewiesen. Jesus selbst allerdings sei, im Unterschied zum Christentum seiner Jünger, auch höherer Einsichten fähig gewesen. Im Vaterunser sei er zwar dem Theismus der Massen entgegengekommen, habe aber auch mystische Erfahrungen gemacht („Ich in euch und ihr in mir") und sich schließlich mit seinem Wort „Ich und der Vater sind eins" zur Identitätserkenntnis aufgeschwungen. Diese Argumentationsfigur gehört zum Standardrepertoire des modernen Hinduismus: Jesus wird für die höchste Form hinduistischer Gotteserfahrung in Anspruch genommen, das Christentum aber als eine Sonderform der Bhakti abgewertet.

Die gleiche Nähe zum Christentum wie die indische Bhakti zeigt auch der japanische „Glaubensbuddhismus", der vom gläubigen Vertrauen auf den Buddha Amida die Rettung im „Reinen Land" erhofft.[37] Sein Patriarch Shinran hat die Alleinwirksamkeit des vom Buddha geschenkten Glaubens gelehrt – eine unverkennbare Parallele zur reformatorischen Theologie. Karl Barth hat sich denn auch bei einem seiner wenigen Ausflüge in die Welt der Religionen mit dieser Ähnlichkeit befaßt. In diesem Zusammenhang hat er die umstrittene Äußerung getan, daß es selbst bei völliger Gleichheit im Verständnis von Gnade immer noch auf den „Namen" Jesu Christi als das entscheidend Unterscheidende ankommt.[38]

In Wirklichkeit kann weder beim hinduistischen Bhakti Marga noch beim Amida-Buddhismus von Gleichheit die Rede sein. Der Bhakti Marga stellt weithin Bilderverehrung dar. Nicht der unsichtbare Gott, sondern der im Bild und im Guru sich manifestierende Gott ruft das Entzücken der Frommen hervor, und dieses drückt sich häufig in einer erotisierten Sprache aus, für die es nur in Seitenlinien des Christentums Parallelen gibt. Das „reine Land" wiederum gilt auch im Amida-Buddhismus nur als eine vorläufige Gestalt des endgültigen Heils im Nirvana, und Amida ist im Unterschied zu Jesus keine historische, sondern eine mythische Gestalt. Trotzdem bleibt die Ähnlichkeit so stark, daß man in „Indiens Gnadenreligion" und im japanischen „Glaubensbuddhismus" christliche Einflüsse am Werk gesehen hat. Daß beide in der spirituellen Suche des Westens eine so geringe Rolle spielen, kann als ein weiterer Beweis der inneren Nähe gewertet werden: Es sind die mystischen und monistischen Traditionen des Ostens, die als Alternative oder Ergänzung zum eigenen christlichen Erbe empfunden werden, vor allem die All-Einheitsschau Shankaras und des Mahayana-Buddhismus.

An dieser Stelle ist die zweite Annäherung versucht worden. Es sind vor allem (aber nicht ausschließlich) katholische Theologen, die in der mystischen Einheitserfahrung die innere Nähe zum Christentum sehen und für die Übersetzung der christlichen Botschaft in Anspruch zu nehmen versuchen. In Indien war das vor allem Swami Abhishiktananda (der Benediktinermönch Henri le Saux). Vergleichbare Überlegungen auf evangelischer Seite finden sich bei Michael von Brück, der in beidem, der östlichen All-Einheitsschau und der christlichen Trinitätslehre, nur unterschiedliche Symbole für die „Einheit der Wirklichkeit"[39] und für eine holistische Welterfahrung sieht. Als Konsequenz kommt von Brück denn auch zur gleichen Relativierung des konkreten Offenbarungshandelns Gottes wie viele Vertreter der All-Einheitsphilosophie: Das Heil sei nicht allein im Namen Christi gegeben, sondern „potentiell in allen Namen". Auch der japanische Theologe Katsumi Takizawa[40] – ursprünglich ein Schüler Karl Barths, in dieser Frage aber sein Kontrahent – kommt auf zen-buddhistischem Hintergrund zu einer ähnlichen Relativierung der historischen Gestalt Jesu. Auch er reißt Christus als den ewigen Gottessohn und Jesus als konkreten, in der Geschichte wirkenden Menschen auseinander. Der letztere wird dann zu einer geschichtlichen Konkretion des Logos oder des Christusprinzips neben anderen, neben Buddha, Krishna usw. Es ist unschwer nachzuweisen, daß das auf eine Hinduisierung bzw. Mahayana-Buddhisierung des Christentums hinausläuft.

Die Faszination dieser monistischen Einheitskonzeptionen ist freilich verständlich: Sie liefern einen theologischen Überbau für den faktisch vorhandenen religiösen Pluralismus und entschärfen religiöse Gegensätze, ohne sie freilich an der Basis überwinden zu können; sie knüpfen an das verbreitete Interesse an Mystik und Meditation an und erklären beides zur gemeinsamen Grundlage aller Religionen, was für die „semitischen Religionen" Judentum, Christentum und Islam sicher nicht zutrifft; und sie schaffen damit eine gemeinsame interreligiöse Sprache und Symbolwelt, mit deren Hilfe sich freilich nur diejenigen verständigen können, die sich ihrer zu bedienen gelernt haben. Der christliche Dialogpartner, der sich nicht auf diese monistische Einheitskonzeption einläßt, ist insofern in einer unbehaglichen Position, als er damit nur seinen unerleuchteten Geisteszustand zu dokumentieren scheint. Umgekehrt setzt sich der Anhänger der All-Einheitsphilosophie dem Verdacht aus, unter Harmonisierungszwängen zu stehen.

Für die christliche Theologie bedeutet das, daß sie sich entscheiden muß, an welcher Stelle sie den Brückenschlag versuchen will. Von einer personalistisch geprägten (eher reformatorischen) Gnaden- und Glaubenstheologie schlägt sie sich leichter zu Indiens Gnadenreligion und zum Glaubensbuddhismus; von einer (eher katholischen) mystischen Theologie her leichter zu den mystischen und monistischen Systemen, d.h. zur All-Einheitsphilosophie im Hinduismus und Mahayana-Buddhismus. (Zu den konfessionellen Unterschieden gehört auch das simple Faktum, daß der buddhistische bzw. Hindu-Mönch auf der protestantischen Seite keine Berufskollegen vorfindet.) Der bequemere Dialogpartner ist der Vertreter der All-Einheitsvorstellung. Die Gnaden- und Glaubenstraditionen, wenn man sie abkürzend so nennen darf, neigen eher, aber keineswegs ausschließlich zur Formulierung von Absolutheitsansprüchen und zur inhaltlichen Intoleranz. Oft sind sie aber auch bereit, so etwas wie eine Gemeinschaft der Gottliebenden aller Religionen gelten zu lassen.[41] Den Weg zu den breiten Massen anderer Religionen findet man eher auf dem Weg über sie.

Gerade in dieser Vielfalt, auch der Vielfalt im Umgang mit dem religiösen Pluralismus, sind die östlichen Religionen formidable Konkurrenten des Christentums auf westlichem Boden. Sie demonstrieren die Fähigkeit von Religionen, aus der Begegnung mit konkurrierenden Religionen gestärkt hervorzugehen. Sie haben jene Auseinandersetzung mit dem religiösen Pluralismus bereits hinter sich, der sich das Christentum gegenwärtig zu stellen genötigt ist. Sie haben, jede auf ihre Art, die Erfordernisse des Dialogs nach H. Küng,[42] nämlich Offenheit und Standfestigkeit, miteinander zu verbinden gewußt. Das Christentum hat diese Aufgabe noch weitgehend vor sich und muß sie, nicht durch Nachahmung, sondern von seinen eigenen Vorgaben her, zu lösen versuchen.

# VI. DIE NEUEN RELIGIÖSEN BEWEGUNGEN

## *1. Polemische Terminologien*

Sachprobleme und terminologische Probleme sind bei dem jetzt zu behandelnden Thema so eng miteinander verknüpft, daß beide zusammen behandelt werden müssen. Die öffentliche Kontroverse über einen geeigneten Sammelbegriff für alle jene Bewegungen, die seit den sechziger Jahren die religiös-weltanschauliche Szene betreten haben, ist nicht nur ein Streit um Worte, sondern vor allem eine Auseinandersetzung um ihre Bewertung und um den angemessenen Umgang mit ihnen von seiten der Kirche und Gesellschaft. Die dabei zutage tretenden Leidenschaften verraten, daß eine Reihe kritischer Bereiche von dieser Diskussion berührt werden: die Bedeutung von Religion für die Gesellschaft; die Begegnung mit dem religiös Fremden; die Grenze zwischen dem Religiösen und Nichtreligiösen, auch im Sinne des Verfassungsrechts; der Streit um die Geltung von Werten wie Familie und Ehe in einer bereits verunsicherten Gesellschaft u. a. m. – Es sei ausdrücklich darauf aufmerksam gemacht, daß die Gruppierungen, die hier als „neue religiöse Bewegungen" bezeichnet werden, nicht zur Präsenz östlicher Religionen hinzukommen. Vielmehr bilden die neuen Gruppierungen hinduistischen und buddhistischen Ursprungs einen wichtigen Teil von ihnen. In der Forschung und öffentlichen Diskussion werden sie, zusammen mit den übrigen Bewegungen christlichen oder therapeutischen Hintergrunds und mit Neureligionen, als „neue religiöse Bewegungen" behandelt, weil der Umgang mit ihnen allen ähnliche Probleme aufwerfen kann.

Als die neuen Bewegungen und Gruppierungen in den sechziger Jahren ins Bewußtsein der Öffentlichkeit traten, wurden sie weithin als etwas noch nicht Dagewesenes empfunden. Die Überraschung durch etwas scheinbar Neues spiegelt sich bis heute in der Terminologie. Neue Religionen, neue religiöse (bzw. neureligiöse) Bewegungen, neue Jugendreligionen, Jugendsekten, Kulte bzw. destruktive Kulte, oder, auf einen älteren Begriff zurückgreifend, einfach „Sekten" – alle diese Begriffe konkurrieren miteinander in der Beschreibung der gleichen oder doch ähnlicher Phänomene.[1]

Der auf F.-W. Haack zurückgehende Begriff der Jugendreligion und, von ihm abgeleitet, das Wort Jugendsekte – beide durchweg in Anführungszeichen oder mit dem Zusatz „sogenannt" – haben sich nur im deutschsprachigen Raum teilweise durchgesetzt. Dieser Begriff hatte bei Haack die Funktion eines negativen Idealtypus, den er anfangs mit Material aus vier Gruppierungen ausfüllte: Hare-Krishna-Bewegung, Vereinigungskirche, Scientology-Kirche und Kinder Gottes (Familie der Liebe). Offensichtlich bemerkte er nicht, daß seine Definition (gerettete Familie, rettendes Rezept, heiliger Meister) nur eine besondere Version dessen darstellt, was jede neue Religion aufweist: Sie hat einen autoritativen Gründer, eine Botschaft bzw. Lehre und eine sich um beide sammelnde Gemeinde. (Inzwischen sind viele der Gründergestalten gestorben, das Alter der Anhängerschaft ist durchweg gestiegen, so daß das Konzept an Plausibilität verloren hat.) Erst die nähere Qualifizierung durch Haack zeigt, daß er in den „Jugendreligionen" mehr als normale neue Religionen sah: Er hatte die Exklusivität ihres Heilsanspruchs, die Absolutheit des von ihnen geforderten Gehorsams, die gegenkulturelle Tendenz („Gegengesellschaft") und die Art der von ihnen verursachten Persönlichkeitsveränderung („Seelenwäsche", „Psychomutation") im Auge. Inzwischen hat sich gezeigt, daß kein grundsätzlicher Unterschied zu Konflikten mit älteren Bewegungen wie den Zeugen Jehovas besteht.

„Kult" als religionssoziologischer Begriff zur Bezeichnung von Organisationen ist ein Lehnwort aus dem englischsprachigen Bereich und bezeichnet dort eine eher kurzlebige Neubildung abseits des religiös-kulturellen Hauptstroms. In der Umgangssprache und darum häufig auch in den Medien läuft alles, was nicht in den Bereich der Kirchen gehört, unter „Sekte". Die Freikirchen finden es schwierig, im Bewußtsein der Öffentlichkeit ihren legitimen Platz zwischen „Kirche" (im Sinne der großen Konfessionen) und „Sekte" zu behaupten. Gelegentlich wird in der deutschen Presse von 2 Millionen oder mehr „Sektenangehörigen" gesprochen. Diese unsinnige Zahl geht auf Schätzungen zurück, nach denen diese Zahl von Menschen mit der einen oder anderen Form alternativer Religiosität in Berührung gekommen ist, die überwiegende Mehrheit von ihnen natürlich in unorganisierter und nichtsektiererischer Gestalt. Im öffentlichen Bewußtsein werden daraus „Sektenangehörige". Gilt das Wort „Sekte" als Sammelbegriff für das Außerkirchliche, so signalisiert der Begriff „Jugendsekte" religiösen Radikalismus und Fanatismus. Nicht selten wird gefragt, ob das Opus Dei oder „Jugend mit einer Mission" eine

Jugendsekte ist. Solche Äußerungen bewegen sich im Bereich des Umgangssprachlichen und gehören nicht in die wissenschaftliche Beschäftigung mit neureligiösen Bewegungen.

In der gesellschaftspolitischen Diskussion ist die begriffliche Unsicherheit am deutlichsten zu spüren. Die „Deutsche Gesellschaft für Kinder- und Jugendpsychiatrie" und die „Bundeskonferenz für Erziehungsberatung" führten 1978 eine Fachtagung durch unter dem Thema „Probleme im Zusammenhang mit den sogenannten Jugendreligionen". Eine ähnliche Tagung, 1981 von der „Aktion für geistige und psychische Freiheit – Arbeitsgemeinschaft der Elterninitiativen" (abgekürzt AGPF) in Bonn veranstaltet, veröffentlichte die Vorträge unter dem amerikanisierten Titel „Destruktive Kulte. Gesellschaftliche und gesundheitliche Folgen totalitärer pseudoreligiöser Bewegungen". Spätere Tagungen dieser Art benutzten die Bezeichnung „psychomutatorische Gruppen".[2]

Regierungsamtliche Berichte über die gleiche Materie tragen verschiedene Titel. Rheinland-Pfalz begann mit einem Bericht über „Jugendliche in destruktiven religiösen Gruppen". Die Bundesregierung (1980) und Nordrhein-Westfalen (1983) folgten mit Berichten über „Jugendreligionen", während der Berliner Senat seinen Bericht mit der Überschrift „ ‚Jugendsekten' und Psychokulte. Bericht des Senats über die Tätigkeit von sogenannten Jugendsekten und Pseudotherapeutischen Gruppen in Berlin" versah. Neuerdings wird auf der politischen Ebene von „Religionsgemeinschaften, sogenannten Jugendsekten und Psychogruppen" gesprochen. Das Europäische Parlament diskutierte diese Materie 1984 aufgrund eines Berichts des britischen Abgeordneten Richard Cottrell, der von „neuen religiösen Bewegungen" sprach. In seiner Entschließung hat das Parlament diesen Begriff durch die Wendung „Organisationen, die im Schutz der Religionsfreiheit arbeiten", ersetzt.

In diesem terminologischen Wandel dokumentiert sich der Wunsch, die religiösen Aspekte, die sich dem staatlichen Zugriff aufgrund von Artikel 4 GG entziehen, möglichst auszublenden und sich auf juristisch relevante Tatbestände zu konzentrieren. Die Begriffe „pseudoreligiös" und „pseudotherapeutisch" sprechen den behandelten Gruppierungen die religiöse bzw. therapeutische Substanz ab – ob im Einzelfall zu Recht oder Unrecht müßte geklärt werden. Unzweifelhaft wird mit solchen Begriffen Pauschalurteilen Vorschub geleistet. Auf der erwähnten Fachtagung von 1981 sagte der amerikanische Psychiater John G. Clark: „Wir sprechen nicht über Ketzerei; wir sprechen in vielen, wenn nicht in allen Fällen über kriminelle Vereinigungen, die getarnt sind als Religionen. Offizieller gesprochen wären sie als abweichende Gruppen jeder Art zu bezeichnen – religiöse, politische und terroristische Gruppen, psychotherapeutische Gruppen oder einfach Gefolgsleute charismatischer Führer. Ihre Aktivitäten führen zu zerbrochenen, trauernden Familien, radikal veränderten Persönlichkeiten und zerstörten Karrieren ... Diese Kulte erkennen nur ihre eigenen Gesetze an und gefährden die sie umgebende Gesellschaft."[3]

In der gesellschaftspolitischen Auseinandersetzung mit bestimmten Gruppierungen hat sich also eine breite Palette negativ besetzter Begriffe herausgebildet, von „Jugendsekten", „destruktiven Kulten" und „psychomutatorischen Gruppen" über „totalitäre religiöse und pseudoreligiöse Bewegungen" bis hin zu „Organisationen, die im Schutz der Religionsfreiheit arbeiten", und „kriminellen Vereinigungen, die als Religionen getarnt sind". Dieses polemische Vokabular kann sich auf unbezweifelbare negative Erfahrungen berufen: auf den Einsatz von Sexualität zu Missions- und anderen Zwecken bei der „Familie" (früher „Kinder Gottes"), auf Terrorakte und Selbstverbrennungen durch Mitglieder des Ananda Marga, auf die Verurteilung hoher Scientology-Funktionäre in den USA zu Gefängnisstrafen, auf die Zustände in Rajneeshpuram in Oregon, die von Bhagwan Rajneesh selbst als „Konzentrationslager" beschrieben wurden u.a.m.

Die so qualifizierten Gruppierungen bevorzugen verständlicherweise den Begriff „neue religiöse Bewegungen", der in Religionswissenschaft und -soziologie verwendet wird und als – ebenso pauschale – Zuschreibung religiöser Authentizität in Anspruch genommen wird. (Die Scientology-Kirche fühlt sich als Opfer einer „Religionsverfolgung".) Sie lasten die negative Bewertung samt ihrem terminologischen Arsenal einer Lobby aus Elterninitiativen, kirchlichen „Sektenexperten" und Psychiatern an. In der wissenschaftlichen Literatur über die „neuen religiösen Bewegungen" ist diese „Anti-Kult-Bewegung" oder „Anti-Sekten-Bewegung" längst zu einem festen Begriff und selbständigen Forschungsobjekt geworden, das uns an dieser Stelle freilich nicht zu interessieren braucht.[4]

Probleme entstehen angesichts der Frage, welche Gruppierungen von der jeweiligen Definition erfaßt werden. Ist die Scientology-Kirche mit ihrer bestenfalls äußerst dürftigen religiösen Substanz wirklich eine „neue religiöse Bewegung"? Ist die Transzendentale-Meditations-Bewegung, die sich – trotz gegenteiliger Indizien – stets als nichtreligiös dargestellt hat, eine „kriminelle Vereinigung, die sich als Religion getarnt hat"? Diese Beispiele verdeutlichen die Notwendigkeit zu differenzieren. Die Bereitschaft dazu fehlt bei vielen Sprechern von Elterninitiativen, freilich nicht weniger bei manchen ihrer Gegner.

## *2. Wissenschaftliche Terminologien*

In der angloamerikanischen Forschung hat sich der Begriff „neue religiöse Bewegungen" (NRB, englisch: NRM) weitgehend durchgesetzt und ist von dort auch in den kirchlichen Gebrauch übergegangen. Damit wird ein weltweites Phänomen beschrieben – die Entstehung religiöser Neubildungen am Rande oder abseits der großen religiösen Traditionen in allen Kontinenten: afrobrasilianische Kulte in Lateinamerika, unabhängige afrikanische Kirchen, neue Religionen in Japan, spiritistische Orden und Gemeinschaften in aller Welt usw. In der US-amerikanischen Religionsgeschichte haben Erweckungen und Innovation sich weithin außerhalb bestehender Organisationen durch Bildung neuer „Denominationen" einen Ausdruck verschafft. In Indien sind in ähnlicher Weise neue „Sampradayas" entstanden. In Japan sind religiöse Neubildungen nicht mehr von der Regierung gezwungen, sich als Schinto-Gruppen registrieren zu lassen. Überhaupt hat eine Reihe von Faktoren – die zunehmende Religionsfreiheit in vielen Ländern, die Universalisierungsprozesse in vielen Religionen und deren weltweite Verbreitung über ihren traditionellen Bereich hinaus sowie die schnellen sozialen Umbrüche und gesellschaftlichen Wandlungen – zur religiösen Pluralisierung beigetragen.

Für die religionswissenschaftliche und sozialwissenschaftliche Forschung[5] hat sich damit ein weites Feld aufgetan. Neue religiöse Bewegungen interessieren in vielfacher Hinsicht: als Symptom gesellschaftlicher Veränderungsprozesse, als Ergebnis religiöser Innovation usw. Herkunft und Eigenart der Gruppierungen spielen dabei eine geringere Rolle. Faktisch werden nicht nur religiöse Gruppierungen christlicher und außerchristlicher Herkunft dazu gerechnet, sondern auch Bewegungen esoterischen und weltanschaulich-therapeutischen Charakters.

Europa nimmt insofern eine Sonderstellung ein, als die hier aktiven neureligiösen Bewegungen fast ausschließlich importiert sind, im Unterschied zu den „PRINERMs", religiösen Neubildungen in "primal societies" der sog. Dritten Welt, die durchweg indigen sind und häufig als Ergebnis fortschreitender Inkulturation verstanden werden können. Mit Ausnahme der Anthroposophie und des Universellen Lebens (mit seiner „Prophetin der Jetztzeit" Gabriele Wittek) hat Kontinentaleuropa in den letzten hundert Jahren keine nennenswerte religiöse Neubildung hervorgebracht. Dabei ist die Anthroposophie trotz aller Originalität ihres Gründers Rudolf Steiner unverkennbar eine mitteleuropäische Variante der aus Nordamerika stammenden theosophischen Gesamtbewegung.

Nicht nur hinsichtlich ihrer Herkunft, sondern auch im Blick auf ihren Organisationsgrad gibt es bei den neuen religiösen Bewegungen große Unterschiede. Die straff organisierte Scientology-Kirche, die fundamentalistische Fernsehkirche der USA mit ihrer lockeren Beziehung zwischen Prediger und Zuschauer sowie die viel individualistischer geprägte Zen-Meditationsbewegung gelten gleichermaßen als neue religiöse Bewegung. Die von R. Stark und W. S. Bainbridge entwickelte Typologie der „Kulte“[6] gilt auch für die neuen religiösen Bewegungen: Die neureligiösen Strömungen können sich unterschiedlich organisieren, entweder als *audience cult, client cult* oder als *cult movement,* d. h. entweder als Publikum, Kundschaft oder Bewegung. Der *audience cult* stellt eine Gemeinde dar, die sich nicht versammelt und keine feste Mitgliedschaft hat. Sie sammelt sich nur um bestimmte Zeitschriften (z. B. die in Freiburg erscheinende Zeitschrift ›esotera‹) und die sich darin artikulierenden Interessen, besucht Vorträge von F. Capra über New-Age-Themen usw. Als *client cult* gilt, wenn magische oder therapeutische Dienstleistungen angeboten werden und ein Kundschaftsverhältnis entsteht, z. B. astrologische Lebensberatung, alternative Heilweisen und Psychotherapien. Feste Mitgliedschaft und ein verbindliches Glaubens- bzw. Weltanschauungssystem gibt es erst in der Kultbewegung, die zu ihrer Entstehung in der Regel eine charismatische Führergestalt benötigt. Die gesamte neue Religiosität und die New-Age-Bewegung sind überwiegend als *audience cult* und *client cult* organisiert und entsprechen damit dem verbreiteten Wunsch nach religiöser Unverbindlichkeit und konsumistischem Umgang mit den Angeboten eines religiösen Supermarktes. Im Begriff der „neuen religiösen Bewegung“ sind diese unterschiedlichen Organisationsformen zusammengefaßt.

Ein Grund für die Bevorzugung dieses Begriffs liegt in seiner Wertfreiheit: Er stellt eine bewußte Alternative zu Begriffen wie „(destruktiver) Kult“ und „Jugendreligion“ dar, die entweder von Anfang an pejorativ gemeint waren oder diesen Beigeschmack im Lauf der Zeit angenommen haben. Trotzdem ist es keineswegs unproblematisch. Er unterstellt eine religiöse Substanz, die nicht immer gegeben ist, und wirft ehrenwerte mit fragwürdigen Gruppierungen in einen Topf. Letztere lassen sich nur allzu gern darunter subsumieren, um den Schutz der Religionsfreiheit für sich in Anspruch nehmen zu können.

So berechtigt der Einspruch gegen eine pauschal abwertende Terminologie auch ist, läßt sich doch das Bedürfnis nach einer wertenden Begrifflichkeit nicht übersehen. Die Beratungs- und Aufklärungsarbeit – kirchlich oder säkular – kann auf Werturteile über Destruktivität und Gefährlichkeit der jeweiligen Einzelgruppierung nicht verzichten. Daß Worte wie „Sekte", „destruktiver Kult" und „Jugendreligion" nicht aus der Diskussion verschwinden, hängt mit diesem Bedürfnis zusammen. Es muß jedoch klar sein, daß die damit bezeichneten Bewegungen sich von anderen neureligiösen Bewegungen nur dadurch unterscheiden, daß sich bei ihnen bestimmte negative Züge häufen, die es prinzipiell in allen religiösen Gruppierungen geben kann und faktisch auch gibt. Solche Züge können als Ergebnis einer zunehmenden Anpassung und Normalisierung im Lauf der Zeit verschwinden; sie können sich als Ergebnis von Radikalisierung in einer späteren Phase erst einstellen. Am besten geht man davon aus, daß es innerhalb des weiteren Kreises neureligiöser Bewegungen einen kleinen Kreis (mehr oder weniger) konfliktträchtiger bzw. konfliktverursachender religiöser Bewegungen gibt. Dieser Begriff ist sinnvoller als derjenige der „Jugendreligion" oder „Jugendsekte", der mit zunehmendem Alter der Bewegungen immer unbrauchbarer wird.

Der neutrale Begriff „neue religiöse Bewegung" reicht auch für den kirchlichen Gebrauch nicht aus. Eine theologische Begrifflichkeit, mit der die Nähe oder Ferne einer Gruppe zur eigenen Kirche und zur ökumenischen Gemeinschaft der Kirchen ausgedrückt wird, kann nicht von vornherein als illegitim hingestellt werden. Am besten stellt man sich das Gesamtphänomen in Form dreier konzentrischer Kreise vor: Der äußere symbolisiert die freie Szene un- bzw. unterinstitutionalisierter neuer Religiosität, der mittlere die organisierten neureligiösen Bewegungen unterschiedlichster Herkunft und der innere den harten Kern konfliktverursachender Bewegungen.[7]

### *3. Versektungs- und Entsektungsprozesse*

Der deutsche Begriff „Sekte"[8] signalisiert im volkstümlichen Gebrauch und Verständnis immer noch beides zusammen, Gefährlichkeit und Unchristlichkeit. Er spiegelt die Auseinandersetzung dominierender Kirchen mit dissidierenden Minderheiten wider, die als häretisch und illegitim beurteilt werden, ihrerseits freilich auch den

Mutterorganisationen häufig die Legitimität absprechen. Im US-amerikanischen Bereich, in dem nicht Großkirchen und Kleingruppen, sondern überwiegend in viele Denominationen aufgesplitterte Konfessionsfamilien einander gegenüberstehen, hat der Begriff "sect" denn auch einen anderen Klang als das deutsche Wort „Sekte". Der Beigeschmack wechselseitiger Verurteilung scheint unlöslich mit diesem Sektenbegriff verbunden zu sein und beeinträchtigt seine Brauchbarkeit in der Gegenwart. Die terminologische Problematik wird erkennbar, wenn evangelikale und pfingstlerische Missionsgruppen in Rumänien 1992 aus der Sicht der dortigen orthodoxen Kirche als „neoprotestantische Kulte", in anderen Ländern Osteuropas als „neuprotestantische Sekten" bezeichnet wurden. Die Verwendung dieser Begriffe definiert weniger die gemeinten Gruppen selbst als das Verhältnis, in das die jeweiligen Kirchen bzw. Religionen sich zu ihnen gestellt sehen. Die Hare-Krishna-Bewegung, in Indien zwar umstritten, aber doch als Teil einer anerkannten religiösen Tradition betrachtet, wird im Westen wegen ihrer Fremdartigkeit (und ihres oft militanten Auftretens) zum „Kult".

Hilfreicher für das Verständnis neureligiöser Bewegungen als der statische Sektenbegriff ist ein dynamisches Verständnis von Prozessen der Versektung und Entsektung. Versektung bezeichnet dabei nicht nur den Prozeß der Institutionalisierung von Ideen und Praktiken, die ansonsten unorganisiert oder mit einem geringen Organisationsgrad (etwa im Sinne eines *audience* oder *client cult*) befolgt werden. Versektung kann mit dem Auftreten eines charismatischen (Charisma hier im weiteren Sinn Max Webers) Führers beginnen, der für seine Anhänger in seiner Person das verkörpert, was sie glauben. Oft faßt er heterogene Elemente zu einer (dauerhaften oder vorübergehenden) Einheit zusammen und verkündet diese Synthese mit mehr oder weniger exklusivem Anspruch. Häufig schreibt er sich selbst eine epochale Bedeutung und legt sich entsprechende Titel zu. Daraus kann sich eine völlige Ablehnung der Außenwelt und anderer religiöser Bewegungen ergeben. Versektung kann sich auch dann ereignen, wenn indische Meditationswege von Gurus, die sich als Heilbringer verstehen, mit dem Anspruch eines exklusiven Heilsweges verkündet werden; wenn jemand wie Bhagwan Rajneesh in seiner „erleuchteten" Person und in seiner synkretistischen Lehre nicht nur alle mystischen Traditionen der Menschheit, sondern auch die Ideale der therapiegläubigen Alternativszene zu einer universalen Heilsbotschaft zusammenfaßt; oder wenn der religiös aufgeladene Antikommunismus der US-amerikanischen Rechten der siebziger und achtziger Jahre von Rev. Mun zur zeitgenössischen Form des Kampfes zwischen Gott und dem Satan erklärt und zum messianischen Ereignis überhöht wurde. Dann kann man von „Versektung" der Therapieszene oder des Rechtskonservatismus sprechen. Es sind oft unpopuläre Ideale einer Minderheit, die nur (oder zunächst nur) in versekteter Form überleben können, gestützt durch die Autorität eines charismatischen Heilbringers und vom Widerspruch der Außenwelt abgeschirmt durch die Mauer, die Sekten an der Grenze zu ihr zu errichten pflegen. In diesem Zustand bzw. dieser Phase wird das Verhalten von Mitgliedern solcher Gruppierungen von Außenstehenden als „sektiererisch" empfunden.

Versektungsprozesse können aber auch wieder rückgängig gemacht oder – durch „Entsektungsprozesse" – zumindest aufgeweicht werden, sei es durch Veränderung in der Organisationsstruktur und durch Neudefinierung des Verhältnisses zur Außenwelt, sei es dadurch, daß neureligiös Engagierte, enttäuscht vom allzu geregelten Leben in festen Gruppen, freiere Formen der spirituellen Praxis suchen, indem sie etwa den Weg aus einer Gurubewegung in die freiere New-Age-Szene gehen.

Lieber als von neuen religiösen Bewegungen spreche ich von „neureligiösen Bewegungen". Dieser Begriff bringt stärker zum Ausdruck, daß Religion unter den Bedingungen der Säkularität andere Formen annehmen kann als in früheren Zeiten. Es häufen sich schillernde religiös-säkulare Mischphänomene, die weder eindeutig religiös noch eindeutig nichtreligiös sind und dementsprechende juristische Probleme verursachen. Bei bestimmten Bewegungen – z. B. im Fall der Scientology-Kirche – muß ihr Anspruch auf religiöse Substanz angezweifelt werden, bei anderen umgekehrt ihre dezidierte Leugnung, religiös zu sein, etwa im Fall der TM. Das hängt auch mit Wandlungen im religiösen Verhalten zusammen. Der moderne Konsumismus und Eklektizismus im religiösen Bereich führt dazu, daß einzelne Elemente einer Religion nicht nur synkretistisch mit Elementen aus anderen Religionen gemischt werden, sondern auch mit solchen aus anderen Kulturbereichen (z. B. im UFO-Glauben spiritistische Elemente mit solchen aus der Science-fiction). Oder ursprünglich religiöse Praktiken wie Meditationswege werden säkularen Zielsetzungen wie Entspannung und Leistungssteigerung dienstbar gemacht. Der Begriff „neureligiös" ist geeignet, nicht nur die zeitliche Neuigkeit, sondern auch die Neuartigkeit religiöser Neubildungen unter den Bedingungen der Säkularität auszudrücken.

Die Neuartigkeit dieser Bewegungen darf andererseits nicht überschätzt werden. Nachdem eine Reihe von ihnen ihre Gründern verloren und ihre aggressive Anfangsphase, zumindest teilweise, hinter sich gebracht haben, treten Gemeinsamkeiten mit älteren Bewegungen deutlicher hervor. J. Gordon Melton (der den fast noch neutraleren Begriff „unkonventionelle Religion" bevorzugt) hat sicher nicht unrecht, wenn er im Rückblick auf die Forschung vergangener Jahrzehnte drei Fehleinschätzungen kritisiert: die Überschätzung der Rolle des Gründers, die Überschätzung der Diskontinuität gegenüber früheren religiösen Phänomenen und die Überschätzung sozialer Unruhe (vor allem der 68er Revolte) als Ursache religiöser Neugründungen.[9] Im Rückblick treten auch zwischen älteren und neueren Neureligionen verwandte Züge hervor, z. B. zwischen Vereinigungskirche und Mormonen hinsichtlich der Hochschätzung der Familie und anderer Eigentümlichkeiten. Die meisten neureligiösen Bewegungen ordnen sich in die Kontinuität der Ausbreitung der großen religiösen und spirituellen Traditionen ein und bilden gleichsam neue Jahresringe am Baum hinduistischer, buddhistischer, islamischer usw. Präsenz in Europa. Für die Frage nach dem Dialog der Kirchen mit neureligiösen Gruppierungen hat das natürlich Konsequenzen.

Wie komplex die Zusammenhänge zwischen neureligiösen Bewegungen, ihrer Mutterreligion zu Hause, deren fundamentalistischem Konfliktpotential sowie deren Immigranten im Westen sich darstellen kann, läßt sich am Beispiel der 5. Europäischen Hindukonferenz verdeutlichen, die im August 1992 in Frankfurt stattfand. Solche Konferenzen dienen der Pflege und Stärkung der angestammten Hindu-Religion und -kultur in einer fremden, vom Christentum und vom modernen Säkularismus geprägten Umgebung. Einige neureligiöse Bewegungen indischer Herkunft, vor allem die Hare-krishna-Bewegung (ISKCON) und die Brahma Kumaris, waren an der Durchführung der Tagung beteiligt und spielen überhaupt bei der Pflege der Hindu-Religion im außerindischen Ausland eine wichtige Rolle. Die Krishna-Tempel der ISKCON werden von Auslandshindus für kultische Zwecke besucht. Auch die Brahma Kumaris genießen trotz ihrer unorthodoxen Lehre und Praxis Ansehen bei ihnen. Die Europäischen Hindukonferenzen werden von der Vishva Hindu Parishad, der Welt-Hindu-Vereinigung, ausgerichtet, einer fundamentalistischen und militanten Hindu-Organisation, die die Unruhen um die Babri-Moschee im nordindischen Ayodhva geschnürt hat und die Hauptverantwortung für deren Zerstörung im Dezember des gleichen Jahres 1992 trägt. Die Vishva Hindu Parishad hat auch die religiöse Versorgung der Auslandshindus und die Erhaltung ihrer Religion und Kultur auf ihre Fahnen geschrieben. Auf der 5. Europäischen Hindu-Konferenz gelang ihr die Verabschiedung einer Resolution zugunsten der Hindu-Ansprüche auf das umstrittene Gelände der Babri-Moschee – einige Monate, bevor sie von fanatisierten Hindu-Massen erstürmt wurde. Vishva Hindu Parishad und Hare-Krishna-Bewegung stehen einander nahe und arbeiten in Indien zusammen. Beide haben ein ähnliches Verständnis von Hindu-Kultur und ihrer Verbreitung im Ausland. Die Konferenz in Frankfurt demonstriert die Komplexität des Umgangs kirchlicher Stellen mit anderen Religionen.[10]

## *4. "Sects and Cults"*

Andere Terminologien behalten aber ihre Gültigkeit. Die Begriffe „Kult" und „Sekte" sind im Englischen weniger negativ besetzt als im Deutschen und können durchaus dazu dienen, den Unterschied zwischen Gruppierungen christlicher und solchen anderer Herkunft auszudrücken. Der amerikanische Religionssoziologe Rodney Stark hat 1985 diese Unterscheidung zum Ausgangspunkt weitergehender Überlegungen gemacht. Er definiert *"sect movements"* als „neue Organisationen (bzw. Organisationsformen) eines alten Glaubens", *"cults"* dagegen als neue Religionen (neu zumindest für die jeweilige Gesellschaft). (In neueren katholischen Verlautbarungen ist im gleichen Sinn von „Sekten und neuen religiösen Bewegungen" die Rede.) Aufgrund empirischer Untersuchungen kommt er zum Ergebnis, daß *"cult movements"* in der Regel dort zahlreicher und stärker auftreten, wo die konventionellen Kirchen schwächer sind (z.B. in skandinavischen Ländern), während *"sect movements"* sich dort eher herausbilden, wo die konventionellen Kirchen stärker sind (z.B. in Südeuropa). Kulte spiegeln, aus Starks soziologischer Sicht, Bemühungen von Kirchenfernen wider, kirchlich (bzw. religiös) beheimatet zu werden, während Sekten Bemühungen von Kirchenmitgliedern widerspiegeln, (auch nach einem Bruch mit der angestammten Kirche) kirchlich beheimatet zu bleiben. ("Cults reflect efforts by the unchurched to become churched, and sects reflect efforts by the churched to remain churched.")[11]

Auch unabhängig von statistischen Untersuchungen erscheint diese These plausibel, selbst wenn ihre Bedeutung dadurch eingeschränkt wird, daß die Zahl synkretistischer Bewegungen zunimmt, die sich im Bereich zwischen Sekte und Kult angesiedelt haben. Wer sich noch christlich zu stark gebunden fühlt, um eine asiatische Meditationstechnik, vielleicht sogar noch in einer hinduistisch oder buddhistisch geprägten neureligiösen Bewegung zu praktizieren, wird eher bereit sein, den „mystischen Pfad" des „Universellen Lebens" zu gehen, obgleich dieser faktisch von Anleihen beim indischen Yogapfad lebt. Auch die Vereinigungskirche enthält noch so viele christliche Elemente, daß man vermuten darf: Sie wird eher christlich orientierte Menschen anziehen, denen die Kirchen nicht radikal und „christlich" genug erscheinen. Leider gibt es kaum statistische Angaben, um solche Hypothesen zu überprüfen. Was aber über Biographien von Munis bekannt ist, scheint sie zu bestätigen.

Umgekehrt findet man in „Kultbewegungen" Menschen (freilich nicht ausschließlich), die entweder aus unkirchlichen Verhältnissen bzw. einer unreligiösen Atmosphäre kommen oder sich den Kirchen, etwa im Zusammenhang mit der 68er Revolte, so sehr entfremdet haben, daß sie ihnen nicht mehr akzeptabel erscheinen.

In den „frömmeren" Gegenden sieht man neben den Kirchengebäuden der großen Konfessionen diejenigen der Freikirchen, Sondergemeinschaften und Sekten, in den entkirchlichten städtischen Ballungszentren mit ihrer „City-Religion" dagegen häufen sich „Kulte" und „Kultbewegungen". Daß die Zahl neu entstehender *sects* ab- und diejenige neuer *cults* zunimmt, ist ein Indiz für die schwindende Bedeutung der traditionellen Kirchen. (Die *Mitgliederzahlen* der *sects* wachsen immer noch, wahrscheinlich stärker als diejenigen der *cults.*)[12] Religiöse Alternativen entwickeln sich nicht mehr notwendig aus den dominierenden Großkirchen heraus bzw. orientieren sich im Widerspruch zu ihnen, sondern können auf andere Quellen zurückgreifen.

Es hat sich gezeigt, daß die neureligiösen Bewegungen insgesamt keine Eintagsfliegen sind, auch wenn einzelne von ihnen verschwinden oder in die Bedeutungslosigkeit versinken mögen. Die einzelne Bewegung ist nur ein Symptom mehr oder weniger von Vorgängen, die in näherer Zukunft eher zu- als abnehmen werden. Details brauchen hier nicht wiederholt zu werden. Es hat sich überdies gezeigt, daß die Wohlstandsgesellschaft in der Lage ist, neureligiöse Bewegungen auch ohne Kirchensteuereinkünfte zu finanzieren. Mit Hilfe von *"fund-raising"* und durch Einkünfte aus Dienstleistungen können durchschnittliche Bewegungen zumindest überleben und die dynamischen unter ihnen sogar außergewöhnliche Finanzkraft entwickeln.[13] Die neureligiösen Bewegungen führen Tag für Tag vor, daß Kirchen und andere religiöse Organisationen als solche auch ohne Steuermittel leben und wirken können, solange sie die gebotenen Möglichkeiten konsequent ausnutzen, sich auf die Konkurrenz des

Religionsmarkts und seine Gesetze einlassen und vor allem über eine ausreichende Zahl von engagierten Anhängern verfügen. (Kostenlose Dienstleistungen würden von den Organisationen freilich kaum noch geleistet werden, jedenfalls kaum ohne Hintergedanken.) Was folgt daraus für die Kirchen?

Davon wird das folgende Kapitel handeln. Allgemein kann gesagt werden: Die beiden großen Kirchen müssen in ihrem Umgang mit *sects* und *cults* sich in pastoraler Verantwortung

– einerseits der weiteren Aufsplitterung der kirchlichen Landschaft und der Entstehung eines Denominationalismus nach US-amerikanischem Muster im Rahmen ihrer Möglichkeiten entgegenstellen und

– andererseits dem Abdriften breiter säkularisierter Bevölkerungsschichten in den Bereich außerchristlicher Religion und Religiosität nach Kräften wehren.

– Da sie diese Prozesse bestenfalls eindämmen, nicht aber verhindern können, sollten sie zugleich ihre Bemühungen um ein friedliches und fruchtbares Miteinander im interkonfessionellen wie im interreligiösen Bereich verstärken.

# VII. CHRISTENTUM UND NEURELIGIÖSE BEWEGUNGEN

## *1. Probleme im Umgang mit neureligiösen Bewegungen*

Der Sammelbegriff „neureligiöse Bewegungen“ ist so umfassend, daß die Frage, wie die Kirche mit ihnen umgehen soll, unterschiedliche theologische Problembereiche berührt.[1]

Teilweise fallen diese Bewegungen in den Bereich der interkonfessionellen, teilweise in denjenigen der interreligiösen Begegnung; esoterische und okkulte Bewegungen, die sich selbst als (wie auch immer interpretierte) Wissenschaft verstehen, sowie das weite Feld der Psychogruppen gehören eher in den Bereich der Auseinandersetzung mit der säkularen Gesellschaft.[2] Aber auch diese Klassifizierungsversuche haben ihre Grenzen bei religiös-säkularen Mischphänomenen wie der Bhagwan-Bewegung und der Transzendentalen Meditation. Scientology ist, in vieler Hinsicht, eine Klasse für sich. Das Verhältnis der Kirche zu den neureligiösen Bewegungen gehört in ganz unterschiedliche theologische Kontexte.

Die Begegnung mit neureligiösen Bewegungen *christlicher* Herkunft kann an Gemeinsamkeiten anknüpfen: Glaube an Gott und an Jesus Christus, Anerkennung der Bibel usw. Innere Nähe macht den Dialog jedoch nicht unbedingt leichter. Der Bruderstreit über die Auslegung der Bibel und überhaupt über die christliche Legitimität kann besonders heftig sein. Gelegentlich wird versucht, in die unübersehbare Fülle der neureligiösen Bewegung dadurch eine theologische Ordnung zu bringen, daß man – im Sinne des Denkens in konzentrischen Kreisen – solche, die Gott leugnen, von anderen unterscheidet, die Christus ablehnen oder nur die Kirche oder gar nur die römisch-katholische Kirche.[3] Theologische Nähe im Sinne dieser Unterscheidung bedeutet jedoch keineswegs größere Konfliktfreiheit.

Die Begegnung mit neureligiösen Bewegungen, die aus einer der großen *asiatischen Religionen* stammen (indische Gurubewegungen, buddhistische und lamaistische Gruppierungen usw.), sollte eigentlich an Ergebnisse des interreligiösen Dialogs anknüpfen oder sogar ein Bestandteil desselben sein können. Viele von ihnen stehen aber außerhalb oder zumindest am Rande des dialogischen Konsenses, der im Gespräch mit Hinduismus und Buddhismus inzwischen erreicht worden ist. Sie verhalten sich weniger dialogisch als vielmehr missionierend und proselytierend zu ihrer religiösen Umwelt. Hare-Krishna-Bewegung und TM missionieren sogar in ihrem Herkunftsland Indien. Diese neureligiösen Bewegungen sind in ihren Mutterreligionen teilweise umstritten, vor allem sind es die Gurubewegungen in Indien. Sie sind ein Beleg dafür, daß das Zeitalter der Mission nicht einfach vom Zeitalter des Dialogs abgelöst worden ist, sondern daß beide einander überlappen. Anders ausgedrückt: Gegenwärtig vollzieht sich die Begegnung der Religionen sowohl im Dialog als in der Mission, und die neureligiösen Bewegungen sind eine besondere, häufig eine sektarische Gestalt dieser fortdauernden missionarischen Religionsbegegnung. Die Ausklammerung der neureligiösen Bewegungen aus dem interreligiösen Dialog ist für beide Seiten, für das Christentum wie für die anderen Weltreligionen, ein allzu bequemer Weg, sich dieses Konfliktstoffes zu entledigen. Gewiß gibt es unter den Bewegungen solche, die in der Tat nicht in den Dialog mit den Weltreligionen gehören. Für die meisten von ihnen gilt das jedoch nicht.

Die Begegnung mit im Westen aktiven *Neureligionen* steht vor ganz unterschiedlichen Problemen. Die Risho-Kosei-kai ist eine dialogorientierte, friedenspolitisch engagierte Neureligion mit buddhistischem Hintergrund, die im interreligiösen Dialog eine führende Rolle spielt, während die Aktivitäten von Mahikari und Vereinigungskirche im Westen erhebliche Probleme hervorrufen.

In beiden Kategorien, den neureligiösen Bewegungen hinduistischen und buddhistischen Ursprungs und den Neureligionen, finden sich typische *Einzelgänger,* die sich sowohl im Westen als auch in ihrem Herkunftsgebiet jeder Einbindung widersetzen. Noch schwieriger kann der Umgang mit Bewegungen westlichen Ursprungs bzw. überwiegend westlicher Prägung sein. Bei Bhagwan Rajneesh gehörte eine pauschale Religionsbeschimpfung und das Erzählen schmutziger Witze über den Papst zur öffentlichen Selbstdarstellung, und bei der Scientology kann man leicht auf die Liste der „Feinde" geraten.

Wie bereits erwähnt, ist die neureligiöse Szene des Westens weitgehend ein Ergebnis von *Religionsimport,* fast ausschließlich aus Asien. Nach Europa sind viele der aus Asien stammenden neureligiösen Bewegungen auf dem Umweg über die USA gekommen – trotz aller Verwandtschaft ein zusätzlicher Faktor kultureller Entfremdung. Manches, was den Europäer an der Transzendentalen Meditation und anderen indischen Gruppen stört, entstammt nicht dem hinduistischen Erbe, sondern der utopistischen Rhetorik der USA und müßte hier erst einmal „entkalifornisiert" werden. Im Unterschied zu den sog. PRINERMs, den neureligiösen Bewegungen in den traditionalen Kulturen, sind die neureligiösen Bewegungen im Westen in ihrer Mehrheit mit dem Makel kultureller Fremdheit behaftet, so daß die Begegnung mit ihnen nicht nur religiöse, sondern auch kulturelle Spannungen verursachen kann.

Fragt man nicht nach Herkunft und religiöser Eigenart der neureligiösen Bewegungen, sondern nach ihrem *Konfliktpotential,* so zeigen sich quer zu den genannten drei Kategorien Gemeinsamkeiten. In allen drei finden sich Bewegungen, in denen das missionarische Sendungsbewußtsein zur bedenkenlosen Proselytenmacherei entartet ist, Bewegungen, die mit unlauteren Mitteln und bedenklichen Methoden äußere und innere Abhängigkeit erzeugen und bei denen die religiöse oder weltanschauliche Substanz, wie groß oder gering sie auch immer sein mag, von wirtschaftlichen und Machtinteressen erdrückt oder instrumentalisiert wird. Relativierend muß freilich hinzugefügt werden, daß Elterninitiativen aus religiöser Unwissenheit und Voreingenommenheit dazu neigen, alt-ehrwürdige Techniken der Bewußtseinsveränderung aus den asiatischen Religionen mit unlauteren Bekehrungsmethoden in einen Topf zu werfen und pauschal als Mittel der Gehirnwäsche, Psychomutation u. ä. zu diffamieren. Mißachtung individueller Freiheit und Selbstverantwortung erfolgt nicht immer aus böser Absicht, sondern auch wegen der typisch asiatischen Höherschätzung der Gruppe oder wegen anderer Formen mangelhafter Inkulturation in den westlichen Kontext. Es gibt aber zu denken, daß Mißhandlungen von Kindern – Mißhandlung zumindest im Sinne moderner Ideale – auch und vor allem im Bereich christlicher Randgruppen zu beklagen ist.

Mit Recht hat Hans Waldenfels[4] auf die Bedeutung des Protestes in der Begegnung mit neureligiösen Bewegungen hingewiesen. „Im Vordergrund der Verhältnisbestimmung von Christentum und Neuen Religiösen Bewegungen steht ... nicht so sehr die eigene Selbstbehauptung als das Moment des Einspruchs und des Protestes gegenüber Lehren und Verhaltensweisen, die das *Humanum* des Menschen bedrohen. Wo aber von Seiten des Christentums Protest angemeldet wird, muß die Bereitschaft bestehen, auch die gegenläufige Kritik ernstzunehmen. ... Die Spannung von Dialog und Protest erweist sich gerade unter dem Eindruck der Neuen Religiösen Bewegungen als eine Provokation an die Kirche selbst." Einspruch und Protest richten sich – laut Waldenfels – ferner gegen fundamentalistische Dialogverweigerung, die den Ruf nach Frieden zwischen den Religionen überhört. Sie orientieren sich aber auch an der Wahrheitsfrage. „Wo das menschliche Heil so sehr zur menschlichen Selbstverwirklichung wird, daß der Gottesbezug im Brei eines religiös aufgeheizten Psychokults untergeht, muß die Frage gestellt werden, ob in einer solchen Bewegung der Begriff 'Religion' überhaupt berechtigterweise beansprucht wird." Einspruch und Protest seien „selbst Bestandteil eines ernsthaften Dialogs, der sich vor dem Anspruch der Wahrheit in Liebe vollzieht. Erst da, wo der gewünschte Partner sich verweigert, wird der Protest zu einem Vollzug, der dem Dialog äußerlich ist." Waldenfels weist darauf hin, daß dieser Aspekt des Dialogs in den letzten vatikanischen Verlautbarungen, der Enzyklika ›Redemptoris Missio‹ und dem gemeinsamen Dokument des Päpstlichen Rats für den Interreligiösen Dialog und der Kongregation für die Evangelisierung der Völker ›Dialog und Verkündigung‹, fehlt. Er hätte die großen Dokumente aus der Diskussion des ÖRK hinzufügen können. Für sie gilt dasselbe.

## *2. Die Stellung der Bewegungen zum Christentum und zum religiösen Pluralismus*

Wie definieren die neureligiösen Bewegungen ihr Verhältnis zu Christentum und Kirche? Bei individuellen Mitgliedern spielen Erfahrungen mit den Kirchen und Distanzierungsbedürfnisse von ihnen eine erhebliche Rolle. Die Bewegungen selbst definieren ihre Haltung unterschiedlich und nicht immer gleichbleibend. Die Hauptschwierigkeit in der Begegnung mit ihnen besteht darin, daß viele von ihnen die Überwindung des religiösen Pluralismus auf ihre eigene Tagesordnung gesetzt haben und erwarten, daß die Kirchen in diesem Drama die für sie vorgesehene Rolle spielen. Gewiß gibt es auch *fundamentalistisch-exklusivistisch* eingestellte Bewegungen, die sich überwiegend polemisch zur religiösen Konkurrenz verhalten. Der ISKCON-Gründer Swami Prabhupada hat sich sogar zur Polemik gegen innerhinduistische Konkurrenten hinreißen lassen und die Anhänger des großen Advaita-Philosophen Shankara als „Schufte" bezeichnet. Er konnte im Verhältnis zum Christentum aber auch entgegenkommender sein. Die „Prophetin der Jetztzeit" in Würzburg und ihr „Universelles Leben" (früher „Heimholungswerk Jesu Christi") verstehen sich völlig von ihrem Gegensatz zu den Kirchen her. *Buddhistische Gruppen* verstehen sich in der Regel als Teil der buddhistischen Ökumene und pflegen ein irenisches Verhältnis zu Andersgläubigen, ohne jedoch allzu große Dialogbereitschaft an den Tag zu legen. Wer primär daran interessiert ist, seinen eigenen „Weg" zu gehen, wendet nicht gern viel

Energie daran, sein Verhältnis zu Religionen und Kirchen zu definieren. Für radikalere buddhistische Organisationen (etwa manche Karma-Kagyü-Gruppen) in Deutschland ist es ein Gewinn, daß sie am innerbuddhistischen Dialog teilnehmen und von ihren eigenen Glaubensgenossen Korrekturen erfahren können. Die aus dem japanischen Nichiren-Buddhismus hervorgegangene Soka Gakkai hat ursprünglich ein polemisches Verhältnis zum Christentum und anderen religiösen Traditionen gepflegt, es aber später abgeschwächt.[5]

Viele neureligiöse Bewegungen aber sind inklusivistisch eingestellt. Sie appellieren an die ökumenische Sehnsucht der Menschen und stellen sich selbst als Schlüssel zur Überwindung der Religionsvielfalt dar. (Das hat schon im vorigen Jahrhundert mit der Entstehung der Baha'i-Religion begonnen.) Auch darin liegt gewiß ein Grund für ihre Attraktivität: Wer sich ihnen angeschlossen hat, dem stehen die Schätze aller Religionen zur Verfügung; der ist dem „Zwang zur Wahl", von dem P.L. Berger spricht, enthoben. Viele dieser Bewegungen unterhalten Organisationen und veranstalten Kongresse, die die Vereinigung der Religionen zum Ziel haben, wobei sie sich selbst die zentrale Rolle zuschreiben.

Wieviel Mühe und Geld beispielsweise die *Vereinigungskirche*[6] in solche Projekte steckt, dürfte allgemein bekannt sein. Nach der Lehre der „Göttlichen Prinzipien" ist die Vereinigung zuerst der Kirchen bzw. der Weltchristenheit, danach der Religionen und schließlich auch der Ideologien ein Teil des großen Enddramas, in dem Rev. Mun als der Messias und „Herr der Wiederkunft" offenbar werden soll. Um ihn als Mittelpunkt sollen sich alle sammeln, wobei die verstorbenen Religionsführer auf die Erde herabkommen und ihre Anhänger durch Inspirationen und Botschaften zur Vereinigung und zur „Dispensation der Wiederkunft" führen werden.

Durch eine Reihe Mun-inspirierter Organisationen wurden interreligiöse und „intrareligiöse" Konferenzen durchgeführt, um 1993 eine eigene Hundertjahrfeier des Weltparlaments der Religionen von Chicago vorzubereiten. Ein "Council for the World's Religions" wurde eingerichtet, um „ökumenische Bewegungen" in allen Weltreligionen zu ermöglichen. Die Einladung an Außenstehende, an der Überwindung des religiösen Pluralismus mitzuwirken, und die Einladung, Mun als den wiedergekommenen Messias und Herrn des Vereinigungsgeschehens anzuerkennen, greifen ineinander, so daß Mission und Dialog im Sinne der Vereinigungskirche kaum voneinander zu trennen sind. Indem die Vereinigungskirche vom Dialog redet, spricht sie auch immer von sich und ihrer eigenen Mission. Die Faszination der interreligiösen Begegnung und der Mangel an geeigneten Formen haben auch manche Theologen verleitet, sich auf dieses interreligiöse Glatteis zu begeben.

Was die neureligiösen Bewegungen *aus Indien* betrifft, so ist allgemein bekannt, daß der Neohinduismus, wie er von Sri Ramakrishna und Swami Vivekananda formuliert wurde, sein eigenes, neovedantisches Konzept zur Überwindung des religiösen Pluralismus entworfen hat. Diese inklusivistische Haltung ist bei den indischen Gurubewegungen häufig mit dem exklusiven Anspruch verbunden, daß der eigene Guru die religiöse Synthese in seiner Person repräsentiert oder daß die eigene Meditationstechnik das allen Religionen zugrunde liegende mystische Urwissen der Menschheit darstellt. (Manche dieser für die Einheit engagierten Bewegungen sind deshalb beim Wirtschaftsrat der UNO als nichtstaatliche Organisationen [NGOs] akkreditiert und benutzen das gern zur Legitimierung.) Die „Vollkommenen Meister des Zeitalters“ aus der Tradition des Sant Mat lassen Jesus als Meister der damaligen Zeit gelten, beanspruchen die Meister-Rolle heute aber für sich selbst. Fast alle von ihnen haben Foren der interreligiösen Begegnung geschaffen und bemühen sich, namhafte Vertreter der Religionen und Kirchen dafür zu gewinnen. Andere Gurus werden als Avataras verehrt, als göttliche Herabkünfte. Im Umkreis von Sathya Sai Baba wird sogar Joh. 3,16 auf ihn angewendet: „So sehr hat Sathya Sai Baba die Welt geliebt, daß er einen Sohn, Jesus Christus, in die Welt sandte ...“ Alle diese Guru-Avataras und Lebenden Meister stellen einen Typ des nachchristlichen Heilbringers mit einem Anspruch auf Finalität dar.[7] Auch bei ihnen fallen Mission und Dialog weitgehend zusammen. In jüngster Zeit hat A. Nehring auch für die Rissho Kosei-kai festgestellt: „Dialog mit den Religionen der Menschheit ist daher auch Mission der RKK.“[8] Die Vereinigungskirche und die indischen Guru-Avataras vertreten einen monozentrischen Ökumenismus mit sich selbst als Zentrum.

### 3. *Dialog mit neureligiösen Bewegungen?*

Für die Frage nach einem Dialog mit diesen neureligiösen Bewegungen – jetzt geht es nicht um christliche Charismatiker u. ä. – bedeutet das, daß man mit beidem rechnen muß: einerseits mit bewußter Selbstisolierung und Ablehnung jeglicher Gesprächsbeziehungen oder zumindest großer Zurückhaltung, andererseits geradezu mit einer Dialog-Gier, die damit zusammenhängt, daß man die Überwindung des religiösen Pluralismus als die ureigene Sache empfindet und nach geeigneten Plattformen zu ihrer Propagierung sucht. Der Pluralismus der Religionen steigert sich dann zu einem Pluralismus der Ökumenismen, ihr Wettstreit zu einem Wettstreit um den besseren Weg und die umfassendere Vision zur Verwirklichung der religiösen Einheit der Menschheit. Damit umzugehen, ist eine wichtige Aufgabe für die Zukunft. Man wird sich genau überlegen müssen, wie man vermeiden kann, mißbraucht zu werden, indem man anderen eigene Foren zur Selbstdarstellung zur Verfügung stellt oder solche Foren beschickt, die von anderen ausgerichtet werden. Überhaupt muß der Gefahr begegnet werden, daß die Kirche, wenn sie sich zu einer Öffnung für den Dialog mit neuen religiösen Bewegungen entschließen sollte, am Ende mit denjenigen Organisationen dialogisiert, von denen sie am allerwenigsten lernen kann und lernen sollte. Es stimmt bedenklich, daß Initiativen in Richtung Dialog allzu leicht in Gesprächen ausgerechnet mit Scientologen und Munies resultieren.

Die Frage nach einem Dialog der Kirchen – nicht nur individueller Christen – mit neuen religiösen Bewegungen in verschiedenen Kontinenten steht seit längerem auf der katholischen Tagesordnung und ist auf Tagungen behandelt worden.[9] Es gibt berechtigte Zweifel an der Dialogfähigkeit vieler neureligiöser Bewegungen, vor allem derjenigen, die sich nicht in den Dialog der großen Tradition einbringen und einbinden lassen wollen. Die Grenzen ihrer Dialogfähigkeit treten schnell zutage, wenn man den (freilich recht anspruchsvollen) „Dialog-Dekalog" Leonard Swidlers und dessen 10 Regeln zugrunde legt.[10] (Die folgende Numerierung bezieht sich auf diese Regeln.)

1. Ein forciertes Sendungsbewußtsein läßt kaum Raum für das Bedürfnis, von anderen zu lernen, das eine wesentliche Voraussetzung des Dialogs ist.

2. Autoritäre Strukturen lassen den internen Dialog innerhalb einer Bewegung nicht zu, der eine wichtige Voraussetzung für den Dialog nach außen ist. Die Kirchen dürften sich in einem Dialog mit neureligiösen Bewegungen keinesfalls auf Gespräche auf der Führungsebene beschränken, während die Anhängerschaft von Außenkontakten weitgehend abgeschnitten und zur uneingeschränkten Verfügung der Führung bleibt.

3. Wo taktische Bedürfnisse eine dominierende Rolle spielen, lassen sie die nötige Aufrichtigkeit nicht zu. Die Selbstdarstellung nach außen muß mit dem internen Selbstverständnis übereinstimmen. Sonst muß sie vom Dialogpartner angezweifelt werden, obgleich das dem Geist des Dialogs widerspricht. In der gegenwärtigen Situation

können die Kirchen auf Apologetik gegenüber neureligiösen Bewegungen keinesfalls verzichten. Auch in einer späteren Phase wird es voraussichtlich ein Miteinander von Apologetik und Dialog geben müssen.

5. und 6. Wo das (negative) Bild der Kirchen festgeschrieben ist, kann die für den Dialog unumgängliche Bereitschaft zur Korrektur nicht erwartet werden.

7. Die Anerkennung des anderen als gleichgestellt wäre im Dialog mit den neureligiösen Bewegungen auf beiden Seiten schwer zu realisieren. Beide sind nach Größe und Eigenart zu verschieden, um einen gemeinsamen Nenner zu finden. Auf seiten der neureligiösen Bewegungen müßte man lernen, anderen nicht nur missionierend entgegenzutreten. Umgekehrt können Kirchen und individuelle Christen den neureligiösen Bewegungen und ihren Mitgliedern das Zeugnis des eigenen Glaubens nicht schuldig bleiben. Missionsverzicht würde in dieser Begegnung als stillschweigende Anerkennung der Finalitäts- und Absolutheitsansprüche der jeweiligen Bewegung verstanden werden.

9. Vor allem muß die in vielen Bewegungen vorherrschende Überidentifizierung mit der eigenen Sache und Organisation abnehmen und Raum für ein distanziertes, selbstkritisches Verhältnis zur eigenen Bewegung geschaffen werden, wenn es zu einem fruchtbaren Dialog kommen soll.

10. Die Bereitschaft, den Glauben des anderen von innen her zu erfahren, ist kaum von Bewegungen zu erwarten, die sich im Besitz der Urerfahrung aller Religionen und damit auch der christlichen Glaubenserfahrung dünken. Ihr Anspruch, das Christentum besser zu verstehen als die Christen, und ihre Praxis, es entsprechend umzudeuten, ist für den Dialog eine Belastung.

Die Grenzen der Dialogfähigkeit von neureligiösen Bewegungen lassen sich freilich nicht von vornherein pauschal dekretieren, sondern müssen im Einzelfall getestet werden. Dialogunfähigkeit kann überdies ein Kennzeichen der Frühphase sein und im Lauf der Zeit größere Bereitschaft zu kritischer Selbstreflexion und zum Lernen von anderen Raum geben. Da sich überdies Dialogfähigkeit ohne Dialogpraxis schwerlich entwickelt, kann es durchaus sinnvoll sein, wenn die Kirchen hierbei die Initiative ergreifen und auf langfristige Entwicklungen innerhalb der Bewegungen setzen. Dialog mit ihnen kann so zur Pazifizierung in einem Feld beitragen, auf dem es bislang noch viele Konflikte gibt. Umgekehrt muß die Kirche eingestehen, daß es ihr an dialogischer Kompetenz in diesem Bereich noch weitgehend fehlt: Bei den Enthusiasten eines Dialogs mit neureligiösen Bewegungen fehlt es nicht selten an Sachkenntnis und nüchternem Realismus, häufig auch an der Fähigkeit, die Antwort des christlichen Glaubens auf die neureligiöse Herausforderung zu formulieren. Auf der Seite der kirchlichen Sektenarbeit gibt es umgekehrt eine starke Fixierung auf die Konfliktbereiche und eine verständliche, aber doch einseitige Indentifizierung mit „Sektenopfern", die für die neureligiösen Bewegungen nur die Rolle der schuldigen „Täter" übrigläßt. Auch Kirche (und Öffentlichkeit) müssen sich der Gefahr bewußt sein, daß ihr negatives und verallgemeinerndes Bild neureligiöser Bewegungen so festgeschrieben ist, daß sie dialogunfähig werden.

Kann die Kirche von neureligiösen Bewegungen lernen, wenn nicht von allen, so doch von einigen? Auch das ist ja ein Ziel des Dialogs, und Abwehr allein ist gewiß keine ausreichende Antwort auf diese Herausforderung. Alte Kirchen sollten immer bereit sein, von jungen religiösen Bewegungen zu lernen, selbst wenn der Lernprozeß schmerzhaft ist. Schwieriger ist die Frage nach dem Inhalt des zu Lernenden zu beantworten. Die oft geforderte Analyse und Behebung eigener kirchlicher Defizite ist schwieriger, als es auf den ersten Blick scheint. Die Hauptschwäche der großen Kirchen gegenüber den neureligiösen Bewegungen besteht genau in ihrer Größe und den damit verbundenen Eigenschaften: Es muß ihnen notwendig jene Eindeutigkeit, Überschaubarkeit, gemeinschaftsstiftende Kraft und religiöse Intensität fehlen, die neureligiöse Bewegungen auszeichnet, sofern diese Tugenden nicht in die Laster sektiererischer Selbstsicherheit, des Fanatismus und Gruppenzwangs umgeschlagen sind. Großkirchen sind zu sehr Teil der Gesamtgesellschaft und spiegeln diese samt ihren Antagonismen wider, als daß sie sich als Alternative zur Gesamtgesellschaft profilieren könnten, wie es die neureligiösen Bewegungen zu tun lieben. Wenn die Kirchen es dennoch versuchen, geben sie nur in ihrer eigenen Mitte den gesellschaftlichen Spannungen Raum.

Auch die neureligiösen Bewegungen als Gesamtphänomen sind ja keineswegs eine Einheit. Ein wichtiger Teil von ihnen – die sogenannten "self religions" und die Bhagwan-Bewegung als das extremste Beispiel dafür – hat sich ganz auf die moderne Single-Gesellschaft eingestellt und sich darauf spezialisiert, den Bedürfnissen des in der modernen Gesellschaft isolierten Ich dienstbar zu sein. Ein anderer Teil – vorrangig Mormonen und Munis – sind ausgesprochen familienorientiert und vertreten damit eine Tendenz, die in den Kirchen längst zur Minderheitenposition geworden ist. Der individualistischen

Spiritualität vieler Bewegungen („den eigenen Weg finden") setzen sie eine starke Gemeinde- und Gemeinschaftsorientierung mit klaren Geschlechter- und Berufsrollen entgegen. Ein Teil der Bewegungen vertritt hinsichtlich Beruf, Sexualität usw. ein antipuritanisches Pathos, andere erneuern das puritanische Ethos mit Hilfe von Vorstellungen aus verschiedenen Religionen über Keuschheit, Verzicht, Dienst u. a. m. Einige bieten gerade Frauen besondere Funktionen als Medien, Heilerinnen und Führungskräfte, andere bekräftigen das traditionelle Frauenbild.

Mit Recht ist darauf hingewiesen worden,[11] daß der eine Teil der Bewegungen auf den sogenannten konservativen Persönlichkeitstyp anziehend wirkt, der unter dem Werte-Pluralismus und dem weit verbreiteten Wahrheitsrelativismus leidet, kurz gesagt: unter der Anomie-Erfahrung. Der andere Teil der Bewegungen dagegen zieht den „liberalen" Persönlichkeitstyp an, den die Gefährdung der eigenen Identität durch Fremdbestimmung, kurz: die Erfahrung der Entfremdung bedrängt. Mit anderen Worten: Die Widersprüche der Gesamtgesellschaft spiegeln sich im Bereich der neureligiösen Bewegungen insgesamt. Von dort kommen keine eindeutigen Signale für eine Reform der Kirche. (Den gleichen Befund haben wir in der Begegnung mit den Weltreligionen, wo die Kirche etwa von islamischer und buddhistischer Seite mit ganz unterschiedlichen Zumutungen – hinsichtlich der Frage nach Gott, nach dem Verhältnis zwischen Glaube und Gesellschaft usw. – konfrontiert wird.)

Das ist aber nur die halbe Wahrheit. Trotz dieser Unterschiede weisen die meisten Bewegungen Gemeinsamkeiten auf: religiöse (zumindest „spirituelle") Praxis; Abgrenzung von der Außenwelt mit Hilfe von Unterscheidungsmerkmalen im Lebensstil; Initiationsrituale und die entsprechenden identitätsstiftenden Erfahrungen. Wichtige Lebensbereiche, die in der Gesamtgesellschaft längst säkularisiert, konkret: entchristlicht worden waren, werden neureligiös besetzt und resakralisiert: Krankheit und Heilung (leiblich und seelisch), Sterben und Tod, der gesamte Tages- und Jahreslauf, oft auch das Verhältnis zum Beruf. Dieser Herausforderung können nur Gruppen *innerhalb* der Kirche begegnen, die, nun freilich aus christlichem Geist, ähnliches zu leisten vermögen. Die katholische Kirche hat es darin leichter, weil sie an spirituelle Traditionen sowie Formen des Ordenslebens anknüpfen kann, die es im Protestantismus nie gab oder die unter dem Druck der Säkularisierung verlorengegangen sind. Individuelle „Seelenführung", überhaupt die personale Kommunikation des Glaubens muß neu erlernt und praktiziert werden. Zugleich sollte nicht übersehen werden, daß viele Zeitgenossen die Kosten solch eines Lebens scheuen, nämlich die Bereitschaft, dauerhafte Verpflichtungen einzugehen und zu ihnen zu stehen.

## *4. Gesamtkirchliche Stellungnahmen*

Offizielle gesamtkirchliche Stellungnahmen zum Thema der neureligiösen Bewegungen liegen bisher kaum vor. Der Ökumenische Rat der Kirchen und der Lutherische Weltbund haben 1986 in Amsterdam gemeinsam eine Konsultation über „Neue Religiöse Bewegungen und die Kirchen" veranstaltet, die zwar einen Bericht mit Empfehlungen an die Mitgliedskirchen beider Weltorganisationen produziert, aber nur geringe Wirkung entfaltet hat. Sie stand im Zeichen von Spannungen zwischen Vertretern der konkreten „Sektenarbeit" und Vorkämpfern der Religionsfreiheit, die letzteren vornehmlich aus den USA. Trotzdem ist der Bericht mehr als ein Kompromißdokument. Zwei wichtige Problemfelder werden angesprochen: die Weltanschauungen *(worldviews)* und die Mission der Bewegungen. Zum ersten der beiden Punkte heißt es mit Recht (Übersetzung R. H.):

„'Religion' ist nicht einfach ein Sortiment von Aktivitäten, Praktiken und Glaubensvorstellungen. Zu ihr gehört eine völlige Loyalität *(commitment)* zu einer Gemeinschaft, die ein klares Bewußtsein ihres Platzes in der Ordnung der Dinge besitzt. Dieses 'klare' Bewußtsein mag gelegentlich totalitär, grandios oder apokalyptisch werden. Trotzdem sind vergleichsweise viele Christen, besonders junge Leute, anfällig für Überredung, weil sie nie zu einem tieferen und klareren Nachdenken über die christliche Weltanschauung herausgefordert wurden."

Was die Auseinandersetzung mit den Weltanschauungen betrifft, so hat der Bericht sich leider nur zur Formulierung von Fragen durchringen können. ("What does it mean to speak of the human as potentially divine?") Zum Sendungsbewußtsein der neureligiösen Bewegungen heißt es:

„Dieses Sendungsbewußtsein beschränkt sich in der Tat nicht immer auf individuelle Bekehrung oder individuelle Loyalität, sondern schließt auch eine politische/soziale Mission ein. Wir müssen diese Dimension einer Zukunftsvision *(dimension of the vision)* dynamischer neuer religiöser oder quasireligiöser Gruppen ernstnehmen. Die europäische Erfahrung mit der Nazibewegung erinnert uns unaufhörlich daran. Wir sollten solche politischen/sozialen Visionen anerkennen, wo sie Leben mehren, und sollten sie kritisieren, wo sie potentiell tyrannisch oder pervers werden, und sollten unsere eigene Vision christlicher Mission und Aktivität an den gleichen hohen Grundsätzen von Aufrichtigkeit und Einsicht messen."

In Fragen der Religionsfreiheit wagt der Bericht sich weit vor:

„Sofern es um Handlungen geht, sollte Religionsfreiheit normalerweise nicht zur Verteidigung von Verstößen gegen das Strafgesetz in Anspruch genommen werden, z. B. der Gewaltanwendung gegen andere. Wohl aber sollten Regierungen Ausnahmen im Zivilrecht zulassen auf der Basis religiöser Loyalität, sogar dann, wenn Gesetzesänderungen nötig sein sollten, es sei denn, daß solche Aktionen nachweislich anderen schaden."[12] (Gemeint sind z. B. nicht genehmigte Sammelpraktiken, die von der Hare-Krishna-Bewegung als Teil ihrer religiösen Praxis betrachtet werden.)

Die Empfehlungen der Konsultation wenden sich zunächst an die theologische Ausbildung:

„A. Wir empfehlen, daß theologische Seminare und Fakultäten ihre Verantwortung ernst nehmen, christliche Geistliche und Laien für den Dienst in einer religiös pluralen Welt vorzubereiten, in der Erkenntnis, daß neue religiöse Bewegungen Teil dieses Pluralismus sind ..."

„C. Wir empfehlen, neue Betonung auf die geistliche Gestaltung im Kontext unseres eigenen Glaubens zu legen. Indem Christen die neuen religiösen Bewegungen ernst nehmen, sind sie zu einem tieferen Verständnis und einer deutlicheren Artikulation ihres eigenen Glaubens herausgefordert ..."

In der heiklen Frage eines Dialogs kam die Konsultation zu einem vorsichtigen Ja:

„A. Interreligiöser Dialog findet in *Gemeinschaften (communities)* statt, in denen Menschen verschiedener Religionen als Nachbarn gemeinsam leben. Wo Menschen neuer religiöser Bewegungen der Gemeinschaft angehören, empfehlen wir den Dialog mit solchen Bewegungen. Um eine Grundlage von Vertrauen und Offenheit aufzubauen, muß vielleicht der 'Dialog' des täglichen Lebens allen Versuchen vorangehen, sorgfältiger und formeller in einen Dialog einzutreten."

„B. Wir empfehlen Kirchenmitgliedern die ›Leitlinien zum Dialog‹ des ÖRK als Studienhilfe zum Nachdenken..."

Unter der Überschrift „Dienst und Erneuerung der Kirche" werden Herausforderungen an die Kirchen formuliert:

„A. Wir empfehlen, daß Kirchen, besonders Ortsgemeinden und

regionale Kirchenleitungen, die spezielle Aufgaben des Dienstes an Menschen ernst nehmen, die von neuen religiösen Bewegungen betroffen sind. Dazu kann ein aktiver Dienst an solchen gehören, die Mitglieder neuer religiöser Bewegungen sind oder waren.

„B. Besonders wichtig ist der Dienst der Kirchen an Menschen, besonders jungen Menschen, die ehemalige, gegenwärtige oder potentielle Mitglieder neuer religiöser Bewegungen sind. Dieser Dienst muß möglicherweise dort stattfinden, wo die Menschen sind, nicht unbedingt in der Kirche. Notwendig ist ein flexibler Dienst – durch Laien, auf der Straße, durch Lehren und Besuchen."

„C. Kirchen sollten die Kritik ernst nehmen, die das Entstehen so vieler neuer und alternativer Religionen darstellt. Wie steht es um den geistlichen Zustand unserer eigenen Kirchen? Wie lebendig ist unser Gefühl von Gemeinschaft und Zugehörigkeit? Was für Visionen und Hoffnungen haben wir für die Zukunft?"

„D. Der Hunger nach einer tieferen Spiritualität und nach einer Gestaltung des Lebens durch regelmäßige geistliche Disziplin offenbart sich darin, daß Menschen zu vielen der neuen religiösen Bewegungen hingezogen werden. Können die Kirchen einige der Quellen geistlicher Führung und Disziplin wiedergewinnen, die ein vernachlässigter Teil unseres eigenen spirituellen Erbes sind? Können wir mit einer Erneuerung und Vertiefung unseres eigenen geistlichen Lebens antworten? Können wir lebenssprühende Zentren christlicher Spiritualität entwickeln?"[13]

Die katholische Kirche ist seit einigen Jahren dabei, ihre Position in dieser Frage zu formulieren. Die gegenwärtige Sicht kommt in einer Rede zum Ausdruck, die Kardinal Francis Arinze vom Päpstlichen Rat für den interreligiösen Dialog 1991 vor der Vollversammlung der Kardinäle unter dem Thema ›Die Herausforderung der Sekten oder der neuen religiösen Bewegungen: Ein pastoraler Zugang‹ gehalten hat.[14]

Arinze geht von einer Typologie aus, die unterscheidet zwischen neuen Bewegungen protestantischen Ursprungs, Sekten mit christlichem Hintergrund, neuen orientalischen oder afrikanischen Bewegungen und Bewegungen gnostischer oder esoterischer Art. „Vom Standpunkt der Lehre aus" werden die Bewegungen in vier Gruppen eingeteilt, „je nach ihrem Abstand von der christlichen Weltsicht: jene, die die Kirche ablehnen; jene, die Christus ablehnen; jene, die die Rolle Gottes ablehnen (aber ein allgemeines Empfinden für Religion beibehalten); endlich jene, die die Bedeutung der Religion überhaupt ablehnen (einen Sinn für das Heilige bewahren, der aber vom

Menschen manipuliert wird, um Macht über andere oder über den Kosmos gewinnen zu können)." Das weltweite Aufkommen dieser Bewegungen wird in ganz unterschiedlichen Kategorien erklärt: Geistliche Bedürfnisse, auf die die Kirchen nicht zu antworten wußten, Suche nach kultureller Identität, Ausfüllen einer Leere, Suche nach Antworten auf lebenswichtige Fragen, Ausnützen von Schwachstellen der kirchlichen Pastoraltätigkeit, politische und wirtschaftliche Gründe, fragwürdige Methoden der Bewegungen und, nicht auszuschließen, „das Wirken des Teufels".

Arinze warnt vor einer rein negativen Einstellung der Kirche. „Die Kirche erblickt in den Mitgliedern der neuen religiösen Bewegungen keine anzugreifenden Feinde, sondern von Christus erlöste Menschen, die in Irrtum geraten sind. Deshalb möchte sie mit ihnen das Licht und die Liebe Christi teilen. Das Phänomen der neuen religiösen Bewegungen wird von der Kirche als Zeichen der Zeit betrachtet."

In der Frage des Dialogs verweist Arinze zwar auf das positive Votum des II. Vatikanischen Konzils, aber auch auf die dabei nötige Klugheit und Unterscheidung. „Die Natur vieler neuer religiöser Bewegungen und ihre Vorgehensweise machen den Dialog mit ihnen für die Kirche freilich besonders problematisch, und die Pflicht der Hirten zur Verteidigung der katholischen Gläubigen vor irrigen und gefährlichen Verbänden ist eine ernsthafte Sache. Dennoch sollte man keine unterschiedslosen Verurteilungen der neuen religiösen Bewegungen aussprechen; Katholiken müßten vielmehr stets bereit sein, die Elemente oder Tendenzen zu studieren und zu klären, die in sich gut und edel sind und wo man daher zusammenarbeiten kann. Sie sollten auch Bewegungen studieren und beobachten, die bislang kein klares Bild bieten.

Es bleibt das Problem jener neuen religiösen Bewegungen, die der Kirche gegenüber eine Angriffsstrategie führen und dabei gelegentlich wirtschaftlich und politisch von außen unterstützt werden. Ohne eine Diskussion mit solchen Gruppen abzulehnen, muß die Kirche hier darauf bedacht sein, wie sie sich mit legitimen Mitteln verteidigen kann.

An dieser Stelle nimmt Arinzes Stellungnahme dogmatische und apologetische Aspekte auf, die im Amsterdamer Bericht fast völlig fehlen: „Viele neue religiöse Bewegungen locken die Katholiken auf Gebiete, wo innerhalb der Gemeinschaft der Katholiken in der Lehre Unklarheit oder Verwirrung herrscht. Die Verwirrung kann auf von einigen katholischen Theologen und anderen ausgestreute Zweifel zurückgehen und einige Lehraussagen des Lehramtes bestreiten, oder auch auf eine ungenügende religiöse Unterweisung oder auf Angriffe der Sekten."

Beide Punkte werden dann näher erläutert: „Die Erfahrung zeigt, daß die neuen religiösen Bewegungen Situationen religiöser Unwissenheit unter den Christen ausnützen. Es muß daher eine angemessene Katechese zum Weg werden, die Gemeinschaft der Katholiken gegen solche Angriffe zu wappnen. Diese Einführung in den Glauben müßte der Bibel besondere Aufmerksamkeit schenken. Die Katholiken müßten damit in ihrem Glauben derart geschult sein, daß sie immer eine Antwort für jene zur Hand haben, die sie nach dem Grund ihrer Hoffnung fragen (vgl. 1. Petr. 3, 115)." Diese Sätze zielen offensichtlich vor allem auf die Auseinandersetzung mit den „protestantischen Sekten" in Lateinamerika.

Die Spitze von Arinzes Vortrag richtet sich jedoch gegen die pluralistische Theologie, wie sie von asiatischen, besonders von indischen Theologen vertreten werde: „Beim Dialog ohne Vorbedingungen wird entweder Jesus Christus durch Verschweigen seiner Gottheit erniedrigt, oder die Gründer anderer Religionen werden derart herausgestellt, daß sie fast zu Inkarnationen Gottes werden, zu Mittlern und Heilsbringern, die mit Jesus Christus auf gleicher Stufe stehen." Die Folgen für die Mission seien „einfach verheerend. Das Ziel der Evangelisierung wird falsch gesehen und verkürzt; die Notwendigkeit des Glaubens an Jesus Christus, der Taufe und der Kirche wird in Zweifel gezogen ... Wenn Indien das Epizentrum dieser Tendenzen und Asien ihr hauptsächliches Verbreitungsgebiet ist, so kreisen solche Gedanken auch schon in Ozeanien, in einigen Ländern Afrikas und in Europa. Die Mission wird also in doppelter Weise gefährdet: In ihrer direkten Tätigkeit als Evangelisierung in den Missionsgebieten und im negativen Einfluß auf die Missionsberufe in den alten Kirchen."

Diese Attacke geht offensichtlich über das Thema des Vortrags, nämlich die kirchliche Antwort auf die neureligiöse Herausforderung, weit hinaus. Dennoch wird man mit der Deutung nicht fehlgehen, daß der Vatikan darin vor allem die Herausforderung sieht, die eigenen Reihen zu schließen, der eigenen Sendung neu gewiß zu werden und zur Reevangelisierung der von den religiösen Bewegungen gewonnenen oder bedrohten Katholiken zu schreiten.

# VIII. AUF DER SUCHE NACH SPIRITUALITÄT

## *1. Religiöse Suchbewegung?*

In diesem Kapitel geht es um eine *theologische* Besinnung über die Herausforderung, die mit der zunehmenden Pluralisierung auf die Kirche zugekommen ist. Im Grunde handelt es sich nicht um eine neue Situation, sondern vielmehr um eine Rückkehr zur ursprünglichen Situation, in der die christliche Botschaft kein Monopol geltend machen konnte. Zunächst muß eingestanden werden: Die Präsenz so vieler Welt- und Neureligionen auf europäischem Boden sowie die Bewegtheit der freien religiösen Szene deuten (neben anderen Ursachen) auf elementare Bedürfnisse und gesellschaftliche Defiziterfahrungen hin. Diese werden zwar unterschiedlich gedeutet; die Diskussion über verschiedene Formen der Deprivationstheorie hält an.[1] Die Tatsache als solche ist aber nicht zu leugnen. Wohl geraten einzelne der Gurus und Gruppen in Krisen, nicht selten kehren spirituelle Sucher enttäuscht und desillusioniert ins normale bürgerliche Leben zurück, aus dem sie früher einmal ausgebrochen sind. Der Markt alternativer Religiosität außerhalb oder am Rande der Kirchen bringt aber immer wieder Novitäten hervor. Überdies sickert das, was früher subkulturell beheimatet war, mehr und mehr in den kulturellen Hauptstrom ein. Kurse in Meditation, positivem Denken und einer neuen, ganzheitlichen Sicht der Dinge können zum Bestandteil des etablierten Managertrainings werden. Die alte Unterscheidung zwischen Sub- und Hauptkultur greift nicht mehr.

Nur auf eine Ursache soll noch einmal hingewiesen werden: Die neureligiöse oder spirituelle Szene weist deutliche Anzeichen einer Single-Kultur auf, auf die die traditionell familienorientierten Kirchen sich nur mit Mühe einstellen. Der Individualisierungsschub der vergangenen Jahrzehnte dürfte auch dafür mitverantwortlich sein, daß die vielberufene Sinnkrise vor allem in gebildeten bürgerlichen Schichten immer mehr um sich greift. Sie verschärft sich in dem Maße, wie die Inanspruchnahme durch familiäre Pflichten nachläßt und der einzelne sich nicht mehr unmittelbar gefordert fühlt. Die Frage nach dem Sinn des Lebensganzen muß an Gewicht gewinnen, wenn der „kleine Lebenssinn“, der sich aus der Alltagserfahrung ergibt, zunehmend entfällt. Umgekehrt bietet das moderne Leben vielen Menschen mehr Freizeit für die Beschäftigung mit sich selbst und mit ihren „postmaterialistischen" Bedürfnissen. Das traditionelle kirchliche Leben mit seinem Angebot christlicher Identität von der Stange ist der Individualisierung und Ausdifferenzierung der Bedürfnisse immer weniger gewachsen. Individualisierung wiederum führt nicht automatisch zur Atomisierung der Gesellschaft, sondern bringt neue soziale Formen hervor: Das Subjektive wird sozialisiert.[2] Dieser Trend begünstigt die Entstehung unterschiedlicher Sozialformen, die sich der postmateriellen Bedürfnisse annehmen, einschließlich jener, die als religiös oder „spirituell" bezeichnet werden. Auf die unterschiedlichen Grade von Zugehörigkeit und Verpflichtung wurde bereits hingewiesen. Was die sozialen Formen betrifft, hat die neureligiöse Szene sicher den von Soziologen oft beschworenen Charakter eines Experimentierfeldes und Laboratoriums.

Die Charakterisierung der neureligiösen Szene als „Suchbewegung", die sich vor allem in katholischen Publikationen findet,[3] stellt einen durchaus berechtigten Versuch dar, diese Szene theologisch ernst zu nehmen. Eine andere Frage ist, ob diese Menschen und Gruppen sich solch eine Deutung gefallen lassen und sich auf der Suche nach jener „Vollgestalt" der Religion begriffen verstehen, die in der katholischen Kirche verwirklicht ist, sich aber auch jenseits ihrer Grenzen in „Spuren" findet.[4] Auch in die „Grundsätze der Apologetik", die von katholischen Weltanschauungsstellen des deutschsprachigen Raums herausgegeben worden ist,[5] ist diese Vorstellung eingegangen: Die kirchliche Apologetik prüfe „die Antworten der Menschen daraufhin, in welcher Weise sie sich auf dieses Ziel [gemeint ist das mit der Offenbarung gegebene Ziel] hin öffnen, es suchend anstreben oder sich dagegen abschließen und versperren. Das Bemühen der Apologetik will der Sehnsucht des Menschen Richtung und Ziel geben, zugleich soll sie Glaube von Unglaube und Irrglaube unterscheiden."

Faktisch ist dieses Suchen nur einer von drei Aspekten, die man in der gängig gewordenen Sprache der religiösen „Marktwirtschaft" als Nachfrage, Angebot und Vertrieb bezeichnen kann.[6] Keiner dieser drei Aspekte sollte im Umgang mit neureligiösen Erscheinungen vernachlässigt werden.

– Auf der *Nachfrageseite* ist das Suchen von Menschen ernst zu nehmen, die sich angesichts gesellschaftlicher Krisenerscheinungen und kirchlicher Defizite nicht mit den traditionellen Antworten zufriedengeben. Daß dieses Suchen häufig an den Kirchentüren vorübergeht, kann unterschiedliche Gründe haben. Man muß auch damit rechnen, daß der „Markt" neue Bedürfnisse schafft oder bewußtmacht. Dialog mit neureligiösen Strömungen und Bewegungen hat es vor allem mit dieser Suche zu tun.

– Auf der *Angebotsseite* haben Theologie und Kirche es überwiegend mit Traditionen der nachchristlichen Religionsgeschichte zu tun. Die Antworten der New-Age-Bewegung z.B. entstammen teilweise der modernen Theosophie und Esoterik, teilweise dem Neuheidentum. Dazu kommen durchaus bedenkenswerte Anliegen der Ökologie- und Friedensbewegung. Die Auseinandersetzung damit erfordert Unterscheidungsvermögen. In der Regel versteht die New-Age-Bewegung sich selbst nicht nur als Suchbewegung. Sie erhebt vielmehr den Anspruch, gültige Antworten auf die Krise der Neuzeit gefunden zu haben. Ähnliches gilt für andere Bewegungen. Theologie und Kirche müssen sich diesem Anspruch stellen. Sie kommen um eine (recht verstandene) apologetische Auseinandersetzung mit der religiös-weltanschaulichen Konkurrenz nicht herum.

– Die *Vertriebsseite* wird um so wichtiger, je höher Organisationsgrad und Versektung einer Bewegung sind. Kommerzialisierung und Machtstreben können dann zum dominierenden Faktor werden. Neben den Dialog mit den Suchenden und der apologetischen Auseinandersetzung mit der Konkurrenz muß dann unter Umständen der Protest gegen inhumane und destruktive Tendenzen treten. (Freilich auch dort, wo sie sich in den eigenen Reihen finden.) In der Auseinandersetzung mit Organisationen wie der Scientology-Kirche können kirchliche Stellen nicht den ganzen Tag mit den ökumenischen ›Leitlinien zum Dialog‹ oder der Konzilserklärung ›Nostra aetate‹ unter dem Arm herumlaufen. Wo der kirchliche Umgang mit neureligiösen Phänomenen sich auf einen der drei Aspekte beschränkt, tritt notwendig eine Verengung der Sicht ein. Eileen Barker hat aus der Sicht der Soziologin auf die unterschiedlichen „Brillen" und die daraus entstehenden, total differierenden Bilder hingewiesen: Je nachdem, ob sich die Darstellung der Rajneesh-Bewegung auf Interviews mit Anhängern oder auf den autobiographischen Bericht von Rajneeshs ehemaligem Leibwächter stützt, entstehen scheinbar unvereinbare Bilder.[7] In Wirklichkeit ist es die gleiche Bewegung, die einmal das Bedürfnis nach Dialog mit den Anhängern, ein anderes Mal den Wunsch nach Protest gegen Vorgänge in ihrem Führungskreis erweckt.

## *2. Religiöser Kompetenzverlust des Protestantismus*

Seit der dialektischen Theologie hat der Protestantismus Hemmungen, sich auf den Bereich des Religiösen und der sich dort äußernden „Bedürfnisse" einzulassen. Häufig werden sie im Sinne der Kompensationstheorie als Suche nach Ersatz für entgangene innerweltliche Befriedigung gedeutet. D. Bonhoeffers These vom religionslosen Zeitalter wirkt nach und läßt das Wiederaufleben des Religiösen seit den siebziger Jahren als theologisch illegitim erscheinen. In der Nachkriegszeit war es eine große Befreiung, als Bonhoeffers Einspruch dagegen bekannt wurde, Religiosität zur Vorbedingung des Christseins zu machen. Man konnte auch religionslos Christ sein! In der gegenwärtigen Situation muß freilich eher das Umgekehrte gesagt werden: Man kann auch als religiöser Mensch Christ sein. Auch Religionslosigkeit sollte nicht zur Vorbedingung des Christseins gemacht werden. Die pauschale theologische Verdächtigung von Religiosität muß aufhören, wenn die Kirchen einen Kompetenzzuwachs in diesem Bereich gewinnen möchten. Auf dem langen Marsch in die Moderne hat gerade der Protestantismus, einschließlich seiner Geistlichkeit, viel an religiöser Praxis, religiöser Erfahrung und an Kompetenz im Umgang mit religiösen Phänomenen verloren. Der Protestantismus ist selbst mitverantwortlich dafür, daß viele Menschen auf der Suche nach religiösen Erfahrungen im Bereich anderer Religionen herumwandern oder gar dort hängenbleiben. Viele Protestanten wiederum sind dankbar für sprirituelle Erfahrungen aus dem Bereich katholischer oder ostkirchlicher Traditionen, ohne deshalb gleich den Wunsch nach Konversion zu verspüren. Es sollte nicht übersehen werden, daß in 1. Thess. 5,19–21 beides nebeneinandersteht: „Den Geist dämpft nicht ... Prüft aber alles, und das Gute behaltet."

Eine gerechte Würdigung und sinnvolle Strukturierung des gegenwärtigen religiösen bzw. (in der heute bevorzugten Terminologie) spirituellen Suchens kann bei Joh. 14,6 einsetzen. Der Sinn dieses Verses – darauf hat schon R. Bultmann hingewiesen – besteht darin, Jesus als die Erfüllung des (freilich oft irregeleiteten) menschlichen Suchens nach Weg, Wahrheit und Leben zu verkünden. Ob der Mensch deshalb als „unheilbar religiös" betrachtet werden muß, mag dahingestellt bleiben. Vieles deutet darauf hin, daß Religion als anthropologische Konstante gelten kann. Nach der VELKD/AKf-Studie[8] kommt Religiosität (im Unterschied zur Religion), anthropologisch betrachtet, durch ein Zusammenspiel von radikaler Negativitätserfahrung und Transzendenzverwiesenheit zustande. Unter theologischen

Gesichtspunkten liege ihr, so die Studie, schon immer eine Selbstbezeugung Gottes zugrunde. Daß des Menschen Herz unruhig ist, bis es, nach dem bekannten Augustin-Wort, Ruhe findet in Gott, ist bereits eine Antwort auf Gottes Handeln. Von daher erhält menschliches Heilssuchen theologische Dignität.

Geht man von der vorgegebenen Tatsache religiösen Suchens aus, so lassen sich die Religionen als Antwort darauf verstehen. Alle religiösen Entwürfe sind Ausdruck des Suchens nach Weg, Wahrheit und Leben, mit einem Wort: des Suchens nach Heil. Das Gemeinsame der Religionen besteht nicht in der Suche nach Gott, denn damit wäre der Buddhismus aus ihrem Kreis ausgeschlossen. Gemeinsam ist ihnen vielmehr der Anspruch, Heil zu vermitteln. Religionen sind Antworten auf die Heilsfrage.[9] Beim Christentum und den meisten religiösen Traditionen fallen die Lösung der Gottesfrage und der Heilsfrage allerdings zusammen. Humanwissenschaften können zum Verständnis der gegenwärtigen Suchbewegung mit ihrem Instrumentarium beitragen: Sie ist auf bestimmte bürgerliche Schichten beschränkt, stellt eine Reaktion auf den Säkularisierungstrend dar, ohne ihn wirksam bremsen zu können usw.[10] Theologie und Kirche haben aber keinen Anlaß, es bei solchen Erklärungen zu belassen, sondern können von der theologischen Aussage ausgehen, daß menschliches Suchen nach Heil nicht nur aus gesellschaftlichen und individuellen Defiziterfahrungen, sondern aus der defizitären Grundverfassung des Menschen als solcher entsteht und sich auch in der Gegenwart in unterschiedlicher Weise manifestiert.

Es gehört zum Auftrag der Kirche, daß sie sich mit konkurrierenden Wegangeboten, Wahrheitsansprüchen und Lebensverheißungen auseinandersetzen muß. Diese Konkurrenz ist heute auch innerhalb der Christenheit, bis hinein in den Kreis kirchlicher Mitarbeiter, Religionslehrer und Pfarrer spürbar. Inmitten der gegenwärtigen *Sinnkrise* fragen Christen und Nichtchristen nach einem *Weg,* den sie gehen können, inmitten der *Orientierungskrise* sehnen sie sich nach verläßlicher *Wahrheit,* und angesichts der Erfahrung von *Entfremdung* suchen sie nach dem, was das eigentliche *Leben* ausmacht. Der suchende Mensch kann sein Ziel aber auch verfehlen, auf Irrwege geraten, der Lüge anheimfallen und statt des Brots des Lebens nur Steine finden. Es gibt auf dem religiösen Markt auch unseriöse Anbieter und profitorientierte Vertriebssysteme. Die anhaltende Nachfrage darf nicht zur Rechtfertigung alles dessen mißbraucht werden, was sich auf diesem Markt tummelt.

Will die Kirche sich gegenüber der Konkurrenz behaupten, so darf sie sich nicht darauf beschränken, die Wahrheitsfrage zu stellen. Diese ist und bleibt wichtig, aber nicht die einzige. Die drei Begriffe „Weg", „Wahrheit" und „Leben" bezeichnen auch Ebenen der Auseinandersetzung. Was die Kirche anzubieten hat, muß sich auch als gangbarer Weg, als unter den Bedingungen der Gegenwart praktikabler religiöser Lebensvollzug bewähren; es muß auch echtes Leben in Fülle ermöglichen.

### *3. Die Suche nach dem Weg*

Das Wort „Weg" signalisiert in diesem Zusammenhang zunächst eine individuelle religiöse Praxis, einen ganzheitlichen Lebensvollzug, der von einem Wissen über das Woher und Wohin des eigenen Lebens bestimmt ist. Dazu gehört die individuelle Initiation, ein bestimmter Umgang mit Krankheit, Sterben und Tod, mit der eigenen Sexualität und mit dem, was man früher die „Seele" genannt hätte. Zum Weg gehört die Wegweisung, das Vorbild, in vielen religiösen Traditionen der Meister oder Guru.

„Weg" bedeutet auf jeden Fall mehr als bloße Zugehörigkeit und Mitgliedschaft. In diesem Sinn ist der christliche Glaube für viele Glieder der Kirche kein Weg mehr. Ihr Lebensstil ist weithin säkular und pragmatisch von den Bedürfnissen des Alltags und von den Vorgaben der modernen Gesellschaft geprägt. Die gegenwärtigen Bemühungen um Gestaltwerdung des Glaubens, um christliche Initiationserfahrungen und um wirksame Kommunikationsformen zeigen, daß die Defizite ernst genommen werden. Der Funktionsverlust, den der christliche Glaube in den genannten Bereichen erfahren hat, wird besonders in Krisenzeiten als Mangel empfunden. Das eigene Leben wird dann als sinnlos empfunden und unter Umständen weggeworfen.

In dieses Vakuum der Sinnkrise strömen vor allem die geschilderten Angebote aus den östlichen Religionen ein. Hinduismus, Buddhismus und Taoismus sind Religionen des Weges. Sie lehren eine Praxis der Meditation; der Guru ist zugleich Vorbild, Lehrer und unbedingte Autorität. Leben und Sterben werden im Sinne der Lehre von Karma und Reinkarnation gedeutet und bewältigt. Der Suchende wird, jedenfalls in der Anfangsphase, nicht mit Glaubensforderungen konfrontiert. Wohl aber wird ihm Vertrauen zum Meister und zur jeweiligen Meditationsform zugemutet, und daraus erwächst häufig auch die Zustimmung zur Lehre, die hinter beiden steht.

Es wird häufig übersehen,[11] daß der Begriff „Spiritualität", wie er heutzutage verwendet wird, nicht aus der christlichen Tradition stammt, sondern gegen Ende des vorigen Jahrhunderts im englischsprechenden Reformhinduismus bei dem Bemühen entstanden ist, der westlichen Welt das geistige Erbe des Hinduismus zu vermitteln. Swami Vivekanandas Aufruf von 1896 „Auf, indische Spiritualität, erobere die Welt", verstand sich als Alternative zum westlichen „Materialismus", der unausweichlich in eine Krise führen müsse.[12] Das englische Wort "spirituality" hat kein Äquivalent in einer indischen Sprache, dessen Übersetzung es sein könnte. Die Hindu-Reformer haben sich dieses Begriffs bemächtigt, um die Eigentümlichkeit des von ihnen propagierten „Weges" auszudrücken: die Verwirklichung des dem Menschen eingeborenen geistigen, ja göttlichen Wesens. Diese inhaltliche Füllung haftet dem Begriff „Spiritualität" in weiten Kreisen der neureligiösen Szene auch heute noch an. Wo er verwendet wird, setzt man sich gleichermaßen von einer rein materialistischen Lebensdeutung wie von organisierter, speziell: christlicher Religion ab. Das ›Handbuch der spirituellen Wege‹[13] faßt alle Organisationen und Gruppen zusammen, die ein vergleichbares Programm aufweisen: theosophische und anthroposophische, spiritistische, esoterische und natürlich solche aus östlichen Religionen.

Theologische Probleme entstehen dadurch, daß die „spirituellen Wege" häufig nicht in ihrer ursprünglichen Ganzheit von meditativer Praxis, religiöser Lehre und kultischem Ritual begangen werden, die Zen-Meditation zum Beispiel nicht als Teil des Pfades des Buddha im mahayanistischen Verständnis, sondern in katholisierter Gestalt oder im Stil des Grafen Dürckheim bzw. des New Age. Im Bereich von Esoterik, New Age und transpersonaler Psychologie werden die Meditationswege in der Regel von ihrem religiösen Mutterboden losgelöst. Sie dienen nicht mehr, wie sie es ursprünglich taten, der Verwirklichung des jeweiligen Heilszieles, sondern werden in einem interreligiösen Niemandsland ausgeübt: Yoga ohne Hinduismus, Zen ohne Buddhismus, Sufismus ohne Islam. Als Ziel gilt in der Regel die Erlangung veränderter Bewußtseinszustände.

Schon 1978 hatte Harvey Cox warnend darauf hingewiesen, daß „ein wachsender Gebrauch von der Meditation und jeder schließlich erreichbaren religiösen Disziplin – Gebet, Kontemplation, Fasten – gemacht wird, um die Erforschung und Verwirklichung des unersättlichen westlichen Selbst zu steigern. Auch dieses wird zweifellos Christentum genannt werden, selbst wenn es den Geist der Propheten und Jesu völlig verkehrt."[14] Eine der großen Gefahren, die auch von Insidern der spirituellen Szene gesehen wird, ist die Verwandlung der spirituellen Wege in Ware und die Entwicklung einer religiösen Konsumentenhaltung. Die vorhandenen religiösen Angebote werden als Supermarkt in Anspruch genommen. So entwickelt sich eine locker organisierte Do-it-yourself-Form von praktischer, an konkreten Lebensproblemen orientierter Religiosität mit kommerziellen Zügen, häufig ohne dauerhafte Bindung an religiöse Institutionen.

Ernsthafter als dieses religiöse Vagabundieren und konsumistische Flattern von Blüte zu Blüte sind tiefgreifende Begegnungen mit spirituellen Praktiken und religiösen Vorstellungen des Ostens, wie sie exemplarisch von Pater Hugo Enomiya-Lassalle vorgelebt worden sind. Die VELKD/AKf-Studie spricht von „interreligiösen Existenzen", die für ihr Leben und Denken aus zwei Religionen schöpfen, ohne daß dabei ein synkretistisches Drittes entstünde.[15] Selbst in diesem Fall zeigt sich, daß die Integration östlicher Meditationsformen in einen christlichen Lebensvollzug eine existentiell und theologisch anspruchsvolle Aufgabe ist, die nicht mit simplifizierenden Lösungen bewältigt werden kann. In seinen frühen Publikationen hatte Lasalle[16] die Zen-Meditation noch dem Bereich der „natürlichen Mystik" zugeordnet. Sie könne dazu helfen, die natürlichen Kräfte zu sammeln und auf Gott zu richten. Später hat Lassalle sich dem Evolutionismus von Jean Gebser angeschlossen: Vom archaischen Bewußtsein sei der Mensch stufenweise über das magische und mythische zum mentalen Bewußtsein aufgestiegen und stehe jetzt vor der letzten großen „Bewußtseinsmutation" zum integralen Bewußtsein. In diesem vierdimensionalen Bewußtsein sind alle früheren Bewußtseinsstufen integriert. Es bewirkt in Lassalles Augen nicht weniger als eine „Wiederherstellung des unverletzten, ursprünglichen Zustandes". Damit haben die auf Realisierung der Einheit zielenden östlichen Meditationswege eine utopische Weltrettungsfunktion erhalten. Ähnliches liest man in den Büchern von Pater Bede Griffiths,[17] der sich in seinem südindischen Shantivanam-Ashram vor allem um die Integration des Yoga in einen christlichen Lebensvollzug bemüht hat. Die Popularität des Zen kann nicht verstanden werden, wenn man seine Brauchbarkeit als spirituellen „Weg" übersieht, der, zu Recht oder Unrecht, aus seinem religiösen Mutterboden genommen und in andere Böden verpflanzt werden kann.

Solche Überlegungen über Stellenwert und Funktion asiatischer Meditationswege in einem christlichen Kontext gehen bereits über das Stichwort „Weg" hinaus in den Bereich der Wahrheitsfrage. Was die Meditationspraxis selbst betrifft, so muß man eine zwiespältige Wirkung konstatieren: Östliche Meditationswege können, vor allem wenn sie von kirchenfremden Menschen ausgeübt werden, vom Christentum wegführen. Unter diesen Bedingungen entfalten sie ihre inhärente religiöse Dynamik ungebremst. Sie können aber auch zur Neuentdeckung und Vertiefung einer ausgetrockneten christlichen Spiritualität dienen, vor allem dann, wenn sie in kommunitärer Lebensform und mit theologischem Verantwortungsgefühl ausgeübt werden. Beispiele gibt es für beides. Eine ganz entscheidende Rolle spielt dabei die Person des Meditationslehrers. Das bedeutet, in den Worten von Hans Waldenfels, konkret: „Es sollte angesichts der Ambivalenz der ‘Leere’ einer, der meint, über die asiatische Meditation führen zu sollen und zu dürfen, selbst ein im christlichen Glauben fest verankerter Mensch sein. Denn wie keiner, der nicht auf dem Zen-Weg erfahren ist, einen anderen auf diesem Weg führen kann, so kann auch niemand, der nicht selbst auf dem Weg der Nachfolge Christi geht, andere überzeugend auf diesen Weg rufen.“[18]

Die Spannung zwischen einem indischen Meditationsweg und christlicher Spiritualität wird sichtbar in der Biographie von Erika Lorenz. Sie hatte um 1970 die Praxis der Transzendentalen Meditation (TM) begonnen, nachdem sie bereits 1957 zum Katholizismus konvertiert war. Ihre Konflikte entzündeten sich an der Guru-Autorität Maharishi Mahesh Yogis, an seiner abschätzigen Wertung des Christentums, an seiner Utopie des „Zeitalters der Erleuchtung“ und an der TM-Weltanschauung als ganzer, also auch an der Wahrheitsfrage. Schließlich brach sie mit beidem, der TM-Weltanschauung und ihrer Organisation, und wandte sich der Beschäftigung mit der christlichen Mystik Spaniens zu. So ging nach längerer vergeblicher (!) Suche ihr Wunsch in Erfüllung, „sich meditativ christianisieren zu lassen“. Als Fazit ihrer Erfahrungen hält sie die Einsicht fest: „Ich bejahe darum die belebenden ‘Transfusionen’ aus kontemplativ bestimmten Hochreligionen, sofern sie uns helfen können, unsere eigenen christlichen Traditionen wiederzuentdecken und zu erwecken.“[19]

Auch aus theologischer Sicht sind natürlich an jenen Punkten Bedenken anzumelden, an denen die immanente Kritik der spirituellen Szene ansetzt: am Übermaß an Guruverehrung, am konsumistischen Ego-Trip und am Mißbrauch spiritueller Wege zum Zweck der Weltflucht.

## *4. Die Suche nach Leben*

Unter den drei Stichworten „Weg, Wahrheit und Leben“ kommt gegenwärtig dem letzten als Chiffre des Heilvollen und Letztgültigen besondere Bedeutung zu. Das Leben wählen, dem Leben dienen, das

Leben gewinnen – das sind, weit über den Kreis der Kirchentreuen hinaus, anerkannte Höchstwerte. Unter der Fahne des Lebens haben sich Gruppen verschiedener Herkunft und Ideologie in der Öko- und Friedensbewegung sammeln können. Leben – das bedeutet Emotionalität im Unterschied zum rädchenhaften Funktionieren in den modernen Produktionsprozessen, Erfahrung im Gegensatz zu „toten" Traditionen und zum Dogma, schieres vitales Überleben angesichts globaler Bedrohung, Gemeinschaft mit anderen im Unterschied zur „tödlichen" Isolierung des einzelnen, Einheit mit der gesamten Schöpfung. Aus der Entfremdung heraus wird nach einer neuen Erfahrung des Lebendigseins gesucht.

Vieles davon sammelt sich wie um einen Magneten herum in Teilen der gegenwärtigen Frauenbewegung und der dort vertretenen Frauenspiritualität.[20] Diese betont die Einbeziehung des Körpers in die Wahrnehmungsprozesse sowie das Einssein mit der Natur und ihren Lebensrhythmen. In bestimmten feministischen Kreisen ist man vorwiegend an der Wiederbelebung einer Mythologie interessiert, in der die Verehrung weiblicher Gottheiten die zentrale Rolle spielt. Das Mütterliche als das Urprinzip, vom Vatergott Jahwe zu Unrecht verdrängt, soll wieder seinen angestammten Platz einnehmen. Die *magna mater* wird als Symbol weiblicher Kraft und Kreativität verehrt. Die traditionellen Naturreligionen mit ihrem Kreislauf des Stirb und Werde haben eine neue Faszination entwickelt. Feministische *workshops* dieser Art bieten ein breites Spektrum der Wiederbelebung alter Religionsformen an, von der keltischen Religion bis zu Hexenkulten. Die taoistische Kosmologie, die auf der Wechselwirkung von Yin und Yang, des Weiblichen und Männlichen aufbaut, ist in der gesamten spirituellen Szene rezipiert.

Die Erfahrung des eigenen Lebendigseins ist auch in der modernen Psychokultur ein tragendes Element. Körpertherapien wollen die Blockierungen lösen, so daß die Lebensenergien wieder frei fließen können. Religiös bedeutungsvoll werden diese therapeutischen Ansätze dort, wo die Lebensenergien mit der göttlichen, den Kosmos durchwaltenden Lebenskraft gleichgesetzt werden. Das geschah nicht nur bei Wilhelm Reich und seinem Konzept der Bioenergie („Orgon"), sondern in vielen traditionellen östlichen Kosmologien, die deshalb auch zum festen konzeptionellen Bestand in diesen Kreisen zählen.

Es ist bezeichnend, daß aus dem Bereich hinduistischer und buddhistischer Yogapraktiken vor allem die tantrischen im Westen Interesse gefunden haben. Sie beziehen systematisch den Körper und die Sexualität ein und dienen vor allem der Mobilisierung vitaler Energien. Das Bedürfnis danach ist angesichts der emotionalen Verödung und der Verschleißerscheinungen im modernen Arbeitsprozeß nicht verwunderlich. Die tantrische Yogaphysiologie mit ihrem System von Chakras (Zentren) und Nadis (Kanälen) ist weit über die Fachkreise des Yoga hinaus bekannt. Sie stellt ein Modell dar, wie Lebensenergien zum Fließen gebracht und zur Heilung von Krankheiten nutzbar gemacht werden können.[21] Überhaupt ist der Bereich alternativer, insbesondere spiritueller Heilung ein Sammelpunkt für Theorien und Praktiken dieser Art. Er ist voll von Lebensverheißungen ganz konkreten Zuschnitts. J. Aagaard hat nicht zu Unrecht in der Kosmologie des Tantra, insbesondere im Symbol der Kundalini als der machtvollen göttlichen Herrin, die Gegenspielerin des Christentums in der gegenwärtigen Begegnung der Religionen gesehen. Die tantrische Mobilisierung okkulter Kräfte mit dem Ziel individueller Vergöttlichung ist in Aagaards Augen der gemeinsame Nenner der (außerchristlichen) neureligiösen Szene und die wichtigste Konkurrenz des christlichen Glaubens.[22]

Die Suche nach Ganzheitlichkeit wird da gefährlich, wo sie in eine einseitige Hochschätzung von Erfahrung und in Diffamierung kritischer Rationalität umschlägt – was freilich nicht selten geschieht. Ebenso fragwürdig ist, wenn aus der Suche nach Leben ein Kult des Vitalen wird. Auch in der theologischen Reflexion muß der vorschnellen Identifizierung des Heiligen Geistes mit dem Schöpfungsmäßig-Vitalen gewehrt werden, selbst wenn Tendenzen dieser Art als Gegenbewegung gegen eine allzu starke Identifizierung des Geistes mit dem Wort und mit kognitiven Prozessen verständlich sind.[23]

Alle diese Gefahren kann man an der Bewegung um den 1990 verstorbenen Bhagwan Rajneesh studieren. Ungeniert mobilisierte Rajneesh sexuelle Gefühle, um religiöse Ekstase und Hingabe an sich selbst auszulösen. Dem erstaunten, der Religion entwöhnten Europäer erklärte er unverblümt, daß Spiritualität und Sexualität zwei Seiten derselben Sache sind: Religion als „kosmischer Sex". Jeder sexuell gesunde Mensch hat also, trotz Bonhoeffers religionslosem Zeitalter, einen Zugang zur Religion. Die Rajneesh-Bewegung ist das klassische Beispiel dafür, daß die Ideale der modernen Psychokultur zu religiösen Höchstwerten hochstilisiert und in eine versektete Form gebracht werden können. Das Leben wird leicht verfehlt. Versektete Bewegungen wie diejenige um Rajneesh können, ähnlich wie Karikaturen, latente Gefahren, die auch in anderen Teilen der Kultur vorhanden sind, in überzeichneter Gestalt zum Ausdruck bringen. Als

Karikatur der modernen Psychokultur plaudert die Rajneesh-Bewegung deren Geheimnisse aus und macht auf die ihr innewohnenden Gefahren aufmerksam.

Fragwürdig werden psychische Manipulationen auch dort, wo sie in den Dienst des Erfolgs- und Durchsetzungsstrebens gestellt werden oder sogar unverhüllt auf die Schaffung eines Übermenschen zielen. In den USA haben Praktiken und Bewegungen dieser Art eine alte Tradition, vom Positiven Denken bis hin zu Psychosekten wie Scientology. Demgegenüber hat Christian Schütz christliche Spiritualität mit Recht als eine Spiritualität der Menschwerdung auf der Basis eines uneingeschränkten Ja zum eigenen Geschöpfsein definiert.[24] Das ist um so wichtiger, je mehr Spiritualität in der neureligiösen Szene als Power-Trip mißverstanden wird.

Im Umkreis der Kirche findet man das Streben nach Erfülltwerden mit göttlicher Kraft am deutlichsten im pfingstlerischen und charismatischen Bereich. Dort wird der Beweis des Geistes und der Kraft zunehmend in Heilungsveranstaltungen und in "power-evangelism" gesucht. Das Modell der Erfolgsreligion findet sich in einem breiten Spektrum von Positivem Denken und Neugeistbewegung bis hin zu pfingstlerischen Gruppierungen, vor allem in den USA. Der Geistlichen (früher: Charismatischen) Gemeindeerneuerung (GGE)[25] geht es freilich um mehr als das, nämlich um die Lebensübergabe an Christus als den Herrn, gemeinsames Stehen in der Anbetung Gottes, und vor allem um das Wirksamwerden der Charismata: die Gabe der Prophetie, des „Sprachengebets", der Heilung usw., und das alles im Dienst der Erneuerung von Kirche und Gemeinden. Allerdings läßt sich die GGE ebenso gut unter dem Stichwort „Wahrheit" beschreiben. Die Bildung einer freikirchlichen „Anskar-Gemeinde" durch den Hamburger Pastor Wolfram Kopfermann stand im Zeichen eines biblizistischen oder gar fundamentalistischen Kirchenverständnisses.[26] Daß der Weg auch in eine andere Richtung führen kann, demonstriert die Biographie von Arnold Bittlinger. Früher eine führende Persönlichkeit der Charismatischen Gemeindeerneuerung, hat er sich zur Tiefenpsychologie C. G. Jungs hinbewegt und interpretiert jetzt die Bitten des Vaterunsers im Licht indischer Chakra-Meditation, zum Verdruß seiner früheren Freunde.[27] Bei ihm hat das Interesse an der Erlebnisdimension der charismatischen Frömmigkeit über deren Bibelorientierung gesiegt.

Die paulinische (und in ihrer Nachfolge die lutherische) *theologia crucis* hat gegenüber dem Kult des göttlichen Menschen und der göttlichen Kraft mit Recht auf das Kreuz als Inbegriff göttlicher

„Schwäche“ verwiesen. Was als Kritik an einer geisterfüllten Gemeinde seine Berechtigung hatte, wird aber mißbraucht, wenn es als Selbstrechtfertigung geistloser Zustände und eines erfahrungsarmen Christentums dienen soll. Die Suche nach Leben, die sich in einer Vielfalt religiöser und neureligiöser Phänomene manifestiert, ist als ein Aspekt der Heilssuche legitim, auch wenn sich ihre vitalistischen und okkulten Verirrungen nicht leugnen lassen.

## *5. Die Suche nach Wahrheit*

Das Wort „Wahrheit“ signalisiert, im Unterschied zu Beliebigkeit und Relativismus, Verbindlichkeit, Festhalten an einer Erkenntnis, die gilt, klare Orientierung inmitten einer weitverbreiteten Orientierungskrise. Das Bedürfnis danach meldet sich in der gefährlichen Sehnsucht nach geschlossenen Systemen, die alle Fragen beantworten und keinen Raum für Zweifel lassen. Es bildet den Mutterboden des Fundamentalismus in allen Religionen. Unter allen Formen der Heilssuche ist die Suche nach Wahrheit in der liberalen Kultur der Neuzeit am unpopulärsten. Erst in einem relativ späten Stadium hat sie in der neureligiösen Szene Raum gewinnen können, offensichtlich als Reaktion auf den zunehmenden Pluralismus. Verbindliche religiöse Entscheidungen werden dort jedoch weiterhin gern vermieden und häufig erst dann getroffen, wenn das eigene Leben im Chaos zu versinken droht. Das allgemeine Interesse an der spirituellen und esoterischen Szene verstellt leicht den Blick darauf, daß traditionelle Sekten wie die Zeugen Jehovas und Neuapostolischen stärkere Wachstumsraten aufweisen.[28]

Daß es trotz der verbreiteten Islamfeindlichkeit westliche Konvertiten zum Islam gibt, beweist die Attraktivität einer Ordnungsreligion, die auf der Grundlage einer göttlichen Offenbarung nicht nur das individuelle, sondern auch das gesellschaftliche und staatliche Leben zu prägen beansprucht. Je stärker die Orientierungskrise um sich greift, je dissonanter der Chor kirchlicher Verlautbarungen erklingt, desto größer wird das Verlangen nach religiös-weltanschaulichem Schwarzweißdenken. Unter den sogenannten Jugendreligionen trifft diese Beschreibung vor allem auf S. M. Muns Vereinigungskirche zu, die auf der Basis eines religiös-politischen Schwarzweißdenkens klare Orientierung anbietet und ihre Mitglieder zu einem hohen Maß an Engagement zu motivieren vermag.

Auch im Bereich von Esoterik und New Age sollte die Bedeutung der Wahrheitsfrage nicht unterschätzt werden. Die Grundstrukturen ihres Denkens werden oft mit einem hohen Maß an Unduldsamkeit verteidigt: Der religiöse Evolutionismus, die Reinkarnationslehre, das „holistische" Weltbild mit seinen kosmischen und mystischen Implikationen, das Vertrauen auf die gesellschaftsgestaltende Macht des Bewußtseins sowie der mystische Utopismus mit seiner Hoffnung, daß das Fische-Zeitalter, das Zeitalter der Kirche, nun endgültig vergangen ist und vom Wassermann-Zeitalter abgelöst wird. Hier wie auch in anderen Gruppen und Bewegungen gibt es einen klaren Wirkungszusammenhang zwischen individueller Erfahrung und Glaubenswahrheit: Glaubensforderungen stoßen häufig auf Ablehnung, aber die Glaubensbereitschaft ist erstaunlich groß, wenn sie durch Erfahrungen ermutigt wird. Individuelle Erfahrung bekräftigt das religiös-spirituelle Weltbild, und dieses wiederum steckt den geistigen Horizont ab, innerhalb dessen Erfahrungen erwartet, produziert und gedeutet werden. Der spirituelle Meister verknüpft beides miteinander: Er gilt als derjenige, der die entscheidenden Erfahrungen bereits gemacht, das rechte Bewußtsein verwirklicht hat und deshalb auch als spiritueller Lehrer und als Quelle geistiger Inspiration legitimiert ist. Mißbrauch von Meisterautorität ist nicht von ungefähr eine bleibende Gefahr in der neureligiösen Szene.

Der Fundamentalismusbegriff dient in der Öffentlichkeit weithin dazu, die Suche nach verbindlicher Wahrheit insgesamt zu diskreditieren. Wer aber als bewußter Christ, Buddhist, Muslim usw. einen bestimmten „Weg" geht und sich einer Wahrheit verpflichtet fühlt, kann nicht von vornherein als einer gelten, der – nach der Fundamentalismusdefinition T. Meyers – einen „selbstverschuldeten Ausgang aus den Zumutungen des Selberdenkens" beschritten hat.[29] Die Bedeutung der Wahrheitsfrage differiert zwischen den einzelnen Religionen erheblich. Für den Buddhismus ist die Wahrheit, in den vielzitierten Worten des Buddha nach dem Pali-Kanon, ein Floß, das nach der Flußüberquerung verbrannt werden kann. Ohne Vertrauen (Shraddha) in sie kann der Pfad des Buddha aber nicht beschritten werden. Die meisten buddhistischen Schulrichtungen haben ihren eigenen Kanon heiliger Schriften. Für den Muslim sind die Einheit Gottes, die Bedeutung des Propheten und die Geltung des Koran Wahrheiten, über deren Auslegung man streiten kann, die aber nicht zur Disposition stehen. Der Islam in seiner sunnitischen Gestalt steht und fällt mit der Anerkennung von Koran und Sunna. Die Autorität der Veden für den Gesamthinduismus ist zwar weitgehend fiktiv, jede einzelne Schulrichtung (Sampradaya) hat aber ihre eigene Liste kanonischer Schriften und eine Tradition (Parampara) anerkannter Lehrer.

Der Unterschied zwischen dem gläubigen Festhalten an den eigenen Glaubensfundamenten und dessen fundamentalistischer Entstellung liegt vor allem darin, daß der Fundamentalist seine Fundamente vor dem Zugriff moderner Deutungsmethoden, vor allem der historisch-kritischen Methode, konsequent zu schützen versucht und ihren Anspruch (in der Regel) auch nach außen durchzusetzen versucht. Fundamentalismus ist mit Recht als Sammelbegriff für religiöse Protestbewegungen bezeichnet worden, „die ‘das Heilige’ und die überkommenen ‘Hüter’ des Heiligen durch moderne Strukturen und Prozesse relativiert sehen und gegen diese Bedrohung ‘der heiligen Ordnung’ zu Felde ziehen. Diese ‘heilige Ordnung’ soll als Letztwert behauptet und ihrem superioren Geltungsanspruch möglichst rein zum Durchbruch verholfen werden.“[30] Es liegt auf der Hand, daß die Religionen einen unterschiedlichen Grad an „Fundamentalisierbarkeit“ besitzen, der Buddhismus z. B. einen geringeren als der Islam. In der buddhistischen Heilssuche überwiegt die Suche nach dem „Weg“ alle anderen Aspekte. Im Islam haben sich zwar die Sufis der Suche nach dem „Weg“ *(tariqa)* angenommen. Sie bilden aber eine Minderheit, und viele der Sufi-Orden schärfen selbst die Geltung von Koran und Schari’a ein.

Prozesse der Fundamentalisierung und Entfundamentalisierung spielen in allen Religionen eine Rolle, besonders in ihrer Entstehungszeit. In der neureligiösen Szene christlicher und nichtchristlicher Spielart findet sich häufig der „Fundamentalismus der Anfangsphase“. Das Bild der neu gefundenen Glaubenswelt ist noch idealisiert, dasjenige der Außenwelt ungebührlich negativ. Erst nach einer längeren Reifezeit kommt es zu einer realistischen Einschätzung, in Sekten und fest geschlossenen Gruppen oft erst in der zweiten und dritten Generation. Die dem Fundamentalismus mit Recht vorgeworfene „Reduktion von Komplexität“ kann dann abgebaut, die Aufarbeitung von Problemen nachgeholt werden. Das bedeutet: Die Kirchen bzw. ihre nichtfundamentalistische Mehrheit sollten für den „Fundamentalismus der Anfangsphase“ Verständnis und Geduld aufbringen. Fundamentalistische Tendenzen sind ja oft ein Spiegelbild dominierender Unverbindlichkeit. Stets muß gefragt werden, ob fundamentalistische Tendenzen zum Wesen einer Gruppierung gehören oder eine vorübergehende Verpuppung darstellen,[31] unter deren Schutz die neue religiöse Identität erst Gestalt gewinnen soll. Umgekehrt hat der Fundamentalismus zweifellos die positive Funktion, die westliche Christenheit in einer Phase zunehmender Verunsicherung auf die Bedeutung der Glaubensfundamente hinzuweisen.

## *6. Kriterien christlicher Spiritualität*

In der Spannung zwischen fundamentalistischer Verengung und spiritueller Beliebigkeit werden Theologie und Kirche zunächst auf die Grundlagen jeder christlichen Spiritualität hinweisen müssen. Man kann das gut an dem vielzitierten Wort Karl Rahners verdeutlichen: „Der Fromme von morgen wird ein 'Mystiker' sein, nämlich einer, der etwas 'erfahren' hat, oder er wird nicht mehr sein, weil die Frömmigkeit von morgen nicht mehr durch die selbstverständliche öffentliche Überzeugung und religiöse Sitte aller mitgetragen wird."[32] Rahner hat allerdings etwas hinzugefügt, das meistens weggelassen oder gar bewußt unterschlagen wird, nämlich einen Hinweis auf den Gott des Christentums und auf Jesus Christus: „Solche Mystagogie muß uns konkret lehren, es auszuhalten, *diesem* Gott (der wesentlich der Unbegreifliche ist) nahe zu sein, zu ihm 'Du' zu sagen ... Solche *christliche* Mystagogie muß natürlich auch wissen, wie Jesus von Nazareth, der Gekreuzigte und Auferstandene, in sie hineingehört." Spiritualität ist in dem Maße christlich, wie ihr beides gelingt.

Die damit angesprochene Thematik findet einen vielfältigen Niederschlag in der katholischen Auseinandersetzung mit der neuen Religiosität. (Für fundamentalistische und ähnliche Strömungen gilt das natürlich nicht.) Josef Sudbrack beschreibt in immer neuen Anläufen den notwendigen Schritt von der Selbsterfahrung und kosmischen Erfahrung zur Gotteserfahrung bzw. von einer monistischen zur dialogischen Mystik.[33] Michael Fuss unterscheidet zwischen autonomer und dialogischer Religion. „Kosmisch-vitale Religiosität ist in bezug auf ihren Inhalt weitgehend neutral, sie scheint die 'ewige Religion' des *homo religiosus* zu begründen, bleibt aber bei ihrer Suche nach Sinn angesichts der unüberwindlichen Barriere der Transzendenz auf sich selbst zurückgeworfen. Sie kann daher autonom genannt werden im Gegensatz zu einer dialogischen Religion, die den Menschen in die befreiende Dimension eines fordernden und sich schenkenden transzendenten Geheimnisses stellt. Die Ambiguität autonomer Religion erklärt sich aus ihrer Finalität; entweder bleibt sie in sich beschlossen als Ausdruck der Subjekthaftigkeit des Individuums oder sie stellt eine Vorstufe zur weiteren Reifung in der Begegnung mit der Offenbarung dar."[34]

In der VELKD/AKf-Studie wird die gleiche Spannung zwischen autonomer und dialogischer Religion mit Hilfe der Unterscheidung von Religiosität und Religion schärfer formuliert; die Kontinuität von religiösem Suchen und christlichem Finden wird angezweifelt: „F. Nietzsche konnte bereits bemerken, daß ein starkes Anwachsen der Religiosität – er spricht vom 'religiösen Instinkt' – seine Erfüllung in einem 'theistischen' Glauben mißtrauisch ablehne. Eben dies geschieht in dem Vordringen der asiatischen Praktiken. Nicht Shiva oder Amida Buddha werden verehrt, sondern Meditationsübungen oder okkulte Praktiken werden geübt. Nicht Religionen werden angenommen, sondern parapsychologisches Training oder Übungen des Unterbewußten werden zur Bewußtseinserweiterung gesucht. Es geht also in den religiösen Bewegungen des 20. Jahrhunderts in Westeuropa nicht eigentlich um eine 'Wiederkehr von Religion', sondern offenbar vielmehr um ein starkes Freisetzen der Religiosität, d. h. zugleich ein Anwachsen der Nichtigkeitserfahrung des Menschen. Diese Religiosität bestimmt die Bewegungen, in die 'ein Gott nicht eintritt'. Darum ihre Unruhe und Fluktuation. Sie bleiben unerfüllt, denn sie sind 'bloße' Religiosität – anthropologische Form ohne erfüllenden Inhalt.“[35] Diese stärkere Betonung der Diskontinuität steht in einer langen protestantischen Tradition und macht sich auch in der Verhältnisbestimmung zwischen allgemeiner und christlicher Spiritualität bemerkbar.

Innerhalb der damit gesteckten Grenzen muß mit einer Vielfalt christlicher Glaubenserfahrung und Frömmigkeitsstile gerechnet werden. Es gibt eine Pluralität christlicher Spiritualitäten, die nichts mit schrankenlosem Pluralismus zu tun hat, sondern mit konfessionellen, historischen und anderen gewachsenen Unterschieden. Innerhalb der Konfessionen und quer zu ihnen gibt es meditative und mystische, liturgische und kultische, missionarische und kämpferische Spiritualitäten, von denen keine einen Absolutheitsanspruch gegenüber den anderen erheben kann. Der in der Gemeinde wirkende Geist sollte in der Vielfalt seiner Lebensäußerungen nie „gedämpft“ werden, wohl aber sollte anerkannt werden, daß auch das Prüfen der Geister eine Lebensäußerung des Geistes selbst ist.

# IX. ISLAMISCHE PRÄSENZ IN DEUTSCHLAND UND EUROPA

## *1. Geschichte und gegenwärtiger Stand*

Die Anwesenheit von etwa 1,7–1,9 Millionen Muslimen in Deutschland[1] ist überwiegend das Ergebnis der Einwanderung von Arbeitskräften aus der Türkei und anderen islamischen Ländern seit den frühen sechziger Jahren. (Das deutsch-türkische Abkommen über Rekrutierung von Arbeitskräften aus der Türkei wurde 1962 unterzeichnet.) 80 bis 90 Prozent der hier lebenden Muslime sind türkischer Herkunft. Dazu kommen – nach Berechnungen aus den späten achtziger Jahren – 120000 aus arabischen Ländern, 90000 aus Jugoslawien (nach Zahlen aus der Zeit vor dem Zerfall dieses Landes) und 48000 Muslime deutscher Staatsangehörigkeit, die meisten durch Einbürgerung; diese Zahl dürfte inzwischen höher liegen, aber kaum bei 100000, von ihnen angeblich 50000 Frauen, die nach Angaben des ›SPIEGEL‹ zum Islam konvertiert sein sollen. (Wenn im folgenden vom „europäischen" bzw. „deutschen Islam" die Rede ist, so sind alle in diesen Bereichen lebenden Muslime gemeint, unabhängig von ihrer Herkunft.) Die ethnischen und religiösen Unterschiede unter den türkischen Einwanderern sollten nicht übersehen werden: Bei der Volkszählung von 1987 haben sich rund 100000 Türken nicht als Muslime bezeichnet. Eine bedeutende Minderheit sind armenische oder syrisch-orthodoxe Christen, andere mögen überhaupt keiner Religion mehr angehören. Nach Angaben von M. S. Abdullah von 1992 bezeichnen sich etwas mehr als 60 Prozent der in Deutschland lebenden Türken als bekennende sunnitische Muslime.

Seit der Mitte der achtziger Jahre änderte sich der Charakter der Einwanderung. Das Bedürfnis nach neuen Arbeitskräften hatte sich erschöpft, der Familiennachzug hatte weitgehend stattgefunden. Nun kamen Flüchtlinge aus dem Iran (1989 waren ca. 80000 in Deutschland), aus Afghanistan, dem Libanon sowie aus Syrien und Jordanien, viele von ihnen Palästinenser. – In Österreich leben schätzungsweise 80000 oder mehr, in der Schweiz ca. 150000; in beiden Fällen handelt es sich überwiegend um Türken.

Die früheren Kolonialmächte Großbritannien, Frankreich und Holland hatten schon in der Nachkriegszeit einen Zustrom von Muslimen erlebt, als ihre ehemaligen Kolonien unabhängig wurden: Großbritannien vor allem aus dem indischen Subkontinent (Indien und Pakistan, einschließlich des heutigen Bangladesh); Frankreich aus Nordafrika (1962 algerische Unabhängigkeit), Holland aus Surinam (Holländisch-Guayana) und Indonesien. Von den über 2½ Millionen Muslimen in Frankreich stammt die große Mehrheit aus Nordafrika, genauer aus dem Maghreb, oder ist von nordafrikanischen Eltern in Frankreich mit französischem Bürgerrecht geboren (die sog. «Beurs»). In Großbritannien leben gut eine Million Muslime. Mehr als die Hälte stammt, wie gesagt, aus dem indischen Subkontinent und pflegt weiterhin Beziehungen mit dem dortigen Islam. Aus Surinam sind (nach den Zahlen von 1980) 30000 Muslime und 90000 Hindus gekommen – bei einer Gesamtzahl von gut 400000 Muslimen. (Die Zahl der „ethnischen" Sikhs und Hindus in Großbritannien liegt bei 300000.)

Im Vergleich dazu ist die Zahl der Konvertiten zum Islam niedrig: In Großbritannien wird sie auf höchstens 5000 geschätzt, in Holland auf 3000, in Frankreich liegt sie sehr viel höher, schätzungsweise bei 30000–50000. Der europäische Islam ist also keineswegs uniform, sondern von ganz unterschiedlichen kulturellen und gesellschaftlichen Hintergründen geprägt: vom arabischen Islam der Maghreb-Staaten oder des Libanon (dazu kommen Einflüsse geistiger oder finanzieller Art aus Saudi-Arabien und Ägypten); oder vom indischen Islam, wie er sich unter der britischen Kolonialherrschaft und nach der Teilung des Subkontinents entwickelt hat usw. Damit ist die Prägung durch unterschiedliche Rechtsschulen verbunden – in Deutschland vor allem der hanafitischen –, vom Unterschied zwischen Sunniten und Schiiten ganz zu schweigen.

Südosteuropa hat eine starke, noch ältere muslimische Präsenz, die auf die Expansion des Osmanischen Reiches nach der Eroberung Konstantinopels im Jahre 1453 zurückgeht. Albanien wurde ein muslimisches Land, und in Bosnien und Bulgarien entstanden starke islamische Minderheiten. Die Erinnerung an die Türkenkriege, die in den Belagerungen Wiens 1529 und 1683 kulminierten, hat sich im Gedächtnis Mitteleuropas tief eingeprägt und trägt zum negativen Islambild bei uns bei. Vor dem Ausbruch der gegenwärtigen Jugoslawienkrise konnte der Balkan noch als ein gelungenes Beispiel christlich-islamischen Zusammenlebens angeführt werden.

Als 1878 Bosnien-Herzegowina an die Österreich-Ungarische Monarchie fiel, mußte diese Einrichtungen für die muslimische Minderheit schaffen. In Wien residierte ein Mufti. Konzessionen wurden an das muslimische Familienrecht gemacht. 1912 wurden die „Anhänger des Islam des Hanafitischen Ritus“ als religiöse Gemeinschaft anerkannt. Auf dieser Basis wurde 1979 die staatliche Anerkennung des Islam erneuert. Eine deutsche Übersetzung des hanafitischen Familienrechts erschien 1883 in Wien. Zeitweise gab es eine Anerkennung des islamischen Familienrechts innerhalb des österreichischen Rechtssystems für die Gerichte Bosnien-Herzegowinas. Das moderne Österreich hat aus dieser Vorgeschichte ein erhebliches Maß an Erfahrung im institutionellen Umgang mit einer Muslim-Minderheit geerbt.

In Preußen-Deutschland sorgte die Armee für ein gewisses Maß an muslimischer Präsenz. Die preußische Armee des 18. Jahrhunderts rekrutierte tartarische und türkische Soldaten und gab ihnen Gelegenheit, „nach ihrer [islamischen] Fasson selig zu werden“. Türkische Wachsoldaten bekamen, ausgerechnet sonntags, einen Gebetsraum zugewiesen. 1866 wurde auf dem Muslim-Friedhof von Berlin eine erste Moschee erbaut. 1924 entstand eine weitere in Berlin-Wilmersdorf, um als religiöses Zentrum der kleinen muslimischen Gemeinde zu dienen, die sich 1930 den Namen „Deutsch-Moslemische Gesellschaft“ gab. Beide Moscheen haben den 2. Weltkrieg überdauert. In Hitlers Wehrmacht dienten russische Truppen aus den südlichen Sowjetrepubliken, viele von ihnen Muslime. (Zur Wehrmacht gehörte übrigens auch ein indisches Regiment.) Für sie wurden muslimische Mullahs („Kaplane“) an der Universität Göttingen ausgebildet.

Die missionarische Präsenz des Islam in Mitteleuropa begann mit der Wirksamkeit der Ahmadiyya-Bewegung. Die ersten Moscheebauten der Nachkriegszeit in Frankfurt und Hamburg gingen in den fünfziger Jahren von ihr aus. (Erst 1974 wurde sie in Pakistan für häretisch erklärt.) In den sechziger Jahren begannen die eingewanderten Muslime sich zu organisieren und Moscheen zu bauen.

Solange die islamische Präsenz sich auf eingewanderte männliche Arbeitskräfte beschränkte, die überdies die Illusion einer baldigen Rückkehr in die Heimat pflegten, wurden die Probleme der Anpassung an eine fremde Kultur kaum sichtbar. Es genügte in der Regel, wenn eine Gelegenheit zum rituellen Gebet vorhanden war. Erst die Einwanderung von Familien, der Nachzug von Frauen und das Bleiben auf Dauer erweiterten die Kontakte mit der westlichen Umwelt, mit Schule, Gesundheitswesen, Behörden usw. und erzwangen eine Auseinandersetzung mit ihr. Dabei ging es vor allem um den Bau von Moscheen oder zumindest die vorläufige Einrichtung von Moscheeräumen (Hinterhofmoscheen), um islamischen Unterricht für die Kinder (Koranschulen), um Verfügbarkeit von rituell geschlachtetem („Halal“-)Fleisch und korrekte Bestattung. Dazu kommt die Vertretung materieller und sozialer Interessen.

Es ist nicht verwunderlich, daß sich dabei Vorgänge wiederholen, die aus der Geschichte deutscher Auswanderer bekannt sind: Die Gemeinden werden Stätten der Pflege einheimischer Kultur, die Verbindung von Religion und Kulturpflege stärkt konservative Tendenzen, Geistliche werden aus der alten Heimat geholt (im 19. Jahrhundert eine zusätzliche Aufgabe christlicher Missionsgesellschaften); Auslandsgemeinden bewahren kulturelle Eigentümlichkeiten, die in der Heimat längst ausgestorben sind. Religion gewinnt an Bedeutung als Aspekt ethnischer Zugehörigkeit. Die Rolle der Frauen in diesem Prozeß darf nicht unterschätzt werden. Eine Studie über eine pakistanische Muslim-Gemeinde in Oxford kommt zu dem Ergebnis, daß viele Ehefrauen ihre Rolle darin sehen, ihre Männer vor Entfremdung von ihrer Kultur und Religion zu bewahren.[2]

## 2. *Ethnisch-kulturelle Hintergründe*

Nielsen[3] macht mit Recht darauf aufmerksam, daß die sozialwissenschaftliche Erforschung muslimischer Minderheiten in Europa in der Regel dazu neigt, das importierte „Kulturgepäck“ zu vernachlässigen, das Einwanderer aus ihrer Heimat mitbringen. Gewiß lockern sich die Bindungen an das Herkunftsland im Lauf der Zeit. Dennoch speichert das historische Gedächtnis Erfahrungen und bewahrt sie auch in neuer Umgebung. Wenn die Einschätzung des hiesigen Islam nicht von Schlagworten wie „Fundamentalismus“ und „Einheit von Staat und Religion“ bestimmt sein soll, ist eine genaue Kenntnis seiner geschichtlichen und kulturellen Vorprägung unverzichtbar. Der europäische Islam ist bis in seinen organisatorischen Aufbau hinein von der Situation und von Organisationen sowie Bewegungen in der Türkei, Pakistan und anderen Herkunftsländern geprägt. Diese Bewegungen und Organisationen wiederum sind häufig schon selbst ein Produkt der Auseinandersetzung des Islam der „Dritten Welt“ mit modernen europäischen Einflüssen in den letzten Jahrhunderten. In den türkischen Gemeinden, Vereinen und Kulturzentren Deutschlands und anderer Länder spiegeln sich die von Kemal Atatürk erzwungenen tiefgreifenden Umwälzungen und die Reaktionen auf sie; im britischen Islam die Vorgänge innerhalb des indisch-pakistanischen Islam usw.

Darum soll zunächst das Profil des türkischen Islam und seiner Auswirkungen auf den deutschen Islam kursorisch nachgezeichnet werden. Ein Seitenblick auf Großbritannien und Frankreich kann dieses Profil verdeutlichen. Neben den dominierenden Herkunftsländern dürfen natürlich die anderen nicht übersehen werden. Der europäische Islam ist überall durch Diversität und mangelnde Homogenität gekennzeichnet.

Auch das Ringen der islamischen Weltorganisationen (Islamische Weltliga, Islamischer Weltkongreß, Islamische Bewegung) um Einfluß im Diaspora-Islam spielt eine nicht zu unterschätzende Rolle. Wichtige Ereignisse der islamischen Welt wie die Iranische Revolution, die Libanonkrise, der Aufstand der Palästinenser und die Auseinandersetzung um Salman Rushdies ›Satanische Verse‹ wirken sich auf den europäischen Islam aus. Diese Vielfalt erschwert die Herausbildung eines allgemein akzeptierten Konsenses in organisatorischen und Sachfragen und hat bislang eine einheitliche Vertretung des Islam als Ansprechpartner von Staat und Kirchen in Deutschland verhindert.

### *3. Der türkische Islam in Deutschland*[4]

Wichtige türkische Bewegungen haben sich, zumindest ursprünglich, im Widerspruch zum Kemalismus entwickelt. Mustafa Kemal Atatürk, der Gründer der modernen Türkei als Nachfolgestaat des Osmanischen Reiches, hatte seit 1920 eine laizistische Republik geschaffen, den Islam aus der Öffentlichkeit verdrängt und durch die Einführung der lateinischen Schrift und die Verstaatlichung der islamischen Schulen sein Land der westlichen Kultur geöffnet. Durch die Abschaffung des Kalifats 1924 hatte er den Weltislam seiner Spitze beraubt.

Bereits kurz nach Errichtung der Republik begann Süleyman Hilmi Tunahan (1888–1959), ein Scheich des Sufi-Ordens der Naqshabandi, in den Dörfern und Kleinstädten Anatoliens Koranschulen einzurichten, in Konkurrenz zu den staatlichen Imam-Khatib-Schulen, in denen ein politisch angepaßter Islam gelehrt wurde. Obgleich Süleyman 1933 zum erstenmal verhaftet wurde, wuchs die als radikal-extremistisch und häretisch geltende *Süleymanli-Bewegung* und gewann nach dem 2. Weltkrieg, als der türkische Staat seine laizistische Position aufzuweichen begann, an Einfluß. Sie arbeitete mit Süleyman Demirels Gerechtigkeitspartei zusammen und gewann bei den Wahlen 1977 für sie drei Parlamentssitze. In der (alten) Bundesrepublik Deutschland war die Süleymanli-Bewegung mit ihrer großen

Erfahrung im Ausbildungswesen die erste, die unter den türkischen Emigranten Fuß fassen konnte und durch die Gründung des *„Verbandes Islamischer Kulturzentren"* (VIKZ) 1973 viele Moscheen kontrollierte. Auf ihrem Höhepunkt 1981 waren es 185. Nach dem Militärputsch in der Türkei von 1980 wurde sie dort verboten und verlor allmählich einen Teil ihres Einflusses an staatsnähere türkische Organisationen, vor allem an DITIB. Auch in anderen Ländern stehen Organisationen wie die „Islamischen Kulturzentren" bzw. die „Islamische Kultur-Föderation" häufig unter dem Einfluß der Süleymanli-Bewegung. Heute rechnet man mit 10000–12000 Mitgliedern in Deutschland in etwa 250 Gemeinden. Die Kulturzentren dieses Verbandes verschweigen in der Regel die Verbindung mit der Süleymanli-Bewegung und dem Sufismus.

In ihrer Haltung sind die Süleymanli-Organisationen gegenwärtig weniger radikal, als ihre Entstehungsgeschichte vermuten läßt. In den siebziger Jahren polemisierte der in Köln residierende Haupt-Imam noch gegen die Kirchen und die staatliche Ordnung in Deutschland. Das veranlaßte die deutschen Gewerkschaften, mit Unterstützung der türkischen Arbeitnehmerorganisation ein Verbot der Islamischen Kulturzentren zu fordern. Der Haupt-Imam wurde von der Süleymanli-Leitung zurückgepfiffen und schließlich abberufen. Die neue Führung erwies sich in den achtziger Jahren als gesprächswillig gegenüber kirchlichen und staatlichen Stellen und kooperativ gegenüber anderen türkischen Organisationen wie Milli Görüs. „Mittlerweile haben die Anhänger des Gründerordens der Süleymanli den Mythos eines Geheimbundes abgelegt und sich von radikalen Mitgliedern getrennt. Ihre primäre Zielvorstellung von noch vor wenigen Jahren, von Deutschland aus die Türkei zu einem islamisch-theokratischen Staat umzubilden, wird mehr und mehr von den politischen und gesellschaftlichen Zwängen in Deutschland verdrängt."[5] Das kemalistische Konzept des Laizismus lehnt die Süleymanli-Bewegung freilich ab. In den Augen der türkischen Religionsbehörde gilt sie als sektiererisch.

Einen gewissen Einfluß in Deutschland und anderen westeuropäischen Ländern hat die *Nurculuk-Bewegung* (Jamaʿat un-Nur), gegründet von dem 1960 verstorbenen Badi ʿal-Zaman Nursi. Er wurde als islamischer Modernist und Mitstreiter Kemal Atatürks bekannt, zog sich jedoch von der Politik zurück, um sich der Pflege persönlicher Frömmigkeit und dem Aufbau eines Netzes von Schulen und Colleges zu widmen, die die Bewegung in der ganzen Welt unterhält. Auch ihr diente die Bundesrepublik als Basis für schulische und religiöse Aktivitäten in der Türkei. Sie verbindet Offenheit mit missionarischem Bemühen um die Rückgewinnung von Muslimen, die ihrem Glauben entfremdet sind, und ist publizistisch äußerst rege. In Deutschland soll die mystisch geprägte Bewegung über 6000 Mitglieder und eine Reihe von Medressen (Lehrhäusern) verfügen.

Über etwa 70000 Mitglieder und 250–300 deutsche Moscheen und weitere Vereine verfügt gegenwärtig die *„Vereinigung Neue Weltsicht in Europa“* (*Milli Görüs,* genau: Avrupa Milli Görüş Teşkilatlari, AMGT). Auch Milli Görüs lehnt die kemalistische Trennung von Religion und Staat ab und verbindet orthodoxen Islam mit türkischem Nationalismus. In den siebziger Jahren stand sie N. Erbakans „Nationaler Heilspartei“ nahe, die 1980 verboten wurde, später deren Nachfolgepartei, der „Wohlfahrtspartei“ (RP). Jetzt hat sich eine Kooperation mit den staatlichen türkischen Religionsbehörden entwickelt. In jüngster Zeit hat Milli Görüs einen zunehmend internationalen Charakter gewonnen und wird nach dem Zusammenbruch der Sowjetunion voraussichtlich Einfluß auf die etwa 100 Millionen turksprachiger Muslime ausüben können.

Unter dem Eindruck der Iranischen Revolution spaltete sich Cemalettin Hocaoglu (Kaplans) („der Khomeini von Köln“) „Verband der islamischen Vereine und Gemeinden“ ab. Kaplan wollte den Funken der iranischen Revolution in die Türkei tragen. Kaplans „Internat“ in Köln wurde von den Behörden geschlossen. Inzwischen scheint Milli Görüs die radikalen Splittergruppen ausgeschieden zu haben. Kaplan fordert weiterhin einen islamischen Staat, vor allem die „Rückgabe unseres Landes“ (der Türkei) und die Bestrafung der Kemalisten.

Die *Föderation der türkisch-demokratischen Idealistenvereine in Europa* (ADÜTDF, volkstümlich auch als „Graue Wölfe“ bezeichnet) pflegte ursprünglich einen türkischen Nationalismus, hat aber zunehmend die Aufrichtungen einer islamischen Ordnung auf ihre Fahnen geschrieben. Sie steht der „Nationalen Arbeitspartei“ (MCP) von A. Türkes nahe (früher: „Partei der Nationalen Bewegung“, MHP) und hat in Deutschland eine schwer abzuschätzende Anhängerschaft. Von ihr hat sich 1987 die „Union der türkisch-islamischen Vereine“ (TIKDP) abgespalten.

Diese türkisch-islamischen Organisationen (mit Ausnahme der Nurculuk-Bewegung) sollen schätzungsweise 88000 Mitglieder haben, so daß jeder achte männliche türkische Arbeiter im Bundesgebiet in einem religiösen Verein organisiert wäre.[6] Die allgemeine Publizistik neigt dazu, diese Organisationen als „fundamentalistisch“ und integrationsfeindlich zu qualifizieren. Belege für diese Einschätzung lassen sich leicht beibringen.[7] Auch in Mitteleuropa wird Druck auf „abtrünnige“ Muslime ausgeübt. Die Unterdrückung durch den Polizeistaat hat die genannten Organisationen gelehrt, auf die Mittel der Subversion, des Verschweigens usw. zurückzugreifen. Auch ist schwer zu beurteilen, wie weit ihre heutigen irenischen Äußerungen mit ihren intern verbreiteten Überzeugungen übereinstimmen und ob ihr Verhalten gegenüber türkischen Regierungsstellen nur taktisch motiviert ist. Es ist zu vermuten, daß die Machtverhältnisse ihnen kaum eine andere Wahl lassen, als mit diesen zu kooperieren. Jedenfalls sind sie aus der Opposition zum laizistischen türkischen Staat entstanden. Sie kommen nicht aus der „heilen Welt“ eines unumstrittenen islamischen Staates, sondern aus der Situation eines aus dem öffentlichen Leben verdrängten, auf sich selbst und seine eigene Kraft gestellten Islam. Das schließt freilich Wandlungsprozesse in der neuen pluralistischen Situation nicht aus.

Seit der Machtübernahme durch das Militär von 1980 ist der Einfluß des „Amtes für religiöse Angelegenheiten“ (Diyanet Işleri Baskanliği) in Ankara auf den deutschen Islam ständig gewachsen. 1984 hat es eine deutsche Filiale mit Sitz in Köln gegründet, die *Türkisch-Islamische Union der Anstalt für Religion* (Diyanet Işleri Türk-Islam Birliği, DITIB). Ende der achtziger Jahre sollen die Hälfte oder gar zwei Drittel aller Türkischen Moscheen in Deutschland auf DITIB-Kurs gebracht worden sein (600 Gemeinden mit 110000 Mitgliedern, wie es heißt). Zur Zeit gibt es nur drei größere Dachverbände, die alle von Köln aus ihre Mitglieder leiten: DITIB, AMGT (Milli Görüs) und die „Kulturzentren“ der Süleymanli.

Entscheidend ist die Kontrolle der Imam-Stellen. Von deutscher Seite erhalten nur solche Imame eine Einreisegenehmigung, die die offizielle theologische Ausbildung in der Türkei durchlaufen und die Billigung der türkischen Behörden erhalten haben. Das ist andererseits ein Anreiz für Bewegungen wie Süleymanci und Milli Görüs, ihre jungen Leute (auch Frauen) unerkannt durch diesen Kanal einzuschleusen und in der Diaspora mit ihren Gesinnungsfreunden Verbindung aufnehmen zu lassen. Das Abkommen zwischen Ankara und Bonn erfordert allerdings die Rückkehr der Imame nach vier Jahren und ermöglicht eine gewisse Kontrolle solcher Infiltrationsmethoden. Eine Kooperation dieser Art scheint im Interesse beider Regierungen zu liegen, aber auch weiten Kreisen der türkischen Muslime in Deutschland zuzusagen, die sich von religiöser Radikalisierung nichts versprechen.

Der deutsche Islam ist keineswegs ausschließlich türkisch. Die Islamischen Zentren Aachen und München haben mit dem türkischen

Islam wenig zu tun. Sie stehen der fundamentalistischen Moslem-Bruderschaft Ägyptens und Syriens nahe. Auch deutsche, konvertierte Muslime,[8] von denen viele einem konservativen Islam zuneigen, sammeln sich mit ihren „Treffen deutschsprachiger Muslime" um diese beiden Zentren sowie das Islamische Zentrum Hamburg, das vom iranisch-schiitischen Islam geprägt ist und gegenwärtig einen schiitischen Pakistani als Imam hat. Neben dem Einsatz für die Islamische Revolution hat in Hamburg aber auch der Dialog mit christlichen Partnern Platz.

Stärker der europäischen Kultur verhaftet, dialogbereiter und publizistisch aktiv ist derjenige deutsche Islam, der sich um Mohammed Salim Abdullah und das von ihm geleitete „Zentral-Institut Islam-Archiv-Deutschland" in Soest sammelt und (bis vor kurzem jedenfalls) mit dem Islamischen Weltkongreß verbunden war.

Vor den Augen der Öffentlichkeit weitgehend verborgen und abseits der Politik spielt sich das Leben der zahlreichen türkischen Alewiten in Deutschland ab, nicht zu verwechseln mit den syrischen Alewiten oder Nusairiten. Dem sunnitischen Islam gelten sie als häretisch, den türkischen Behörden als nicht ganz loyal. Viele von ihnen sind überdies Kurden und darum verdächtig. Moscheen spielen bei ihnen eine geringere Rolle als Koranschulen und eine Form des Bektaschi-Dhikr. Frauen genießen eine größere Freiheit als im sunnitischen Islam. Die lang geübte Praxis, die eigene Glaubenszugehörigkeit zu verbergen, wird erst langsam aufgegeben. Es wird für möglich gehalten, daß 20 bis 30 Prozent der in Deutschland lebenden Türken Alewiten sind.

Praktizierte Frömmigkeit steht im Mittelpunkt der zahlreichen, aber kleinen Sufi-Gruppen.[9] Sie gehören am ehesten in den Bereich der neureligiösen Bewegungen. Ihre Praktiken, vor allem die Derwisch-Tänze, sind auch für Nichtmuslime attraktiv. Die Sufi-Orden haben unter den islamischen Organisationen die stärkste missionarische Ausstrahlung und sind am ehesten in der Lage, Konvertiten zu gewinnen. Sie gleiten aber auch am leichtesten in den synkretistischen Bereich ab. Der vom verstorbenen Pir Vilayat Inayat Khan gegründete „Sufi-Orden des Westens" stellt, vielleicht wegen seines indischen Hintergrunds, eine unorthodoxe, universalistische Form des Sufitums dar. Im „Haus Schnede" hat es eine Trennung zwischen stärker westlich, in Richtung der transpersonalen Psychologie orientierten und orthodox-islamischen Sufis gegeben. Der in Algerien entstandene Alawia-Orden der „singenden Derwische" ist dialogorientiert und an einer Versöhnung der „Schriftreligionen" interessiert.

## *4. Der indisch-pakistanische Islam in Großbritannien*

Vergleicht man den deutschen mit dem britischen Islam, so zeigen sich Gemeinsamkeiten und Unterschiede. Wie türkische Organisationen im deutschen Islam, so dominieren pakistanische Traditionen im britischen, freilich ohne daß die pakistanische Regierung wesentlichen Einfluß nehmen könnte. Viele Moscheen pakistanischer Muslime werden von Bewegungen dominiert, die nach der Einführung der britischen Kolonialverwaltung in Indien, in Auseinandersetzung mit ihr, mit der christlichen Mission und mit dem anwachsenden Hindu-Nationalismus entstanden sind.[10] Solche Organisationen füllten, wie in der modernen Türkei, jenen Hohlraum aus, der durch den Ausfall des islamischen Staates als Garant der Religion entstanden war. Die beiden wichtigsten sind die Deobandi-Bewegung und die Barelvi-Bewegung, beide in Nordindien im weiteren Umkreis von New-Delhi entstanden. Die *Deobandi-Bewegung* begann 1868 mit der Gründung eines islamischen College, eines dar alʿulum, in der Stadt Deoband. Im Zentrum stand das Studium von Koran, Hadith und Scharia mit dem Ziel, Ulemas auszubilden, die Rechtsentscheidungen *(fatwa)* auf der Basis der hanafitischen Rechtsschule treffen konnten. Damit verbunden war die Einführung in das persönliche spirituelle Leben durch einen Sufi-Scheich, häufig durch die Initiation in mehrere der großen Sufi-Orden. Die Verehrung des Sufi-Scheichs und der Schreine verstorbener Pirs, wie sie sich im volkstümlichen Sufismus entwickelt hatte, wurde dagegen abgelehnt. Am Ende des 19. Jahrhunderts gab es 40 Deobandi-Colleges, 100 Jahre nach der ersten Gründung sollen es fast 9000 Schulen gewesen sein. Die Bedeutung Deobands für den indisch-pakistanischen Islam entspricht der Stellung der Al-Azhar-Universität in Kairo innerhalb des arabischen Islam. Aus der Deobandi-Bewegung ist 1927 die „Gesellschaft zur Verbreitung des Glaubens" (Jamāʿat al-Tablīgh) hervorgegangen, die sich nach dem 2. Weltkrieg über die ganze Welt verbreitet und große missionarische Wirksamkeit entfaltet hat.

Im Unterschied zur eher puritanischen Deobandi-Bewegung trat die *Barelvi-Bewegung,* von Ahmad Riza Khan (1856–1921) in Bareilly gegründet, für die Rehabilitierung des volkstümlichen Sufismus ein. Im Zentrum stand die fast göttliche Verehrung des Propheten Mohammed, die Verehrung von Propheten-Nachkommen (Sayyids) und der Nachkommen von Heiligen und Sufi-Meistern und schließlich das Feiern volkstümlicher Feste. (Die zentrale Rolle des Propheten für diese Gestalt islamischer Frömmigkeit erklärt die besondere Heftigkeit der Reaktion auf Rushdies ›Satanische Verse‹ in Pakistan und im britischen Islam. In Bradford, wo das Buch am 14. 1. 1989 öffentlich verbrannt wurde, gehören die meisten Moscheen zu diesen beiden Bewegungen.) Gemeinsam ist beiden Bewegungen, daß sie Frömmigkeitsbewegungen sind und zugleich die Bedeutung der Scharia betonen.

Andere Organisationen des britischen Islam gehen auf die vergleichsweise junge, nach heutigen Begriffen fundamentalistische *Jamā'at-i Islāmī* zurück. Sie wurde 1941 von Abu al-Aʿla Maudoodi als politische Partei gegründet, um sein Konzept eines islamischen Staates durchzusetzen, der von westlich-säkularistischen wie von hinduistischen Einflüssen frei und von volkstümlichen Sufi-Praktiken gereinigt sein sollte, darin dem saudiarabischen Wahhabismus und den Moslem-Brüdern ähnlich. Maudoodis Gedanken und Schriften werden zusammen mit Material für Kinder von der "Islamic Foundation" (in der Nähe von Leicester) verbreitet, einem Forschungs- und Publikationszentrum. Der "Muslim Educational Trust" stellt Hilfen für den Islamunterricht zur Verfügung. Das "UK Islamic Mission Work" pflegt hauptsächlich Kontakte mit Bereichen der Öffentlichkeit. Dieser Islam indisch-pakistanischer Herkunft bildet natürlich nur einen, wenngleich wesentlichen Teil des Gesamtspektrums des Islam in England. Dazu kommen Einflüsse aus anderen Teilen des Weltislam, vor allem zahlreiche Sufi-Gemeinschaften, die sich teilweise am Rande oder gar außerhalb der islamischen Orthodoxie bewegen.

### *5. Maghrebinischer Islam in Frankreich*

In Frankreich stellt der Islam nach der katholischen Kirche die zweitstärkste Religionsgemeinschaft dar. Eine neuere Untersuchung[11] zeichnet folgendes Bild: Wie in anderen Ländern war die muslimische Präsenz in den frühen siebziger Jahren von Provisorien gekennzeichnet: provisorische Gebetsräume, unqualifizierte Laien, teilweise Studenten als Imame und Moscheeprediger. Nachdem 1974 die Familienzusammenführung gesetzlich zugelassen worden war, begann Ende der Siebziger eine Phase der Re-Islamisierung. Reiseprediger aus Marokko, Tunesien, Ägypten, Syrien und Pakistan beteiligten sich an der „Einladung" (Daʿwa) zum Islam. Radikale Einflüsse kamen von der Iranischen Revolution sowie von der ägyptischen und syrischen Moslem-Bruderschaft. Der Verbreitung und Stärkung islamischer Frömmigkeit widmete sich 1972 die Bewegung Foi et Pratique, der französische Zweig der 1927 in Indien gegründeten Jamāʿat al-Tablīgh. Diese Gesellschaft zur Verbreitung des Islam, eng mit der bereits erwähnten Deobandi-Bewegung verbunden, arbeitet in vielen Ländern und hat, besonders in den achtziger Jahren, in Frankreich großen Zulauf bei Einwanderern aus den Maghreb-Ländern und der Türkei. Eine wichtige Rolle spielen Sufi-Bruderschaften (Tarīqas): die Qadiris aus Senegal, die Alawis (der Darqawi-Tradition entstammend) aus Algerien, die Naqshabandis aus der Türkei (mit Verbindung zur Süleymanli-Bewegung), die Bektashis und türkischen Alawis auch unter Kurden. Konvertiten zum Islam, von denen es in Frankreich Zehntausende gibt, haben sich in besonderen Organisationen zusammengeschlossen: Les amis de l'Islam, mit Verbindung zur nordafrikanischen Alawiyya, sowie Vivre l'Islam en Occident.

Die achtziger Jahre standen im Zeichen wachsender Ausländerfeindlichkeit. Der Einfluß islamischer Weltorganisationen nahm zu, die französischen Muslimgemeinden wurden von ihnen als Vorposten benutzt und in religiöser, politischer und finanzieller Abhängigkeit gehalten. Unter den Imamen wuchs Widerstand dagegen. Eine wichtige Entwicklung in der zweiten Hälfte der achtziger Jahre, nämlich eine Verlagerung von der Moschee ins Haus, brachte die Einführung der Kassettenpredigt. Individuelle Muslime begannen, zu Hause Kassetten von Predigern ihrer eigenen Wahl zu hören, auch Predigten aus Kairo, Damaskus und Algier. Islamische Fernsehsendungen, die es in Frankreich seit 1983 gibt, tragen dazu bei, bestimmte Moscheeprediger populär zu machen.

Ausgerechnet 1989, als die Nation der Revolution von 1789 und der Schaffung eines republikanischen und laizistischen Frankreich gedachte, wurde sie von der Kopftuchaffäre erschüttert: Einige muslimische Mädchen hatten sich standhaft geweigert, ihr Kopftuch in der Schule abzulegen. Auch wenn schließlich ein Kompromiß gefunden wurde, trug die Affäre zur Stärkung des islamischen Selbstbewußtseins in Frankreich, aber auch zur Stärkung der „Nationalen Front" Jean-Marie Le Pens bei.

## *6. Einflüsse des arabischen Islam*

Saudi-Arabien und Ägypten sind für die Einwanderung in europäische Länder bedeutungslos. Von ihnen gehen aber starke Einflüsse aus. Sie sind weitgehend bekannt und bedürfen an dieser Stelle nur einer kurzen Erwähnung. Der Wahhabismus, als geistige Bewegung aus dem 18. Jahrhundert stammend und 1924 bzw. 1930 in Saudi-Arabien an die Macht gekommen, bildet heutzutage ein Bollwerk gegen revolutionäre Bewegungen wie die Iranische Revolution und übt großen organisatorischen und finanziellen Einfluß innerhalb des Weltislam aus. Das wichtigste Werkzeug dabei ist die Islamische Weltliga (Rābitat al-ʿĀlam al-Islāmī). Ihr Einfluß erstreckt sich nicht nur auf die islamischen Länder, sondern auch auch in die westliche Diaspora hinein. Saudiarabische Gelder spielen bei der Finanzierung von Organisationen und beim Bau von Moscheen eine erhebliche Rolle, saudiarabische Botschaften sind auch Zentren islamischer Religionspolitik. Zugleich ist die Islamische Weltliga ein wichtiger Dialogpartner des Vatikan und engagiert sich verstärkt im interreligiösen Bereich, z. B. der „Weltkonferenz der Religionen für den Frieden".

Von Ägypten ging der Versuch aus, die Religion des Propheten durch Rückkehr zum reinen Islam der Frühzeit zu erneuern und von seiner Rückständigkeit gegenüber der als überlegen empfundenen westlichen Welt zu befreien. Vor allem von Muhammad Abduh und Rashid Rida wurde die Salafiyya inspiriert, eine Bewegung, die den Islam an den Idealen der ersten Muslim-Generation *(salaf)* ausrichten wollte. In der Zeit zwischen den beiden Weltkriegen breitete sie sich in ganz Nordafrika aus. Bei Hasan al-Banna (1906–49), dem Begründer der Moslem-Brüder (al-Ikhwān al-Muslimūn), und dem 1966 hingerichteten Sayed Qutb, ihrem Chefideologen, wendete sich die Idee einer Rückkehr zur goldenen Anfangszeit ins Fundamentalistische. Der ursprüngliche islamische Staat (oder was man dafür hielt) sollte durch Auszug *(hijra)* aus der Gesellschaft und Kampf *(jihād)* gegen sie wiederhergestellt werden. Die Ideen der Moslem-Bruderschaft und verwandte Gedanken Maudoodis und später Ayatollah Khomeinis wirken auch in den westlichen Diaspora-Islam hinein, vor allem in studentische Kreise. Die Forderung, daß das Verhältnis zur westlichen Gesellschaft durch Jihad („Anstrengung" im Namen Allahs) und Hijra (wie Mohammeds Auszug aus dem verstockten Mekka nach Medina) bestimmt sein sollte, findet sich auch in der Propaganda radikaler islamischer Zentren hierzulande, wie man in ihren Faltblättern und Publikationen nachlesen kann.

## *7. Re-Islamisierungstendenzen und Fundamentalismus von unten*

Mit welcher Art von Islam hat Europa es nach der großen Einwanderungswelle der Nachkriegszeit zu tun? Soziologisch betrachtet handelt es sich, vor allem beim türkischen Islam in Deutschland, weitgehend um einen ländlich geprägten, traditionellen und vormodernen Islam. So ist es nicht verwunderlich, daß die durchschnittliche türkische Familie in der westlichen Diaspora ungeheure Anpassungsprobleme hat und die Spannung zwischen den Generationen in Fragen der Moral und des Lebensstils groß ist. Neuere Untersuchungen zeigen, daß nur noch 12 Prozent der türkischen Jugendlichen unter 16 Jahren gewillt sind, die religiöse Tradition ihrer Eltern auch unter den hiesigen gesellschaftlichen Bedingungen beizubehalten. 58 Prozent haben sich schon von ihr distanziert; 22 Prozent räumen ein, sich nur noch wegen der Eltern und unter ihrem Druck religiös zu betätigen.[12] Glaubensvermittlung ist auch für den Islam unter den Bedingungen der Moderne ein kaum lösbares Problem. Daß die islamischen Geistlichen durchweg aus den Herkunftsländern kommen, dort ausgebildet wurden und während ihres kurzen Aufenthalts häufig nicht einmal die Sprache des Gastlandes zu sprechen lernen, verstärkt die Kluft noch. Das erklärt auch den, freilich beschränkten, Einfluß fundamentalistischer bzw. islamistischer Gruppierungen, die das Verhältnis der islamischen Minderheit zur europäischen Mehrheit im Sinne eines klaren Freund-Feind-Denkens bestimmen. Diese Tendenz gibt es aber auch unter Christen, und die Mehrheit der im Westen lebenden Muslime hat sich bisher gegen die fundamentalistische Versuchung als resistent erwiesen. Daß der „ethnische Islam" in Europa mit dem interreligiösen Dialog im westlichen Stil des intellektuellen Diskurses Schwierigkeiten haben muß, liegt auf der Hand.

Es wäre irreführend, den europäischen Islam allein aus der Spannung zwischen westlichem Säkularisierungsdruck und fundamentalistischer Gefahr zu definieren. Mit Recht ist darauf hingewiesen worden, daß Ethnizität eine wichtigere Rolle spielt als fundamentalistische Vorstellungen. Die Traditionen, aus denen dieser ethnische Islam stammt, sind weder westlich-aufklärerisch noch naiv vormodern, sondern haben auf die eine oder andere Weise eine Geschichte der Auseinandersetzung mit säkularen Gesellschaftsmodellen, teilweise auch mit der Konkurrenz anderer Religionen hinter sich. Im Fall des pakistanischen und nordafrikanischen Islam kommt die Vertrautheit vieler Gebildeter mit der englischen bzw. französischen Sprache und Kultur hinzu. Nur so läßt sich erklären, daß aus den eingewanderten islamischen Gemeinschaften türkischer und pakistanischer Prägung schon in kurzer Zeit eine lebendige Literatur mit interessanten Schriftstellern hervorgegangen ist, in der sich der schmerzhafte Spagat zwischen zwei Kulturen deutlich manifestiert.[13]

Unter den in Europa wirksamen islamischen Bewegungen sind

etliche, die als islamistisch eingestuft werden müssen: die Moslem-Brüder, die vor allem unter Studenten Einfluß zu haben scheinen; die pakistanische Jamāʿat-Islāmī, die Maudoodis islamistische Schriften weiterhin vertreibt, extreme türkische Organisationen wie um C. Kaplan usw. Die meisten der geschilderten Bewegungen sind aber typische Revitalisierungsbewegungen.[14] Vielen von ihnen geht es primär um islamische Frömmigkeitspraxis und Lebensregeln. Sie haben ein starkes erzieherisches Engagement und Interesse an der Weitergabe und Vermittlung von Kenntnissen von Koran, Hadith und Scharia: Der Muslim soll wissen, wie er zu leben hat und was seine Lebensweise von derjenigen des säkularisierten Westens unterscheidet. Dieses sind nicht nur die Anliegen einiger fundamentalistischer Extremisten.

Neben diesem Bereich, der aus christlicher und westlicher Sicht leicht als legalistisch und kasuistisch erscheint, kommt der Pflege von Frömmigkeit und Spiritualität, die die Sufi-Orden schon immer als ihre Aufgabe betrachtet haben, erhebliche Bedeutung zu. In diesem Bereich kommt es zur intensivsten Begegnung des Islam mit dem nach Spiritualität suchenden westlichen Menschen und u. U. auch zur Bereitschaft zu einer interreligiösen Begegnung mit dem Christentum.

Obgleich der Begriff der „Re-Islamisierung" in der letzten Zeit häufig kritisiert worden ist,[15] weil er die Wiederherstellung eines idealen Islam zu suggerieren scheint, den es so nie gegeben hat, ist er doch geeignet, die Tendenz vieler der beschriebenen Bewegungen angemessen zu bezeichnen. Der Boden, der dem Islam unter dem Druck des türkischen Laizismus und, nach dem Zusammenbruch der indischen Moghulherrschaft, unter dem Einfluß der westlichen Kultur und des auflebenden Hindu-Nationalismus verlorengegangen war, soll wieder zurückgewonnen werden, nicht unbedingt durch Wiedererrichtung eines islamischen Staates, sondern, zunächst jedenfalls, durch Stärkung der islamischen Gemeinschaft und ihrer Einheit, vor allem durch Einschärfung islamischer Lebensregeln. Es handelt sich um das, was G. Kepel[16] Re-Islamisierung „von unten" genannt hat, im Unterschied zur Re-Islamisierung von oben, wie sie von den Moslem-Brüdern in Ägypten und im Nahen Osten vergeblich angestrebt und nur von der Iranischen Revolution verwirklicht wurde. Nach dem Scheitern vieler Putschversuche ist Re-Islamisierung von unten seit Mitte der achtziger Jahre zur vorherrschenden Strategie geworden.

Dieser Islam, mit dem der Westen zunehmend zu tun bekommt, ist keineswegs ein bequemer Islam, aber auch keine islamistische Ideologie, der es primär um politische Herrschaft gehen würde. Der

Prozeß der Auseinandersetzung mit der Moderne westlicher Prägung, der in Pakistan und der Türkei bereits begonnen hatte, setzt sich jetzt in der Diaspora fort und wird von den dortigen Erfahrungen beeinflußt. Wichtige Blutbahnen zwischen dem europäischen Islam und seinen Herkunftsländern sind die Ulemas und Hodschas, die aus der Türkei, Pakistan und anderen Ländern geholt werden, die Schriften, die von ihnen und ihren westlichen Schülern verfaßt und publiziert werden, und andere Faktoren. Der Westen muß sich dessen bewußt sein, daß er diesen Prozeß im Zeitalter von Kolonialismus und Mission selbst initiiert hat und keineswegs nur das „Opfer", sondern ein wesentlicher Mitgestalter war und ist. Von hier aus ist es allerdings noch ein weiter Weg zu dem, was Bassam Tibi als „Euro-Islam" fordert und der Österreicher Smail Balic „deutschkulturelle Muslime" nennt.[17] Gewiß ist mit verstärkten säkularisierenden Tendenzen im ethnischen Islam Europas zu rechnen, aber auch damit, daß gerade sie den kulturellen Re-Islamisierungswillen und den Fundamentalismus von unten herausfordern werden.

# X. CHRISTENTUM UND ISLAM IM DIALOG

## *1. Muslimische Erwartungen*

„Da beide Religionen, Islam und Christentum, in unterschiedliche Kultursysteme eingebettet sind, vermischen sich genuin religiöse und kulturelle Verständigungsschwierigkeiten; ja sie sind vielfach unauflöslich miteinander verbunden“, stellt der muslimische Soziologe Fuad Kandil fest.[1] Zu den interkulturellen Problemen gehört gegenwärtig die „Asymmetrie“ zwischen westlicher und islamischer Welt, das kulturelle und politische Gefälle zwischen der deutschen Mehrheit und dem Islam als der „Religion von Müllmännern“, wie ein deutscher Muslim zugespitzt gesagt hat, u. a. m. Die Erwartungen der Muslime an die europäische Gesellschaft und an die hiesigen Kirchen richten sich denn auch zunächst auf die Herstellung von gesellschaftlichen und kulturellen Bedingungen, unter denen Muslime und Christen einander gleichberechtigt(er) begegnen können. In diesem Sinn hat die Begegnung der beiden Religionen das Stadium des Dialogs überhaupt noch nicht erreicht, jedenfalls nicht in den Augen von M. S. Abdullah.[2]

Es darf freilich nicht verschwiegen werden, daß christliche Minderheiten in vielen islamischen Ländern sich nicht weniger nach Begegnungen auf der Basis der Gleichberechtigung sehnen. Beide Seiten können und müssen noch viel tun, um ein gutes Dialogklima zu schaffen. Auch die Herkunft der meisten hier lebenden Muslime schafft eine „kulturelle Distanz“, nämlich zwischen einer „religiös dominierten, fast 'mittelalterlich' anmutenden Kultur und einer den wechselnden Idealen der Moderne und Postmoderne verpflichteten Kultur“, in der Muslime beträchtliche Schwierigkeiten haben, „überhaupt eine religiöse Substanz zu erkennen“.[3]

Selbst wenn diese Probleme gelöst werden könnten, blieben immer noch die religiösen im engeren Sinne. Es ist hier nicht der Ort, Gemeinsames und Trennendes zwischen beiden Religionen noch einmal aufzulisten. Die bekannten Streitpunkte liegen vor allem im Gottesverständnis, im Jesusbild, im Verhältnis zwischen Religion und Gesellschaft (darüber später mehr), im Menschenbild und im Verständnis von Sünde und Heil. Versuche, Streitpunkte dadurch zu entschärfen, daß man sie auf Mißverständnisse Mohammeds und auf seine Unkenntnis orthodox-kirchlicher Positionen zurückführt, mit den Mitteln der historisch-kritischen Exegese sowie der Tiefenpsychologie hinter den Koran und seine traditionelle Auslegung zurückgeht und eine ausdrückliche Ablehnung christlicher Glaubensinhalte im Koran leugnet, tragen im Verhältnis zum Islam wenig aus, weil sie den Koran historisieren und damit eine neue Kluft gegenüber der islamischen Orthodoxie aufreißen. Koranische Aussagen sind für den Islam ein Resultat von Offenbarung, nicht von Mißverständnissen und unzureichenden Informationen. Georges C. Anawati hat mit Recht vor dem Versuch gewarnt, „einen neuen Islam konstruieren zu wollen ohne Muslime, die an ihn glauben, wenn man sich gegen die ursprüngliche, traditionelle Interpretation wendet, in der Annahme, den Text besser als jene zu verstehen".[4]

Die Erwartungen, mit denen Muslime an den interreligiösen Dialog mit Christen herangehen, sind meistens eng am Koran orientiert: friedliche Streitgespräche im Geist von Wahrheit und Vernunft über die strittigen Fragen, Anerkennung des Islam als legitime Offenbarungsreligion und Mohammeds als des heiligen Propheten des Islam, Möglichkeit, für die Wahrheit und Universalität der islamischen Botschaft Zeugnis geben zu können, Verständnis und Entgegenkommen von Staat und Kirchen bei der Verwirklichung eines an der Scharia orientierten Lebens. Damit sind primär nicht die hier häufig diskutierten Körperstrafen gemeint, sondern vor allem die Möglichkeit, die vorgeschriebenen Gebete zu verrichten und die Fastenvorschriften sowie andere Pflichten zu erfüllen, also Dinge, die nach westlichem Verständnis eher in den Bereich des Religiösen gehören. Der Muslim möchte verständlicherweise nicht in allzu starke Konflikte zwischen den Anforderungen seiner Religion und denen der westlichen Gesellschaft geraten.

## 2. *Pluralismus und Dialog aus islamischer Sicht*

Beginnen wir mit dem Islam selbst. Wie steht er zum religiösen Pluralismus allgemein und zum Christentum im besonderen?[5] Im Dialog mit dem Islam muß die christliche Seite die Tatsache ernst nehmen, daß der muslimische Partner in seiner Stellung zu beidem wenn nicht festgelegt, so doch „eingeengt" ist (H. Busse), weil der Koran selbst klare Aussagen dazu enthält. Die Beurteilung der nichtislamischen Religionen einschließlich des Christentums wird also nicht nachträglich aus der koranischen Offenbarung deduziert, sondern ist in ihren Grundzügen ein wichtiger Gegenstand derselben. Da der Islam den Koran bis heute keiner historisch-kritischen Exegese unterzieht, hat er auch nur geringe Möglichkeiten, die Zeitgebundenheit koranischer Aussagen in seine Auslegung einzubeziehen.

Ausgangspunkt ist der Glaube an die Kontinuität der Offenbarung und an die Identität der Botschaft. Der Koran definiert den Islam ausdrücklich als Glauben an das, was Mohammed und allen früheren Propheten einschließlich Abraham, Mose und Jesus offenbart wurde (3,84; 29,46 u. passim). Juden und Christen gelten, wie der Islam selbst, als Gemeinschaften (Umma) und sind als „Leute der Schrift“ anerkannt. Ihr Gott und der Gott der Muslime „ist einer“ (29,46) – im Unterschied zu den „Heiden“, die als Götzendiener sich der Sünde der „Beigesellung“ (Shirk) schuldig machen. Innerhalb dieser Familie der abrahamitischen Religionsgemeinschaften fällt der islamischen die Aufgabe zu, „in der Mitte der anderen zu stehen“ (2,143), „einen Ausgleich herzustellen“ (3,64) und „Klarheit“ über das zu schaffen, was am Glaubensbesitz von Juden und Christen göttliche Offenbarung und was deren menschliche Verfälschung ist (5,15–19; 16,44). Maßstab dafür ist neben dem rituellen Gebet und der Armensteuer vor allem die Absage an die unvergebbare Hauptsünde, die polytheistische „Beigesellung“ (3,46). Alle diese koranischen Aussagen sind in der späteren theologischen Entwicklung den wechselnden Umständen entsprechend erweitert, präzisiert und angepaßt worden. Auf ihrer Basis hat sich, bereits im Koran beginnend, das spezifisch islamische Verständnis von religiöser Toleranz herausgebildet, das an anderer Stelle zu behandeln sein wird. Es darf nicht vergessen werden, daß diese Toleranz im Prinzip auf die Schriftreligionen beschränkt ist, auch wenn das in der späteren Praxis nie konsequent durchgehalten wurde. Auch gelten die christenfreundlichen Koranstellen in den Augen islamischer Dialoggegner als abrogiert, vor allem durch Sure 3,85: „Wer eine andere Religion als den Islam sucht, von dem wird es nicht angenommen werden. Und im Jenseits gehört er zu den Verlierern.“

Im Zusammenhang mit dem christlich-islamischen Dialog muß die Ambivalenz dieser Aussagen hervorgehoben werden. Einerseits beansprucht der Islam, alle Offenbarungsreligionen, von der Adam offenbarten Urreligion an, in sich (inklusivistisch) zu schließen, andererseits bleiben Mohammed als das „Siegel der Propheten“ und der ihm geoffenbarte Koran das Kriterium, an dem alle früheren Offenbarungsschriften sich messen lassen müssen, gegebenenfalls als Entstellung der Botschaft (exklusivistisch) abgelehnt werden. Der Islam versteht sich als die abschließende, authentische Gestalt der einen Offenbarungswahrheit, die in immer wieder neuen prophetischen Zyklen – zuletzt durch Mohammed – offenbart wurde. (Das dürfte einer der Gründe dafür sein, daß im Herrschaftsbereich des Islam der Glaubenswechsel nur als Einbahnstraße zum Islam möglich ist und der Abfall von ihm schwere Strafen nach sich zieht.)

Zugleich gilt die koranische Offenbarung als Basis, um die verlorengegangene ursprüngliche Einheit der Gottesoffenbarung wiederherzustellen (33,19; 43,63–65). Am Tag der Auferstehung wird Gott selbst die Streitpunkte entscheiden (2,113). „Wenn Gott gewollt hätte, hätte er euch zu einer einzigen Gemeinschaft *(umma)* gemacht ... Wetteifert nun nach den guten Dingen! Zu Gott werdet ihr (dereinst) allesamt zurückkehren. Und dann wird er euch Kunde geben über das, worüber ihr uneins wart ... Entscheide zwischen ihnen nach dem, was Gott (dir) herabgesandt hat" (5,48f.).

Auf solchen Aussagen des Koran basiert die „traditionelle islamische Anschauung, daß die 'Leute des Buches' sich nicht notwendigerweise zum Islam bekennen müssen", wie die „Ökumenischen Überlegungen" des ÖRK über die ›Beziehungen zwischen Christen und Muslimen‹ von 1992 feststellen.[6] Es muß freilich hinzugefügt werden, daß der Islam mit dem Dialog die Aufgabe und Erwartung verbindet, das Christentum wie die anderen Religionen von der Authentizität und Unversehrtheit der abschließenden koranischen Offenbarung überzeugen, d.h. sie de facto islamisieren zu können. „Ihr Leute der Schrift! Kommt her zu einem Wort des Ausgleichs zwischen uns und euch! (Einigen wir uns darauf), daß wir Gott allein dienen und ihm nichts beigesellen" (3,64). Dialog und islamisch verstandene Mission (*daʿwah,* „Einladung zum Islam") rücken nahe aneinander. Individuelle Bekehrung vom Christentum zum Islam wird damit natürlich nicht bedeutungslos, da der Christ zwar auch, ohne formell Muslim zu werden, *„muslim"*, d.h. Gott hingegeben sein kann, aber doch nur ein „Teilgläubiger" bleibt, um einen Begriff von Adel-Th. Khoury zu gebrauchen.[7]

So hat Ismael al-Faruqi 1976 in Chambésy festgestellt: „Auf diese Weise verwandelt sich die Aufgabe des Dialogs oder der Mission in ein Sieben der betreffenden Religion. So wird *daʿwah* eher zu einer ökumenischen kooperativen Kritik an der anderen Religion als zu einer Invasion durch eine neue Wahrheit."[8] Abdulla Omar Nasseef, der Generalsekretär der Islamischen Weltliga, hat 1986 die offizielle Position seiner Organisation in der Frage islamisch-christlicher Beziehungen in einigen Punkten zusammengefaßt: Kooperation im Streben nach einer gerechteren, besseren Welt auf der Basis der koranischen Grundwerte von Gerechtigkeit und Freundlichkeit – Anerkennung aller „Buchreligionen" als Basis des interreligiösen Dialogs zwischen Muslimen und Christen, mit dem Ziel, die Anbetung des einen Gottes zu fördern und in den Wettstreit um die Erfüllung der Pflichten gegenüber der Menschheit einzutreten. Einladung zum Islam *(daʿwah)* also primär als “home mission”, ohne Zwang (Sure 2, 256) und verbunden mit sozialen Diensten. Unbeschadet der bestehenden Unterschiede sollen Brücken zwischen den Religionsgemeinschaften geschlagen, Zusammenarbeit soll geübt werden in den weiten Bereichen von Glaube und Handeln, in denen das möglich ist.[9]

Auch andere muslimische Äußerungen verraten die Entschlossenheit, das koranische Offenbarungsverständnis zur Grundlage des interreligiösen Dialogs zu machen. Während der christlich-islamische Dialog in den kleinen Kreisen der Teilnehmer Fortschritte gemacht hat, sind, nach einer Untersuchung von E. Rudolf, die meisten Äußerungen aus dem arabischen Islam zurückhaltend und gehen von drei (in der Anwendung variablen) unterschiedlichen Grundpositionen aus:

1. Dialog ist nur möglich, wenn die christliche Seite die „Wahrheit" der islamischen Überlieferung und die „Verfälschung" ihrer eigenen, vom Koran überholten Lehren erkennt.
2. Angesichts der Gefahren durch christliche Mission und zionistische Aktivitäten ist Dialog nur als Wettbewerb über den Wahrheitsgehalt und die Überzeugungskraft der jeweiligen Religion denkbar.
3. Zwischen den drei monotheistischen Religionen ist Dialog möglich und notwendig, weil sie durch gemeinsame Grundlagen und Interessen verbunden sind.[10]

E. Rudolf kommt mit Recht zum Schluß, daß nur die letzte Position wirklich dialogfähig ist.

Die überwiegende Mehrheit des Islam ist gegenwärtig nur zu einem interreligiösen Dialog zu islamischen Bedingungen bereit, d.h. auf der Grundlage der koranischen „Religionstheologie". Wie stark der Islam sich verunsichert fühlen kann, wenn Gemeinsamkeiten mit dem Christentum deutlich erkennbar werden, zeigt sein Widerstand gegen den christlichen Gebrauch koranischer Ausdrücke, z. B. in Bibelübersetzungen.[11] Auch die gereizte Reaktion muslimischer Kritiker[12] auf Kenneth Craggs Bemühungen, durch einfühlsames Verstehen des Islam Christliches in ihm zu entdecken, verrät, daß zur Zeit noch die Sorge um exklusivistische Bewahrung islamischer Authentizität Vorrang hat vor der Annäherung ans Christentum. Hier zeigt sich auch die Grenze sympathisierender, das Gemeinsame einseitig betonender christlicher Islam-Darstellungen. In der Darstellung Craggs durch Klaus Hock ist ein aufschlußreicher Widerspruch festzustellen: Einerseits bescheinigt Hock ihm, mit seinen Büchern sei eine „neue Qualität der theologischen Auseinandersetzung mit dem Islam erreicht", andererseits wirft Hock ihm vor, der Islam, wie Cragg ihn sieht, bestehe nur in dessen Phantasie.[13]

In Kreisen des „liberalen" europäischen Islam wird der christlich-islamische Dialog seit langem als unverzichtbar für die Muslime gewertet. „Er hilft ihnen, die Welt, in der sie leben, besser zu verstehen, ferner den eigenen Glauben zu verlebendigen und ihn in der Sprache der Zeit zu verdeutlichen und schließlich Gleichschritt mit der Zeit zu erlangen", schreibt der in Wien lebende Muslim bosnischer Herkunft Smail Balic.[14] Als die beiden entscheidenden Fragen dieses Dialogs bezeichnet Balic die Frage nach Gott (im Sinne eines einheitlichen Gottesbegriffs) und diejenige nach der Ordnung des internationalen Friedens.

In einer ›Stellungnahme des Islamischen Weltkongresses und des Islamrates für die Bundesrepublik Deutschland zu den Grundlagen des Dialogs zwischen Christen und Moslems‹[15] heißt es eingangs: „Christen und Moslems ... vereint der Glaube an den Einen Gott und die Verantwortung für die Bewahrung der Schöpfung sowie für den Schutz der Rechte Gottes [!] und der Menschen." Die Stellungnahme betont die Bedeutung der „ethischen Postulate der göttlichen Offenbarungen [im Plural!] über die Einheit und Solidarität der Menschheit" sowie die Notwendigkeit, eine „von allen Menschen akzeptierte globale Ethik" zu schaffen, um einen „gemeinsamen Nenner aller Religionen und Weltanschauungen" zu formulieren, in Fragen der Ethik wohlgemerkt, nicht der Glaubensinhalte. Dieser Teil der Stellungnahme zeigt eine unverkennbare Nähe zu Hans Küngs „Projekt Weltethos" und steht wohl auch damit in Verbindung. Die koranische Ermahnung, im Tun des Guten zu wetteifern, wird als Begründung herangezogen. Auf die Frage nach den Glaubensunterschieden dagegen „werden wir in dieser Welt keine Antwort bekommen", heißt es ganz im Sinne von Sure 5,48. Dialog dürfe nicht zur Proselytenmacherei, zum Verwischen der eigenen Identität und zum Synkretismus mißbraucht werden. – In diesem Zusammenhang von Dialogzielen kommen die wesentlichen Anliegen des vom europäischen Erbe geprägten, aber mit dem Weltislam verbundenen deutschen Islam zum Ausdruck.

### *3. Anerkennung islamischer Legitimität*

Enttäuschte Erwartungen gibt es auf islamischer Seite vor allem gegenüber dem Protestantismus. In der Regel erwarten Muslime als Frucht des Dialogs eine formelle Anerkennung des Islam wenn nicht als überlegene, so doch als legitime Offenbarungsreligion. „Im Islam gibt es einen Platz für die ‘Leute des Buchs’. Welche theologische Bedeutung gibt das Christentum dem Islam?“ wurde 1976 auf einem ökumenischen Planungstreffen gefragt.[16] Muhammad Abdul Raʿuf vom Islamischen Zentrum in Washington hat es so formuliert: „Nichts anderes will der Islam erreichen als die Anerkennung des Islam als religiös legitime Religion durch Judentum und Christentum.“ Was aber Juden und Christen in dieser Hinsicht äußerten, sei „enttäuschend wenig“.[17] Raʿuf dankt der katholischen Kirche ausdrücklich für die Wandlung, die sie mit dem 2. Vatikanischen Konzil vollzogen habe, und beklagt sich: „Nichts dergleichen ist von einer autoritativen protestantischen Körperschaft gekommen, wie dem Weltrat der Kirchen usw.“

Diese Erwartungen werden sich aus einer Reihe von Gründen nicht leicht erfüllen lassen:

– Die Unterscheidung von „legitimen“ und „illegitimen“ Religionen ist dem Protestantismus fremd. Übrigens spricht auch Vaticanum II wohl vom „Glauben der Muslime“, nie jedoch vom Islam und von Mohammed als Prophet, während Hinduismus und Buddhismus beim Namen genannt werden.[18]

– Wohl können unter religionsphänomenologischen Gesichtspunkten die semitischen Religionen zusammenfassend als Offenbarungsreligionen den mystischen Religionen des Ostens gegenübergestellt werden. Diese Unterscheidung kann aber nicht verabsolutiert und in den Bereich theologischer Wertung übertragen werden. Mystik gibt es in allen drei Offenbarungsreligionen; unter den sog. mystischen Religionen betrachtet zumindest der Hinduismus Offenbarung (Shruti) als seine wichtigste Erkenntnisquelle, wichtiger als die individuelle mystische Erfahrung. Die Verwendung dieser Unterscheidung zu Zwecken theologischer Wertung (abrahimitische Offenbarungsreligionen vs. östliche Religionen der mystischen Erfahrung) wirft zusätzliche Bedenken auf. Auch die Abwertung der „heidnischen“ schriftlosen Religionen gegenüber den „Leuten des Buchs“ entspricht weder heutigen religionswissenschaftlichen Einsichten noch kann diese Unterscheidung zu einem entscheidenden theologischen Kriterium erhoben werden.[19]

– Auch die von Muslimen geforderte Anerkennung Mohammeds als „legitimer“ Prophet muß auf christlicher Seite auf Schwierigkeiten stoßen. Aus theologischer Sicht würde sie der koranischen Bestreitung zentraler Inhalte der christlichen Gotteslehre und der Christologie die Würde einer geoffenbarten Wahrheit verleihen. Die Faltblattserie, die im Buch ›Was jeder vom Islam wissen muß‹[20] zusammengefaßt worden ist, hat mit Recht formuliert: Mohammed kann nach christlichem Verständnis „nicht Träger einer Offenbarung sein, die Christus gleichsam überholt“.

Sie fügt freilich hinzu: „Das schmälert nicht seine Qualität als prophetischer Prediger der Umkehr zu Gott.“ Aus religionswissenschaftlicher Sicht lassen sich Entsprechungen zwischen Mohammed und alttestamentlichen Propheten feststellen. Beide schärfen – christlich gesprochen – das 1. Gebot ein und rufen zur Umkehr zu Gott auf. Theologisch ist es aber plausibler, Mohammed als Prediger des Gerichts und der Umkehr zu Gott in die Tradition der Heidenpredigt im Sinne von 1. Thess. 1,9 hineinzustellen, wo es um die Bekehrung von den Götzen zu Gott geht, „zu dienen dem lebendigen und wahren Gott“. Damit ist eine entscheidende Funktion der Predigt Mohammeds bezeichnet. Das gilt auch für den folgenden Vers, soweit er die Errettung im Endgericht thematisiert. Die christologische Aussage („und zu warten auf seinen Sohn im Himmel ...“) benennt freilich sogleich die entscheidende Differenz. Trotzdem und unbeschadet der bleibenden Kluft in der christologischen Frage ist es gerechtfertigt, Mohammed und den gesamten Islam als Fortsetzung der alt- und neutestamentlichen Heidenpredigt und des biblischen Monotheismus zu würdigen.

Für den Islam hängen die Einheit der Offenbarung und die Einheit Gottes eng zusammen. Daß der Gott der Christen und der Gott der Muslime einer ist (Sure 29,46), begründet im koranischen Kontext die Einheit der an beide ergangenen (von den Christen leider verfälschten) Offenbarung. Dieser Kontext ist bei der Frage, ob Christen und Muslime den gleichen Gott verehren, mitzubedenken. Wir müssen uns dazu auf einige Hinweise beschränken. Auf der volkstümlichen Ebene gestellt, geht die Frage, ob „Gott“ und „Allah“ derselbe sind, von einem unreflektierten Polytheismus aus, der von der Pluralität der Gotteserfahrungen und -vorstellungen auf die Pluralität von Göttern, von Stammesgöttern sozusagen, zurückschließt,[21] wenn er nicht sogar Allah irrtümlich für den Namen eines individuellen Gottes hält. Gegenüber dieser These ist auf die Kontinuität der mit Israel beginnenden Gottesgeschichte zu verweisen. Darüber hinaus geht das

Christentum davon aus, daß alle Gottesvorstellungen und Religionen, nicht nur die „abrahamitischen", auf Gott bezogen sind und den gleichen Gott meinen. Für das Christentum, übrigens auch für die anderen abrahamitischen Religionen, folgt daraus freilich nicht die Möglichkeit, die höheren oder gar auch die niederen Gottheiten aller Religionen ohne Einschränkung mit dem Gott der Bibel zu identifizieren. Sie alle reden von „Götzen" und „Göttern" in einem abwertenden Sinne und rechnen mit der Möglichkeit, daß menschliches Gottsuchen den wahren Gott verfehlen kann, im Unterschied zur neohinduistischen Religionssynthese, laut der der Mensch immer nur von Wahrheit zu Wahrheit voranschreitet.

Mohammed hat zweifellos den gleichen Gott gemeint, den auch Juden und Christen verehren. E. Kellerhals, einer der maßgeblichen theologischen Islamkritiker der Zeit um den 2. Weltkrieg, meinte allerdings, daß „der Allah, den Mohammed verkündigte, schließlich ein anderer Gott wurde [!] als der Gott der Bibel"[22]. Der „zur Weißglut überhitzte Monotheismus", den Kellerhals im Anschluß an H. Kraemer bei Mohammed konstatierte, habe mit dem biblischen Gottesglauben nichts zu tun; in ihm komme „natürliche Gotteserkenntnis" zum Ausdruck, nicht Gottes Selbstoffenbarung in Jesus Christus. Eine ähnliche Unterscheidung dürfte auch Karl Barths berühmt-berüchtigter Aussage zugrunde liegen: „Der Gott Mohammeds ist ein Götze wie alle anderen Götzen. Und es beruht nur auf einer optischen Täuschung, wenn man das Christentum mit dem Islam zusammen als eine 'monotheistische' Religion bezeichnet."[23] Ähnlich hat noch 1983 Johan Bouman in seinem Buch ›Der Glaube an den einen Gott‹ argumentiert: Barths Vorwurf bekomme da sein Recht, wo über den Begriff Gottes, über die Theologie hinaus, nach der Soteriologie gefragt werde.[24] Das NT stellt einen so engen Zusammenhang zwischen den Fragen nach Gott, nach der Offenbarung und nach der Heilsverwirklichung jedoch nicht her. Vielmehr gesteht es den Christus ablehnenden Juden Eifer für Gott und den Heiden unwissende Gottesverehrung zu (Rm. 10,2; Act. 17,23). In der Begegnung der Religionen muß es möglich sein, Gemeinsamkeit in der Gottesverehrung, aber Dissens im Verständnis von Gott, Offenbarung und Heilsweg zu konstatieren.

### *4. Endgültigkeitsbewußtsein und Mission*

Neben der Gottesfrage ist das von Bedeutung, was H. Zirker[25] das Endgültigkeitsbewußtsein genannt hat, das sowohl das Christentum wie den Islam prägt. Mohammed gilt den Muslimen als Siegel der Propheten, Jesus den Christen als derjenige, durch den Gott „zuletzt" geredet hat. Insofern ist der Islam nach wie vor das klassische Beispiel einer nachchristlichen Religion. Im evangelischen Bereich ist es bis heute eine Belastung des christlich-islamischen Verhältnisses, daß aus dieser historischen Feststellung in der Zeit nach dem 2. Weltkrieg schwerwiegende theologische Konsequenzen gezogen wurden, wobei die bedrängte Lage von Christen und speziell christlichen Konvertiten in bestimmten islamischen Ländern den Eindruck tiefsitzender islamischer Christentumsfeindlichkeit zu bekräftigen schien. Der Islam wurde in apokalyptisches und antichristliches Licht getaucht. „Das *post Christum* kann nur ein *contra Christum,* ein *anti Christum* sein ... In diesem Sinne, als der von seiner Gemeinde zum Anti-Christus gemachte, ist Mohammed wirklich der 'falsche Prophet', wie ihn die Kirche bezeichnet hat. Er *mußte* dazu werden, weil er Christus verwarf." Für die apokalyptische Prägung dieser Sätze beruft sich E. Kellerhals auf den Missionstheologen Karl Hartenstein.[26]

Im Bereich des deutschen Evangelikalismus hat diese Sicht des Islam als „direkt antichristliche Religion" und als „endzeitliche antichristliche Verführungsmacht" bis heute nachgewirkt, insbesondere in der Erklärung ›Christliches Bekenntnis und biblischer Auftrag angesichts des Islam‹, die die „Konferenz Bekennender Gemeinschaften in den evangelischen Kirchen Deutschlands" 1984 in Frankfurt herausbrachte.[27] Zwar weist die Erklärung auf den geistlichen Charakter der Auseinandersetzung mit dem „falschen Anspruch des Islam" hin. Es darf auch nicht übersehen werden, daß die Bekenntnisbewegung die Attribute „antichristlich" und „endzeitlich" auch auf innerkirchliche Gegner anzuwenden pflegt. Trotzdem muß auf die Gefährlichkeit dieses apokalyptischen Schwarzweißdenkens für das ohnehin durch eine lange Geschichte belastete Verhältnis gerade dieser beiden Religionen hingewiesen werden.

Nachchristliche Religionen wie der Islam machen das Christentum zu einem Teil ihrer Vorgeschichte und erheben den Anspruch, es zu beerben. (Der Manichäismus war das erste Beispiel dieser Art, ist aber seinerseits ein Opfer des Islam geworden. Unter den neureligiösen Bewegungen finden sich zahlreiche moderne Beispiele.) Zirker hat mit Recht auf die gleichartigen Probleme hingewiesen, die der Islam mit nachislamischen Religionen wie derjenigen der Baha'i hat.[28] Für den Umgang mit dem vorislamischen Pluralismus enthält der Koran klare Anweisungen, die er im Verlauf seiner Geschichte immer wieder, zumindest ansatzweise realisiert hat: relative Anerkennung der Schriftreligionen mit dem Status der Schutzbefohlenen (Dhimmi) usw. Für nachislamische Neubildungen dagegen sieht der Koran keinen Dhimmi-Status vor. Für sie gibt es im islamischen Staat keinen Platz.

Wie belastend und gefährlich Beerbungswünsche sich auf interreligiöse Beziehungen auswirken können, hat sich im Verhältnis zwischen Juden und Christen gezeigt. Auch die Verfolgung der Baha'i in islamischen Staaten ist ein unrühmliches Beispiel dafür. Neue Religionen, die sich als Erfüllung und Überwindung älterer verstehen, neigen zu Gereiztheit und Intoleranz, wenn diese ungerührt weiterexistieren; die älteren reagieren empfindlich und nicht selten mit berechtigter Angst, wenn von ihnen erwartet wird, sich selbst aufzugeben oder sich in einer größeren Synthese „synkretisieren" zu lassen.[29] Gerade angesichts der zunehmenden Anzahl solcher neuer Religionen wird die Fähigkeit wichtig, Beerbungsansprüche anderer zu ertragen und die Absage anderer an eigene Beerbungsansprüche hinzunehmen und auf ihre gewaltsame Durchsetzung zu verzichten.

Eine Entlastung kann in der Einsicht bestehen, daß Judentum, Christentum und Islam, unbeschadet der Beerbungsproblematik, sich zueinander komplementär verhalten, d.h. einander gegenseitig ergänzen und bereichern können.[30] Louis Massignon, der Bahnbrecher eines neuen katholischen Islambildes, hat im Anschluß an 1. Kor. 13 das Judentum als Religion der Hoffnung, das Christentum als diejenige der Liebe und den Islam als die Religion des Glaubens charakterisiert. Auf islamischer Seite hat der angesehene schiitische Theologe Seyyed Hossein Nasr[31] aus dem Iran die drei Religionen als die Religion der Gottesfurcht, die der Gottesliebe und – den Islam interessanterweise – der Gotteserkenntnis einander zugeordnet. Im Anschluß an die islamische Unterscheidung von Scharia (Gesetz) und Tariqa (Weg, speziell mystischer Weg) hat Nasr das Judentum als den gesetzlichen und exoterischen Aspekt der gemeinsamen abrahamitischen Tradition bezeichnet, das Christentum als deren esoterischen Aspekt und den Islam als Integration beider Aspekte und als Wiederherstellung ihrer ursprünglichen Einheit.

Solche Typologien können der Vielfalt der Traditionen natürlich nicht gerecht werden, z.B. nicht der Existenz jüdischer Mystik und Esoterik. Auch tendieren sie dahin, die jüngeren Religionen als Erfüllung und Vollendung der älteren erscheinen zu lassen. Sie lassen aber die Vorstellung eines wechselseitigen Lernens der Religionen zu und vermeiden eine rein negative Zuordnung. Im Kontext des heutigen religiösen Pluralismus ist es nicht nur zulässig, sondern für den Dialog wichtig, nach dem Beitrag des Islam für das christliche Selbstverständnis (und umgekehrt) zu fragen. Der Islam erinnert das Christentum erstens an die Bedeutung der Gottesfrage, die in der Begegnung mit dem Buddhismus und mit der Moderne leicht hinter die Frage nach dem Menschen und seinem Heil zurücktritt, und zweitens an den öffentlichen Anspruch des Evangeliums. In den Worten Theo Sundermeiers: Die Herausforderung des Islam liegt darin, daß er das „mühselig aufgebaute Arrangement von Religion und Gesellschaft, von Kirche und Staat stört"[32]. Soweit solche komplementären Typologien dazu dienen sollen, die Engültigkeitsproblematik nicht nur zu ergänzen, sondern zu verdrängen, leisten sie freilich interreligiösem Wunschdenken Vorschub. Zu tief ist das Endgültigkeitsbewußtsein in den heiligen Schriften beider Religionen verankert.

Das islamische Endgültigkeitsbewußtsein dokumentiert sich in der bereits erwähnten Abneigung gegen christliche Mission, die sich freilich auch bei anderen Religionen findet. Der Islam ist wegen seines ausgeprägten Gemeinschaftscharakters und seiner Verbindung von Religion und Gesellschaft besonders empfindlich gegenüber allem, was er als „Proselytismus", d.h. als illegitime und fragwürdige Formen von werbender Tätigkeit und als todeswürdigen „Abfall" empfindet. Im Einzelfall ist schwer zu entscheiden, ob theologische Motive oder gesellschaftliche Abwehrmechanismen gegen alles Fremde dabei ausschlaggebend sind. Jedenfalls stellt das Verlangen nach individueller Freiheit des Religionswechsels den Islam vor schwere religiöse, gesellschaftliche und rechtliche Probleme, wie an späterer Stelle zu zeigen sein wird.

Seitdem der Islam sich mit nachislamischen Traditionen auseinandersetzen muß und das auf seine Art tut, sollte er für die Probleme Verständnis haben, die dem Christentum aus islamischen Beerbungsansprüchen entstehen. In diesem Zusammenhang ist auch die Frage eines grundsätzlichen Missionsverzichts zu sehen, wie er vom Islam immer wieder gefordert wird. Im Verhältnis zum Islam würde ein christlicher Missionsverzicht die stillschweigende Anerkennung des islamischen Endgültigkeitsanspruchs bedeuten und sollte weder von muslimischer Seite als Voraussetzung für Dialog und gute Beziehungen verlangt noch von christlicher Seite geleistet werden. Die Diskussion über den Proselytismus dagegen muß weitergehen und zu einer wechselseitigen Übereinkunft über den Verzicht auf unangemessene Missionierungsmethoden führen.

Die erwähnten Ökumenischen Überlegungen über ›Beziehungen zwischen Christen und Muslimen‹ sagen dazu: „Eine häufige Ursache von Spannungen zwischen Christen und Muslimen ergibt sich aus der Tatsache, daß sowohl Islam als auch Christentum auf Mission *(daʿwa)* ausgerichtete Religionen sind; beide glauben, daß sie von Gott dazu berufen sind, andere zur Annahme gerade ihres Glaubens einzuladen. Dieses Recht und diese Pflicht dürfen nicht geleugnet werden. Doch sollten Muslime und Christen in ihrem Verlangen, ihren Glauben auszubreiten und andere zur Erkenntnis und Anbetung Gottes zu führen, versuchen, ihre Mission oder *daʿwa* so zu gestalten, daß Freiheit und Würde anderer Menschen geachtet werden und die Harmonie zwischen den Glaubensgemeinschaften bewahrt bleibt." „Wir bekräftigen, daß es möglich ist, missionarisch und doch nicht aggressiv zu sein – daß das in Wirklichkeit der einzige Weg ist, wahrhaft missionarisch zu sein" (III, 7).

Die Stellung des Islam zur Frage der Mission ändert sich in dem Maße, wie er sich selbst beim „Ruf zum Islam" *(daʿwah)* engagiert. Islamische Kreise, ja Weltorganisationen bekennen sich immer eindeutiger zur islamischen „Verkündigungsaufgabe" unter Nichtmuslimen. Die Islamische Weltliga hat 1990 den Beschluß gefaßt, den christlichen Bemühungen mit einer eigenen missionarischen Gegenoffensive zu begegnen, ohne jedoch die Konfrontation zu suchen. Im gleichen Jahr verabschiedete die islamische Religionsministerkonferenz eine Resolution, mit der den islamischen Organisationen eine „weltweite Kampagne zur Ausbreitung des Islam" empfohlen wird. Programme zur Ausbildung islamischer Prediger und „Missionare" für die Arbeit in der Diaspora wurden entworfen.[33] Im Dialog zwischen dem Vatikan und der Islamischen Weltliga scheint sich denn auch ein Einverständnis anzubahnen, wie es sich bereits 1976 auf der erwähnten ökumenischen Konsultation in Chambésy abzeichnete. Zwischen Christentum und Islam geht es zur Zeit weniger um das Ob als um das Wie von Mission bzw. *daʿwah.* Darin dokumentiert sich, auf der theologischen Ebene, die Auseinandersetzung zwischen den unversöhnlichen Finalitätsansprüchen der beiden Religionen.

# XI. FREMDE RELIGIONEN IN DER SÄKULAREN KULTUR

## *1. Zwischen Xenophobie und Xenophilie*

Tanzende Hare-Krishna-Mönche vor dem Kölner Dom – ist das der Untergang des Abendlandes? So fragte bereits in den siebziger Jahren eine Karikatur. Daß die Ausbreitung fremder Religionen als Bedrohung kultureller Identität empfunden wird, sollte dem Westen – freilich aus der Perspektive eigener religiös-kultureller Expansion – wohlbekannt sein. Der Westen selbst hat ja im Zeitalter seiner kolonialen Ausbreitung selbst jene identitätsgefährdenden kulturellen Überlagerungsprozesse in anderen Kulturen ausgelöst (und löst sie bis heute aus), von denen er nun selbst eingeholt wird.

Die meisten „fundamentalistischen" Aufbrüche der Gegenwart sind Reaktionen auf das, was als kulturelle Bedrohung empfunden wird. Der islamische Fundamentalismus wehrt sich gegen die tödliche Pest der „Okzidentose", wie ein iranischer Muslim das genannt hat. Er will seine traditionellen religiös-kulturellen Werte nicht von der liberalen Gesellschaftsordnung und autonomen Ethik des Westens in Frage stellen lassen, vor allem nicht im Bereich von Sexualität, Ehe und Familie. Angst und Haß gegenüber dem als überlegen empfundenen Fremden, ein manichäischer Dualismus von Gut und Böse, ein (oft fiktiver) Rückgriff auf das eigene kulturelle Erbe – dazu gehört vor allem die Religion – sind die Kennzeichen aller jener Gegenreaktionen, die heute unter dem Schlagwort „Fundamentalismus" zusammengefaßt werden.[1] Auch nichtislamische Kulturen der sog. Dritten Welt können sich ähnlich verhalten, wie die religiös-kulturellen Konflikte in Indien und Sri Lanka belegen. Sie sind vor allem ein Ausdruck von Gegenakkulturation. Viele von ihnen bedrohen ihrerseits die kulturelle Identität von „Urvölkern" und anderen kulturellen und nationalen Minderheiten. Überzogener Nationalismus, Terror und Unterdrückung einerseits, Flucht und Auswanderung andererseits sind die negativen Begleiterscheinungen der Überlagerungsprozesse, die sich weltweit vollziehen.

In Wirklichkeit kommt die Bedrohung nicht nur von außen, sondern aus der eigenen, durch unvermeidliche Wandlungsprozesse strapazierten Kultur. Die tiefe kulturelle Verunsicherung wird durch wirtschaftliche Krisen und soziale Mißstände verstärkt. Der Zusammenbruch der politischen Ideologien läßt nach neuen Antworten aus anderen, älteren Quellen suchen. Immer dient das Fremde als Feindbild, um die eigenen Reihen zu schließen und die inneren Gegner ausschalten zu können. Aus dieser Sicht erscheint der „Fundamentalismus" nicht – jedenfalls nicht primär – als Aufstand gegen Vernunft und Aufklärung, sondern als Reaktion auf Identitätsgefährdung. Gilles Kepel macht mit Recht geltend, daß diese Bewegungen „keinesfalls das Produkt einer fehlgesteuerten Vernunft oder einer Manipulation durch dunkle Mächte sind, sondern das authentische Zeugnis eines tiefreichenden gesellschaftlichen Mißstandes, der durch unsere traditionellen Denkkategorien nicht mehr entschlüsselt werden kann"[2].

Es ist nicht verwunderlich, daß der Westen seinerseits ein Opfer ähnlicher Überfremdungsängste wird, freilich unter umgekehrtem Vorzeichen: Vor allem der Islam wird als Bedrohung westlicher Liberalität und Säkularität empfunden. Auch bei neureligiösen Bewegungen sind es vor allem der autoritäre Charakter und andere kulturelle Abweichungen, die abgelehnt werden. Es gibt eine Wechselwirkung zwischen zunehmender westlicher Liberalität und Säkularität einerseits und fundamentalistischen Verhärtungsprozessen innerhalb religiöser und kultureller Minderheiten. Das Diskussionspapier der EKD über ›Wanderungsbewegungen in Europa‹ stellt mit Recht fest: „In der Entfremdungserfahrung einer Diaspora-Existenz wird das Festhalten an den eigenen religiösen Wurzeln zur Überlebensfrage." Es sei ein „notwendiges Stadium" im Ringen um kulturelle Selbstbehauptung.[3]

Untersucht man das Verhältnis des Westens zu anderen Kulturen näher, so zeigt sich eine unverkennbare Ambivalenz von Abscheu und Faszination, von Xenophobie und Xenophilie. Die fremde Kultur (Indiens, der Indianer, des Rastafarianismus mit seiner Reggae-Musik und seinen "dread locks", der „edlen Wilden" usw.) kann zum idealisierten Gegenbild der eigenen werden. In der neureligiösen Szene der sechziger und siebziger Jahre suchten junge Leute häufig nicht nur eine neue Religion, sondern auch eine neue Kultur mit anderem Lebensstil, anderen Eßgewohnheiten und anderer Kleidung. Das ambivalente Verhältnis zu fremder Kultur kann die interreligiöse Begegnung belasten, weil sie zu positiven oder negativen Projektionen auf fremde Religionen führt und deren realistische Einschätzung erschwert. Viele Deutsche identifizieren den Islam mit der Kultur eingewanderter anatolischer Türken, wie das Christentum in Indien nicht selten als Religion westlicher Fleischesser und Alkoholtrinker angesehen wird.

Aufmerksame Beobachter haben allerdings schon in den siebziger Jahren bemerkt, daß die jungen Asienpilger aus dem Westen den wahren „Osten“ weder suchen noch zu Gesicht bekommen, sondern vielmehr Teil eines letzten, spätkolonialistischen Plünderungszuges durch die außerwestlichen Kulturen sind, getrieben von der Hoffnung, die Bedürfnisse des unersättlichen westlichen Selbst in der Fremde befriedigen zu können – fremde Kulturen und Religionen als Futter für westliche Selbstverwirklichung.[4] Wie der moderne Geist sich zuerst alle materiellen Ressourcen verfügbar gemacht hat, eignet er sich nun auch noch die religiösen Schätze der Menschheit an. Zeugnisse fremder Kultur und Religion werden überdies zur Ware und in den Prozeß umfassender Kommerzialisierung einbezogen. Die Kritik an der selbstgeschaffenen Kultur und die Sehnsucht „zurück zur Natur“ wiederum sind seit Rousseau ein Bestandteil der Aufklärung und westlichen Kultur. Was auf den ersten Blick wie Überfremdung aussieht, könnte sich als ein tiefgreifender Wandel unserer Kultur erweisen, und die damit verbundenen Krisenerscheinungen könnten typische Akkulturationsprobleme sein.

Als Ergebnis dieses Wandels ist jedenfalls eine zunehmende Akzeptanz gegenüber solchen Elementen aus anderen Religionen und Kulturen festzustellen, die sich ihrer Verwestlichung nicht widersetzen. Die Zeit geschlossener Kulturräume ist vorüber und läßt sich auch mit Gewalt nicht dauerhaft zurückbringen. Sogar die fundamentalistischen Gegenbewegungen gegen die Moderne können nicht vermeiden, Elemente der Moderne aufzunehmen und wider Willen selbst modernisierend zu wirken. Noch H. Hesse und C. G. Jung haben den Geist des indischen Yoga, trotz aller Sympathie, die sie für ihm empfanden, als kulturell fremd und unvereinbar mit dem westlichen Geist bezeichnet.[5] Heute sind östliche Meditationswege und Reinkarnationsvorstellungen zwar noch theologisch umstritten, kulturell aber akzeptiert, freilich zum Preis ihrer konsequenten Verwestlichung. (Nur in institutionalisierter oder gar „versekteter“ Gestalt können sie sich diesem Verwestlichungsprozeß widersetzen.) In welchem Umfang das Fremde als das Andere in diesem Akkulturationsprozeß überhaupt noch wahrgenommen werden kann, ist eine schwer zu beantwortende Frage. Verteufelung des Fremden und seine Verwandlung in Eigenes haben gemeinsam, daß das Fremde nicht unverstellt in den Blick kommt.

Fremdkulturelle Elemente, die sich in der modernen Säkularität als nicht assimilierbar erweisen, wecken weiterhin Ängste und Widerstände. Dazu gehören vor allem autoritäre Strukturen, die mit dem Ideal der Selbstbestimmung als unvereinbar empfunden werden: die traditionelle Beziehung zwischen Meister und Jünger in den östlichen Religionen; traditionelle Familienstrukturen im Islam und anderen religiösen Gemeinschaften, in denen der Mann gegenüber Frau und Kindern unbeschränkte Autorität geltend machen kann; Dominanz der Gruppe gegenüber dem Individuum, wie sie in Bewegungen ostasiatischen Ursprungs anzutreffen ist u. a. m. Die gleichen Kriterien werden auch gegenüber christlichen Konfessionen und Strömungen geltend gemacht: gegen die Autorität der römisch-katholischen Hierarchie, gegen traditionelle Familienrollen in konservativ-evangelikalen Strömungen und „fundamentalistischen" Gruppierungen. Öffentliche Kritik an den neureligiösen Bewegungen orientiert sich häufig weniger an religiösen als vielmehr an solchen kulturellen Kriterien.

Bereitschaft und Fähigkeit von Kulturen, Fremdes zu integrieren und zu assimilieren, variieren. Länder, die von Anfang an von der Präsenz verschiedener Religionen, Konfessionen und Kulturen geprägt waren, tun sich dabei offensichtlich leichter. (In Europa gilt das am ehesten für die Schweiz). Kanada, Australien und Neuseeland waren anfangs koloniale Erwerbungen mit geringer Bevölkerungsdichte und mit Raum für Einwanderung aus unterschiedlichen Ländern und Kulturen. Die Bewahrung „kultureller Vielfalt" wurde 1971 in Kanada zur Staatsaufgabe erklärt.[6] Diese Entscheidung erlaubte der französischsprachigen Minderheit und der englischsprachigen Mehrheit sowie den indianischen Ureinwohnern ein größeres Maß an kultureller Selbstbestimmung, stärkte langfristig aber auch die separatistischen Tendenzen. In den achtziger Jahren wurden in Australien, nicht zuletzt im Blick auf die geplante zunehmende Einwanderung von Asiaten, der „Multikulturalismus für alle Australier" und die Anerkennung der ethnischen „Urbindungen" gefordert. Eine ähnliche Entwicklung vollzog sich in Neuseeland. Es scheint, daß Länder mit „eingebautem" Pluralismus und betonter individueller Freiheit sich im Umgang mit religiöser und kultureller Vielfalt leichter tun, aber auch anfälliger sind für separatistische Tendenzen als Länder mit jahrhundertelanger Dominanz einer einzigen Religion. In ganz anderer Weise ist auch Indien ein Land mit eingebauter pluralistischer Struktur, verstärkt durch eine Kultur der Segregation, die den Fremden leben läßt, sich ihn aber vom Leib hält. Religiöser und kultureller Pluralismus ist auch Übungssache.

Sache tiefsitzender Überzeugung ist sie in Ländern, bei deren Genese die Opposition gegen religiöse Bevormundung und Unterdrükkung und die Befreiung davon eine maßgebliche Rolle spielte. In den USA und Holland kann das Bekenntnis zum religiösen Pluralismus und zur Glaubensfreiheit auf diesem Hintergrund ein zentrales Element des religiösen Selbstverständnisses werden und selbst religiöse Obertöne annehmen. Das schafft ein Klima, in dem religiöse Neubildungen von vornherein als Bereicherung und Fortsetzung des religiösen Pluralisierungsprozesses gelten, Fürsprecher finden, Toleranz sogar für ausgefallene Züge erfahren und den Schutz der Verfassung für sich in Anspruch nehmen können. Deutschland ist durch seine Religionsgeschichte nicht gerade zu einem Musterland religiöser Toleranz prädestiniert.

## *2. Die Demarkationslinie zwischen Religion und Säkularität*

Das größte Problem ist die Abgrenzung zwischen religiös bestimmten und säkularisierten Lebensbereichen der modernen Gesellschaft. In der Geschichte des Abendlandes hat die religiöse Pluralisierung in der Regel säkularisierend gewirkt: Der religiöse Sprengstoff wurde entschärft, indem man ihn an den Rand des öffentlichen Lebens drängte, in die Familie und ins individuelle Leben. An dieser Entwicklung tragen die christlichen Kirchen durch ihre Unfähigkeit, konfessionelle Konflikte friedlich zu bewältigen, ein großes Maß an Mitschuld.[7] Säkularisierung bedeutet hier Individualisierung und damit, auf längere Sicht, eine Krise der religiösen Institutionen und des Gemeindelebens. Es liegt im Wesen gemeindeorientierter Religionen, sich dem Trend zur Individualisierung zu widersetzen. Das ist gewiß ein zusätzlicher Grund dafür, daß der Islam besondere Anpassungsschwierigkeiten an die Moderne hat. Sufi-Gemeinschaften sind noch am ehesten in der Lage, persönliche religiöse Erfahrungen in einer überschaubaren Gruppe zu vermitteln und westliche Bedürfnisse zu erfüllen.

Hinduistische und buddhistische Meditationswege und Meister-Jünger-Beziehungen eignen sich vorzüglich für ein Zeitalter individueller Heilssuche. R.N. Dandekar hat die Eignung des advaitischen Hinduismus für das säkulare Zeitalter so beschrieben: „Was die Freiheit und die Würde des einzelnen Menschen betrifft: Kann man sich eine überzeugendere Art denken, als sie in der wesenhaften Identität mit der höchsten Wirklichkeit zu begründen, wie dies die Hindu-Philosophie zu allen Zeiten getan hat? Zugleich darf man darauf hinweisen, daß die Hindu-Tradition auch das Problem der Sozialisation des Individuums gemeistert hat mit der These von den zwei Aspekten der menschlichen Persönlichkeit: dem Aspekt des Individuums *(jiva)* und der Person *(atman)* und daß die Sozialisation nur das Individuum betrifft, während die Person frei bleibt ... Und schließlich ist es im Sinne der Hindu-Tradition die Bestimmung der Religion, die in der Anlage vorhandene Göttlichkeit des Menschen zu aktualisieren. Zu diesem Zweck muß aber die Religion nicht institutionalisiert werden – und das ist die wahre Bedeutung des Säkularismus."[8] Dandekar hat damit freilich den Dharma-Aspekt des Hinduismus (im Sinne des *varnashrama dharma,* der Ordnung der Kasten und Lebensstadien) völlig ausgeblendet. Dieser wird von den hindu-nationalistischen und -fundamentalistischen Strömungen thematisiert.[9] Auch die im Westen aktiven hinduistischen Gurubewegungen bieten in der Regel nicht viel mehr an als einen individuellen Weg zu Glück und Befreiung. Die meisten von ihnen – nicht alle – vertreten einen reduzierten Hinduismus ohne Kaste, ohne extensive Bilderverehrung und ohne das Gemeinschaftserlebnis der Hindu-Feste. Noch leichter als der Hinduismus kann sich der Buddhismus dem individualisierenden Trend der modernen Säkularität anpassen. Auch er konzentriert sich im Westen im wesentlichen auf die individuelle Heilsfrage, freilich nicht ohne Widerspruch aus seinen eigenen Reihen.[10]

In einigen anderen Ländern hat sich ein Nebeneinander von Religionsgemeinschaften entwickelt, die sich in Lebensstil, Familienstruktur und religiöser Orientierung voneinander unterscheiden, ihre zivilrechtlichen Angelegenheiten weitgehend selbständig regeln und auch als politische Größen in Erscheinung treten. In Indien[11] werden sie als religiöse "communities" bezeichnet, und die politische Instrumentalisierung religiöser Zugehörigkeiten wird als "communalism" verdammt. Dieses Modell einer multireligiösen Gesellschaft, das man als „multikommunalistisch" oder „kommunitaristisch" bezeichnen könnte, ist als Folge moderner Mobilität, religionspolitischer Machtkämpfe (Libanon!) und vor allem des allgegenwärtigen Fernsehens in eine Krise geraten. Elemente des Kollektiven und Gemeinschaftlichen bleiben aber erhalten: der Gedanke der islamischen Umma, die chinesische Sippenorientierung usw. Sie finden, verstärkt durch soziale Ursachen der Ghettobildung, in „Türkenvierteln" und "Chinatowns" ihren Ausdruck. In England haben Muslime die Gründung einer islamischen Partei beschlossen – auf dem Hintergrund des indisch-pakistanischen Islam und im Klima der Auseinandersetzung um Salman Rushdies ›Satanische Verse‹ eine naheliegende Idee.

In diesem multikommunalistischen Sinn ist Mitteleuropa nicht multireligiös und wird es wohl auch nicht werden. Das säkulare Schul- und Rechtssystem, die Erfordernisse des Wirtschaftslebens, die Macht der Medien und andere Faktoren bilden ein machtvolles Gegengewicht und werden auf Dauer auch von jenen eine stärkere Trennung von Religion und Öffentlichkeit erzwingen, denen sie von Haus aus fremd ist. Das bedeutet aber nicht unbedingt, daß sich Multikulturalität[12] auf den Bereich des Folkloristischen und Kulinarischen beschränken wird, zumal sich auch in der deutschen Mehrheitsgesellschaft zunehmend unterschiedliche Milieus herauszubilden scheinen, die voneinander durch „tiefes Unverständnis" und „fundamentale Gegensätze" geschieden sind.[13] Auch ohne Ausländerzuzug und Präsenz anderer Religionen wachsen die zentrifugalen Kräfte. Die zunehmende kulturelle Ausdifferenzierung mit der Herausbildung von Sub- und Teilkulturen stellt die kulturelle Homogenität ohnehin in Frage. Das Recht von Religionsgemeinschaften, Privatschulen zu unterhalten, mag als ein kleiner Rest eines multikommunalistischen Erziehungssystems gelten. Es fällt auf, daß in Großbritannien auch kleine, umstrittene Gruppierungen dieses Recht erhalten haben: Rajneesh-Anhänger, Familie der Liebe, Ananda Marga, Hare-Krishna-Bewegung, Sahaja Yoga, Vereinigungskirche, Transzendentale Meditation.[14]

Ein Aspekt der durch Einwanderung und Überlagerung bewirkten Begegnung der Religionen und Kulturen ist das Nebeneinander unterschiedlicher Epochen, die „Gleichzeitigkeit des Ungleichzeitigen". Das westliche Christentum wird im Islam nicht nur mit einer anderen Religion, sondern oft auch mit seiner eigenen Vergangenheit konfrontiert.[15] In der New-Age-Bewegung begegnen einander verschiedene Zeiten und Kulturen. Diese kulturellen Unterschiede lösen oft heftigere Kontroversen aus als die religiösen. Kandil[16] weist darauf hin, daß die „große 'kulturelle Distanz', wie sie zwischen einer religiös dominierten, fast 'mittelalterlich' anmutenden Kultur und einer den wechselnden Idealen der Moderne und Postmoderne verpflichteten Kultur besteht, die ... Empathie und Sympathie nicht gerade fördert". Auch wenn der dieser Beurteilung zugrunde liegende Fortschrittsglaube nicht immer deutlich artikuliert wird und vielleicht nicht einmal immer bewußt ist, bildet er doch das Wahrnehmungsmuster nicht nur vieler Religionskritiker, sondern auch vieler der Aufklärung verpflichteten Christen: Begegnung mit fremden Religionen wird weithin als Begegnung mit einer längst überwundenen Vergangenheit empfunden; am deutlichsten bei der Begegnung mit „primitiven" Stammeskulturen und „Urvölkern". (Das unbefangene Nebeneinander von Modernem und Archaischem im heutigen Japan ist hier kaum nachzuvollziehen.) Wo der Fortschrittsglaube nicht nur in Frage, sondern geradezu auf den Kopf gestellt und die Vergangenheit als Goldenes Zeitalter romantisch verklärt wird, liegt ein ähnliches Argumentationsmuster vor: Der in der Moderne verlorene Mensch begegnet in den frühen Kulturen einem heilvollen Zustand, zu dem er tunlichst zurückkehren sollte.

Die Wiederentdeckung der von ihrem Land verdrängten, lange unterdrückten und bis heute marginalisierten Urvölker spielt eine wichtige Rolle bei dem Verlangen nach einer multikulturellen Gesellschaft. Diese Wiederentdeckung hat mit Recht darin ihren Ausdruck gefunden, daß die UNO das Jahr 1993 zum „Jahr der Indigenen Völker" erklärt hat. Viele dieser Urvölker sind ein Beleg dafür, daß die religiös-kulturelle Kluft so groß sein kann, daß alle Bemühungen um kulturelle Integration zum Scheitern verurteilt sind. Auch hier scheint die zeitliche Distanz so groß sein zu können, daß mehr als ein unbehagliches kulturelles Nebeneinander nicht möglich ist.

Die Präsenz außerchristlicher Religionen, vor allem des Islam, hat die Auseinandersetzung über die Demarkation zwischen Religion und Säkularität in der modernen Gesellschaft neu entfacht. Um solche Abgrenzungsprobleme ging es 1989–90 im sog. „Tschador-Krieg". In der Nähe von Paris hatte ein Schuldirektor (mit Namen Ali Boumahdi!) drei muslimische Mädchen der Schule verwiesen, weil sie sich weigerten, während der Schulzeit das Kopftuch abzulegen, das seit der Iranischen Revolution im konservativen Islam zunehmend zu einem islamischen Bekenntniszeichen geworden ist. Das Tragen des Kopftuchs an französischen Schulen war untersagt worden, weil es als Mittel des dort verbotenen „Proselytismus" gewertet wurde. In einem Grundsatzurteil wurde es schließlich doch gerichtlich als zulässig erklärt. Das war eine Entscheidung von erheblicher Tragweite. Im Diskussionspapier der EKD über ›Wanderungsbewegungen in Europa‹[17] heißt es: „Die weltanschauliche Neutralität der öffentlichen Einrichtungen ist der Kern der säkularisierten Gesellschaft und eine der Grundlagen unseres demokratischen Staatsverständnisses. Sie gewinnt in einer religiös pluralen Gesellschaft an Bedeutung." Im „Tschador-Krieg" hat der öffentliche Bereich der Schule vor religiös-kulturellen Ansprüchen ein Stück zurückweichen müssen. „Liberale" französische Muslime, die sog. «Beurs» (Nachkommen muslimischer Einwanderer aus dem Maghreb), hatten sich auf die Seite des säkularen Staates gestellt und davor gewarnt, daß Nachgiebigkeit in dieser Sache die Integration von Muslimen gefährden und die Entwicklung eines modernen französischen Islam behindern könnte. Die Türkei dagegen ist bisher bei ihrem Kopftuch-Verbot an Hochschulen geblieben, nachdem das Obergericht von Ankara entschieden hatte: „Die beim Gebrauch des Kopftuchs, das als unzeitgemäße und religiöse Institution erkannt wird, geltenden Zwänge und Formen sind mit der Gewissens- und Glaubensfreiheit nicht zu vereinbaren."[18] Die Begegnung zwischen traditionellem Islam und laizistischem Staatsideal bringt auf beiden Seiten Probleme hervor.

Die Affäre um Salman Rushdies ›Satanische Verse‹ kann in diesem Zusammenhang nicht unerwähnt bleiben, weil sich in ihr der Konflikt zwischen westlicher Säkularität und Liberalität einerseits und dem Anspruch einer nichtchristlichen Religion auf öffentliche Respektierung andererseits besonders klar spiegelt. Es können hier nur die wichtigsten Daten erwähnt werden[19]: Nachdem am 26. 9. 1988 die englische Übersetzung des Buchs bei Viking erschien, wurde sie bereits zehn Tage später in Indien verboten (in Pakistan ohnehin), nicht zuletzt mit Rücksicht auf den dortigen muslimischen Bevölkerungsanteil. Die islamische Minderheit in England bemühte sich um ein Verbot unter Berufung auf das Gesetz gegen Gotteslästerung und verlangte schließlich dessen Änderung, um auch außerchristliche Religionen einzuschließen. Am 14. 1. 1989 fand in Bradford, einer Stadt mit 14 Moscheen, die den ersten muslimischen Bürgermeister Englands gewählt hatte, die zeremonielle Verbrennung des Buchs statt; etwa zwei Wochen später wurde die verlangte Gesetzesänderung vom Innenminister abgelehnt. Weitere zwei Wochen danach erfolgte die Intervention aus dem Ausland; Ayatollah Khomeini in Teheran gab eine *fatwa* (islamische Rechtsentscheidung) heraus: Die ›Satanischen Verse‹ seien eine Gotteslästerung und der Autor verdiene die Todesstrafe. (Die *fatwa* wurde 1990 und 1993 erneuert.) Ende März des gleichen Jahres protestierten 25000 Muslime in London. Weitere Demonstrationen folgten, bis die letzte im Juni in Gewalt umschlug. Der Bradforder Moscheen-Rat verfolgte die Angelegenheit weiter. Die überwiegend indisch-pakistanische Prägung des Islam in England (auch in Bradford) mag die heftige Reaktion der dortigen Muslime erklären: Die Person des Propheten genießt dort besonders hohe Verehrung, und die langen Auseinandersetzungen mit den Hindus, die zur Teilung Indiens führten, haben so etwas wie ein islamisches Nationalgefühl entstehen lassen. 1992 kam es denn auch zur Gründung eines islamischen Gegenparlaments in England.

Die *fatwa* hat es dem Westen leichtgemacht, sich über den islamischen Fundamentalismus zu entrüsten und den eigentlichen Konflikt um die Frage der Blasphemie zu vergessen. Auch von nichtislamischer Seite wird bestätigt, daß Rushdies ›Satanische Verse‹ auf Muslime blasphemisch wirken müssen. Sie mußten sich dennoch damit abfinden, daß das britische Blasphemie-Gesetz nur den Gott der Christen schützt. In den meisten säkularisierten Ländern des Westens können ohnehin bestenfalls noch religiöse Gefühle verletzt werden, Gotteslästerung als solche stellt aber keinen Straftatbestand dar.

Die Rushdie-Affäre hat sowohl in der britischen Öffentlichkeit als auch in der islamischen Minderheit zum Nachdenken geführt. In der Öffentlichkeit und in kirchlichen Kreisen hat es, neben deutlichen Bekenntnissen zur Pressefreiheit, Bekundungen des Verständnisses für die islamische Reaktion auf die ›Satanischen Verse‹ gegeben. Der Oberrabbiner Schapira sprach sich für ein Verbot der ›Satanischen Verse‹ aus. Der Vatikan wandte sich ebenfalls gegen den Inhalt des Buchs, wies im Blick auf Khomeinis *fatwa* allerdings darauf hin, daß die Heiligkeit des religiösen Gewissens niemals von der Heiligkeit des Lebens absehen dürfe. Gegen Khomeinis *fatwa* sprachen sich umgekehrt auch muslimische Einzelpersönlichkeiten (z. B. der ägyptische Nobelpreisträger Nagib Machfus) und Organisationen aus, z. B. der damalige „Islamrat für die Bundesrepublik Deutschland und Westberlin".

Auch der britische Außenminister mußte sich aus verständlichen Gründen zur Sache äußern. Nachdem bereits im Februar 1989 der Erzbischof von Canterbury Stellung genommen hatte, führten kirchliche und interreligiöse Organisationen Seminare durch. Der anglikanische Bischof von Bradford, der sich schon in den Jahren zuvor um interreligiöse Zusammenarbeit bemüht hatte, führte im ganzen Jahr 1989 Gespräche mit muslimischen und staatlichen Stellen, darunter im Juli, zusammen mit den beiden Erzbischöfen, einen Dialog mit Muslim-Führern im Lambeth-Palast. Eine muslimisch-christliche Arbeitsgruppe wurde gebildet, „um Möglichkeiten zu untersuchen, wie das Gesetz gebraucht werden kann, um mit Vorfällen umzugehen, in denen die Gefühle religiöser Gläubiger verletzt worden sind".

Diese kurze Chronik der Ereignisse demonstriert, wie schnell ein scheinbar geringfügiges Ereignis, wenn es interreligiöse und interkulturelle Sensibilitäten berührt, sich zu einer Staatsaffäre auswachsen und die Gesellschaft vor Fragen stellen kann, die im Verhältnis zwischen westlicher Christenheit und dem säkularen Staat längst als erledigt gegolten haben. Sie zeigt auch, wie wichtig es für kirchliche Stellen ist, auf interreligiösem Feld vorbereitet zu sein, Vertrauen erworben zu haben und Mittlerdienst leisten zu können zwischen der säkularisierten Gesamtgesellschaft und nichtchristlichen religiösen Minderheiten, die sich in der neuen Umgebung noch nicht zurechtgefunden haben.

Letztlich geht es natürlich um grundlegende Fragen nicht nur nach dem Verhältnis zwischen Religion und säkularer Gesellschaft, Kirche und Staat, sondern auch nach dem Geltungsbereich religiöser, speziell christlicher Wahrheit überhaupt. Im Zusammenhang mit der Rushdie-Affäre hat Lesslie Newbigin, früherer Bischof der Kirchen von Südindien in Madras, über das Evangelium als öffentliche Wahrheit ("the gospel as public truth") reflektiert und Zweifel angemeldet, ob Muslime wirklich verpflichtet sind, sich in allem an die zum Dogma erhobene säkulare Ideologie des Westens anzupassen: „Wenn ich richtig verstanden habe, was muslimische Eltern sagen, so meinen sie, daß ihre Kinder in unseren Schulen gelehrt werden, herabzublicken statt aufzublicken, die Ursachen der Dinge zu untersuchen, aber die eine Ursache zu ignorieren, von der sie herkommen und für die sie geschaffen worden sind. Sie werden nicht unterrichtet über den Zweck des menschlichen Lebens, nämlich aufzublicken zu Gott als dem Ziel des Menschen. Ich kann verstehen, warum Muslime nicht da hinein 'assimiliert' werden wollen. Und ich möchte wissen, warum Christen damit einverstanden sind. Muslime und Christen teilen den gemeinsamen Glauben, daß das Leben nicht verstanden und geführt werden kann ohne Bezugnahme auf Gott. Christen müssen die Herausforderung begrüßen, die Muslime an unser Glaubenssystem richten ..."[20] (Damit meint Newbigin nicht das christliche Glaubenssystem, sondern die kulturellen „Dogmen" der Neuzeit.)

Im Zusammenhang mit dem Thema „Islam und Menschenrechte" werden sich noch einmal ähnliche Fragen stellen. Nicht die Säkularisation als solche, wohl aber ihre geschichtlich und kulturell bedingte westliche Eigenart muß zur Diskussion gestellt werden können. Muß das Verhältnis, genauer gesagt: die Demarkationslinie zwischen Religion und Gesellschaft, wie sie sich auf abendländischem Boden entwickelt hat, wirklich das letzte Wort in dieser Sache sein? Darf westliche Säkularisierung sich als das eine und einzige Modell von Säkularisierung verstehen? Muß es nicht einen Dialog darüber geben können, wie wohlverstandene und theologisch legitime Säkularisierung aus der Sicht unterschiedlicher Kulturen und Religionen aussehen darf? Wo liegt der auch christlicherseits ernstzunehmende Wahrheitskern islamisch verstandener Einheit (Tauhid) oder archaisch verstandener Ganzheitlichkeit?[21]

J. Nielsen hat in ›Europäische Muslime in einem neuen Europa?‹ einige einleuchtende Schlußfolgerungen formuliert: „Unterschiedliche Menschen tun Dinge auf unterschiedliche Weise, und in einer pluralen Gesellschaft muß es mehr Raum für solche Unterschiede geben, als die traditionelle Einheit von Nation, Staat und Kultur zuläßt. Gerechtigkeit kann mehrere Gesichter haben. Es muß möglich sein, Optionen zu öffnen für unterschiedliche Formen von Familienleben, von Geschäftsbeziehungen, von erzieherischen Prioritäten ... Die Gefahr sozialer Desintegration kann jedoch nicht ignoriert werden. Verschiedenheit und Pluralität, besonders religiöser Art, sind in der Geschichte eher destruktiv als konstruktiv gewesen ... In Europa neigten wir dazu, den Konsens in übergreifenden institutionellen Rahmenwerken und in einem grundlegenden Kern gemeinsamer kultureller Inhalte und nationaler Identität zu finden. Diese Art von Konsens muß nicht die einzige sein. Es ist gleichermaßen möglich, sich einen sozial verbindenden Konsens vorzustellen, der auf bestimmte Weisen interkultureller und interreligiöser Beziehungen gegründet ist. Was die verschiedenen Kommunitäten zusammenhalten würde, ist eine Kombination von gegenseitiger Annahme und von Verpflichtung zu wechselseitigem Respekt. Das würde eine Änderung der Haltung auf allen Seiten erfordern ..."[22]

### *3. Die Aufgabe der Kirche*

Welches ist die Rolle der Kirche in der Begegnung mit fremden Kulturen und von diesen geprägten Religionen bzw. mit den fremdreligiösen Elementen, die in der Begegnung der Religionen eine so problematische Rolle spielen können? Christentum und Kirche sind von ihrem Anfang und Ursprung her eine transkulturelle Größe, mehr als die meisten anderen Religionen. Das Überschreiten und Überwinden von Kulturgrenzen ist in den Evangelien, der Apostelgeschichte und anderen neutestamentlichen Schriften ein zentrales Thema. Das gemeinsame Christsein ist, neben dem gemeinsamen Menschsein, ein gemeinschaftsstiftendes Element über alle Kulturgrenzen hinweg. (Nach Presseberichten setzten einige Asylbewerber aus Ghana ihre Akzeptierung in einem bayerischen Dorf durch, indem sie als Katholiken an der sonntäglichen Messe teilnahmen.) Daß das Evangelium immer nur in inkulturierter bzw. kontextualisierter Gestalt begegnet, ist eine Einsicht, die von jedem aufmerksamen Bibelleser nachvollzogen werden kann. Umgekehrt transzendiert das Evangelium alle Kulturen, es geht in keiner Kultur auf.

Mit Recht wird betont, daß Inkulturation immer eine doppelte Bewegung impliziert: Das Christentum muß in die jeweilige Kultur eingehen, es muß sie aber auch transformieren und „heiligen".[23] Mißlingt die zweite Bewegung, so gerät das Christentum bzw. seine jeweilige konfessionelle Form in kulturelle Gefangenschaft. Es wird fundamentalistisch, nationalistisch usw. instrumentalisiert und mißbraucht. Zwar kann und darf das Christentum, wie jede andere Religion, unter bestimmten Bedingungen zu einem Mittel kultureller Selbstbehauptung werden, es darf aber nicht zur Legitimierung von Herrschaftsansprüchen mißbraucht werden.

Dazu gehört die Bereitschaft, unüberbrückbar erscheinende kulturelle Unterschiede im Wissen um das gemeinsame Menschsein und, im Rahmen der Kirche, um die gemeinsame Gotteskindschaft auszuhalten, die eigene Kultur nicht zu vergötzen, sondern vielmehr die Spannung zwischen christlicher Identität und partikularer kultureller Identität auszuhalten. Kulturelle Identität ist im Sinne von 1. Kor. 7 als *Klesis,* als Ort der Berufung zu verstehen. Die Verse 17–23 paraphrasierend kann für den transkulturellen Charakter der Kirche formuliert werden: Der Christ soll diejenige kulturelle Identität ausleben, in der Gottes Ruf ihn getroffen hat. Er soll nicht aussteigen und nach einer anderen suchen. Aber nicht auf die kulturelle Identität kommt es an, sondern darauf, Gottes Gebote zu halten. Der vom Herrn berufene Einheimische ist ein Ausländer dieses Herrn; und der berufene Ausländer ist einheimisch beim Herrn. Ihr seid teuer erkauft, seid nicht eurer Kultur hörig! – Auf dieser Basis können Menschen, wo das gegeben ist, in der Gemeinschaft der Kirche zusammenbleiben.

Für den Umgang mit der inter- und multikulturellen Thematik ist eine Theologie der Kultur notwendig, die gleichermaßen vor Verachtung wie vor Vergötzung der Kultur bewahrt. Solch eine Theologie kann nur trinitarisch sein. Sie muß bereit sein, das Wirken des Schöpfers in den Kulturen ernst zu nehmen. Was die Studie der VELKD und AKf ›Religionen, Religiosität und christlicher Glaube‹[24] von den Religionen sagt, gilt in ähnlicher Weise auch für die Kulturen: „Auch in den Religionen und hinter ihnen taucht Gott in seinem Welthandeln auf mit dem Ziel, daß die Menschheit ihn findet. Gott steht mit seiner Gottheit im Zielpunkt aller Religionen ... [z]ugleich verkehren die Menschen das Handeln Gottes nach ihrem Willen." Wo die Vielfalt der Kulturen als Gottes Gabe ernst genommen wird, wird Respekt vor der eigenen wie vor fremden Kulturen möglich, auch für Kulturen, die nicht auf dem Boden des historischen Christentums gewachsen sind.

# XII. ISLAM UND MENSCHENRECHTE

## *1. Menschenrechte als Thema des christlich-islamischen Dialogs*

Toleranz und Dialogbereitschaft in der Begegnung der Religionen und Kulturen stoßen häufig dort an ihre Grenzen, wo es um die Durchsetzung der Menschenrechte geht. Stolpersteine auf dem Weg des Dialogs sind gegenwärtig weniger einzelne Glaubensinhalte als das, was im Westen als Recht auf körperliche Unversehrtheit, auf Gleichberechtigung der Frau usw. sich durchgesetzt hat. Es gehört zum gebotenen interreligiösen Realismus, im Dialog nicht nur Gemeinsamkeiten in der Gottesvorstellung und anderen religiösen Inhalten zu konstatieren, sondern die Spannungen dort, wo sie das reale Leben beeinflussen, ins Auge zu fassen.

Soweit Menschenrechtsverletzungen einfach Verstöße gegen bestehende Gesetze sind, die auch in anderen Kulturen und Religionen verurteilt werden, stellen sie kein interkulturelles und interreligiöses Problem dar. Sind sie jedoch durch Brauchtum und Religionsgesetze sanktioniert, stehen also Menschenrechte und Religionsgesetz in Konflikt miteinander, so entstehen verschiedene Probleme:

Für die betroffenen Religionen stellt sich die Frage, wer von beiden das letzte Wort behält. Damit bricht zugleich der religionsinterne Konflikt zwischen Reformern, Traditionalisten und „Fundamentalisten" über die Frage auf, ob das Religionsgesetz dem Wandel der Zeiten angepaßt werden muß oder umgekehrt.

Die westliche Christenheit sieht sich in die Spannung gestellt zwischen zwei Forderungen: auch über den eigenen Bereich hinaus sich für die Verwirklichung von Menschenrechten einzusetzen und doch anderen Religionen und Kulturen in der Haltung des Dialogs mit Respekt zu begegnen. Sie muß zwischen der Szylla des Kulturimperialismus und der Charybdis des Kulturrelativismus hindurchsteuern.

Der Islam als Religion der „Rechtleitung" *(huda)* hat in der Scharia ein Instrument entwickelt, um menschliches Handeln am Willen Gottes auszurichten. Über die Freiheit, die Scharia dem Wandel der Zeit anzupassen und neu auszulegen, gibt es zwischen den Rechtsschulen (vier sunnitischen sowie der schiitischen) Differenzen. Die

Geltung der Scharia als solcher wird aber von keiner angetastet. Die mit der Modernisierung auftretenden neuen ethischen und sozialethischen Fragen müssen von den zuständigen Autoritäten durch neue Rechtsentscheidungen *(fatwa)* geregelt werden. Das geschieht dann auch laufend, wobei die Elastizität islamischer Rechtsauslegung unter Beweis gestellt wird. Die Forderung nach Durchsetzung der Menschenrechte jedoch stellt den Islam vor die Entscheidungsfrage nach der letzten Autorität in solchen Fragen und vor eine Fülle von Einzelproblemen. Nichtmuslime mögen sich an der Diskussion über die Vereinbarkeit von Islam und Menschenrechten beteiligen; entschieden werden mußt die Frage vom Islam selbst.

Auch andere Religionen haben ihre Probleme mit diesem Thema. Der Hinduismus, als Hort religiöser Toleranz auch unter Christen hochgeschätzt, gerät als Dialogpartner ins Zwielicht, wenn die Stellung der Kastenlosen in der indischen Gesellschaft oder der Frau in der indischen Familie und deren religiöse Sanktionierung zum Thema wird. Vor allem diejenigen Kastenlosen, die sich als „Dalits“, als „Unterdrückte“ organisiert haben,[1] machen den Hinduismus für ihr gesellschaftliches Elend verantwortlich und protestieren dagegen, daß die Kirche mit den höheren Kastenhindus Dialog führt, ohne ihre Forderung nach Solidarisierung zu erfüllen. Hindus können zwar auf Wandlungsprozesse in ihrer Gesellschaft hinweisen und ungerechtfertigte Schwarzweißmalerei zurückweisen, nicht aber die Dringlichkeit des Themas leugnen. Auch jüdische Rabbiner haben gegen die Geltung der Menschenrechtskonvention im Staat Israel Bedenken angemeldet und Zweifel an dessen Vereinbarkeit mit dem jüdischen Religionsgesetz geäußert. Auch hier geht es vor allem um die Stellung der Frau.[2] Es ist also nicht nur der Islam, der sich im Blick auf die Menschenrechte westlicher Kritik stellen muß.

Die Scharia befaßt sich nicht nur mit Problemen des Strafrechts, wobei die umstrittenen Körperstrafen eine Rolle spielen, und mit dem Familienrecht, wo es u. a. um die Rechte der Frau geht, sondern regelt auch Fragen der Religion, insbesondere die Stellung religiöser Minderheiten. Die Diskriminierung christlicher und anderer Minderheiten in vielen islamischen Ländern belastet den christlich-islamischen Dialog erheblich und ist deshalb oft mehr als zuträglich verschwiegen worden. Andererseits wird sie in der innerkirchlichen Diskussion darüber nicht selten dazu mißbraucht, diesen Dialog überhaupt in Frage zu stellen. Es dürfte jedoch einen breiten Konsens darüber geben, daß die Behandlung christlicher Minderheiten kein Maßstab für christliches Verhalten gegenüber muslimischen Minderheiten sein kann, daß man dieses Thema aber auch nicht um des lieben Friedens willen ausklammern darf.

Das Menschenrechtsproblem darf nicht im Geist der Konfrontation zwischen Christen und Muslimen behandelt werden. Die Studie ›Christen und Muslime vor der Herausforderung der Menschenrechte‹, verfaßt von J. Schwartländer und H. Bielefeldt und herausgegeben von der Wissenschaftlichen Arbeitsgruppe für weltkirchliche Aufgaben der katholischen Deutschen Bischofskonferenz, stellt diese Thematik mit Recht in ein Dreiecksverhältnis zwischen Christentum, Islam und Moderne hinein: „Es ist somit eine doppelte Vermittlungsaufgabe zu leisten: zum einen die Verständigung zwischen Christen und Muslimen, die ihr Zentrum im theologischen Glaubensdialog hat; zum anderen die Suche nach einem Brückenschlag zwischen dem Traditionsbewußtsein des Christentums bzw. des Islams hier und dem Freiheitswillen im Menschenrechtsdenken der Moderne dort."[3] Beide Religionen haben ursprünglich mit Abwehr auf die Menschenrechtsbewegung geantwortet, nicht zuletzt die katholische Kirche, wie die beiden Autoren ausdrücklich zugestehen. Auch hier wirkt sich die „Gleichzeitigkeit des Ungleichzeitigen" aus. Ob und inwieweit das traditionelle Denken aller Religionen in Begriffen von Pflicht und Verantwortung sie daran gehindert hat, den Ansatz des Menschenrechtskonzepts bei den Rechten des Individuums zu akzeptieren, mag dahingestellt bleiben.

Die Kontroverse über die Geltung der Menschenrechte vollzieht sich auch innerhalb des Islam selbst, so daß der Dialog mit Muslimen über diese Frage auch immer eine Parteinahme für die eine oder andere Seite einschließt. Der ägyptische Träger des Nobelpreises für Literatur Nagib Machfus hat 1989 in einem SPIEGEL-Interview geäußert: „Die Menschenrechte haben nichts mit dem zu tun, was einige Kritiker Kulturimperialismus oder kulturelle Invasion nennen."[4] Besonders prononciert hat Bassam Tibi die Position des liberalen Islam vertreten und die Unvereinbarkeit des traditionellen (nicht nur des fundamentalistischen!) Islam mit dem modernen Menschenrechtsverständnis formuliert: „Im wesentlichen ist es die im kulturellen System des Islam vorherrschende kosmologische Weltsicht, die verändert werden muß. Es handelt sich nicht um ein Problem der Relativität lokaler Kulturen. Es handelt sich vielmehr um ein Problem der vorherrschenden vormodernen Werte und ihre Einordnung der Menschen, in der das Kollektiv (nicht das Individuum) und die Pflichten (nicht die Rechte) den höchsten Rang einnehmen ... Die jüngst entwickelten islamischen Menschenrechtskonzeptionen tragen eher zu einer Vernebelung als zu einer Klarstellung der Konflikte bei. Diese Ansätze verdecken die Unvereinbarkeit von Individuum- und Kollektiv-zentrierten Ansätzen in den westlichen und islamischen Menschenrechtskonzeptionen ... Die vorherrschende islamische Sicht der Welt bildet den entscheidenden kulturellen Unterbau für die Schwierigkeiten des Islam mit dem modernen Konzept der Menschenrechte. Solange sie fortbesteht, dauert der Konflikt zwischen Islam und Menschenrechten fort."[5]

Auch Wolfgang Huber wertet Konzessionen an den traditionellen Islam im Bereich von Menschenrechtsforderungen als unerlaubten postmodernen Kulturrelativismus: „Deshalb ist es nicht etwa ein Verstoß gegen die Grundregeln der Multikulturalität, sondern ein notwendiges Thema der Verständigung über die Minimalbedingungen einer Rechtsgemeinschaft, wenn beispielsweise die Beschneidung von arabischen Mädchen als Verstoß gegen deren körperliche Integrität empfunden und deshalb in Frage gestellt wird, oder wenn die Forderung nach rechtlicher Anerkennung der Polygamie mit der Begründung zurückgewiesen wird, daß diese Lebensform auf einer systematischen Diskriminierung von Frauen beruht. Insgesamt zeigen sich Notwendigkeit und Schwierigkeiten des Konsenses über die elementaren Regeln einer Rechtsgemeinschaft exemplarisch an der Entwicklung der Menschenrechte."[6]

Aber auch H. Bielefeldt muß man zustimmen, wenn er schreibt: „Niemand kann eine gleichsam transkulturelle Schiedsrichterrolle in den interkulturellen Auseinandersetzungen unserer Tage für sich beanspruchen. Ausgangspunkt jeder Menschenrechtsbegründung kann daher nur die je eigene Kultur sein, die den umfassenden Verstehenshorizont auch der normativen Ansprüche von Moral und Recht darstellt. Dieser Horizont ist freilich nicht geschlossen, sondern offen ..."[7] Damit ist die schwierige Aufgabe beschrieben: Zwischen Kulturimperialismus und Kulturrelativismus hindurch muß dem Islam geholfen werden, aus eigenen Quellen zur Bejahung und zu einem eigenen Verständnis der Menschenrechte zu finden.

Andererseits werden die Situation der Dritten Welt und die Besonderheit ihrer Kulturen das traditionelle Menschenrechtsverhältnis des Abendlandes nicht unberührt lassen. Es kann hier nur am Rande auf die Debatte über die Menschenrechte der „zweiten Generation" (soziale Menschenrechte) und der „dritten Generation" (kollektive Rechte von Völkern und Staaten) hingewiesen werden. Als Ergebnis dürfte schon jetzt feststehen, daß unter Menschenrechten nicht nur individuelle bürgerliche Freiheitsrechte gegenüber dem Staat zu verstehen sind. Mit Recht richtet sich der Einspruch aus den nichtwestlichen Kulturen gegen den einseitigen Individualismus der Moderne, der bei der Ausbildung der Menschenrechte eine wesentliche, aber nicht alleinige Rolle gespielt hat. Aus der Tradition des malaysischen Islam hat Shamsul A. Baharuddin von der unvermeidlichen „kulturellen Konditionierung der Menschenrechte" gesprochen und geäußert: „Es ist dringend erforderlich, neben den Menschenrechten auch den wirtschaftlichen und sozialen Rechten der armen Bevölkerung Asiens gleichermaßen Beachtung zu schenken ... In diesem Sinne läuft das Menschenrechtsverständnis des Westens den Interessen der Menschen in der Dritten Welt zuwider, da das Menschenrechtskonzept des Westens um das Individuum kreist, wogegen sich das Rechtsverständnis in Asien in erster Linie auf das Kollektiv, die Gemeinschaft und den Staat stützt."[8]

Wenn B. Tibi in der oben zitierten Äußerung die „Unvereinbarkeit von Individuum- und Kollektiv-zentrierten Ansätzen in den westlichen und islamischen Menschenrechtskonzeptionen" geltend macht und vor einer „Vernebelung" dieses Sachverhalts warnt, so trifft er gewiß die gegenwärtige Stimmung der Auseinandersetzung zwischen liberalen und „fundamentalistischen" Muslimen, in der es in der Tat um ein Entweder-Oder geht. In vielen asiatischen Ländern stehen sich individuelle Menschenrechte und die Ansprüche nicht nur der islamischen, sondern auch der konfuzianischen bzw. kommunistischen Ethik unversöhnlich gegenüber.[9] Der Kampf um die Menschenrechte und deren Durchsetzung wird ein wichtiger Faktor weltweiter gesellschaftlicher Veränderung bleiben. Andererseits ist noch längst nicht entschieden, ob die Menschheit einen Lebensstil wird aushalten können, der sich aus der Summe individueller Rechtsansprüche ergibt. Bei allem notwendigen Engagement für die Rechte des Individuums sollte jedenfalls vermieden werden, dem islamischen Fundamentalismus einen westlichen Fundamentalismus der individuellen Menschenrechte entgegenzustellen.

Keinesfalls darf die abendländische Geschichte selbstgefällig als Freiheitsgeschichte dargestellt und anderen Religionen und Kulturen die Freiheitsfähigkeit von vornherein abgesprochen werden. „Menschenrechte sind nicht einfach ein selbstverständlicher 'Bestandteil' westlich-moderner Fortschrittsgeschichte, sondern stehen oftmals eher in Widerspruch zu dieser. Denn sie signalisieren vor allem auch die spezifischen *Krisen* der modernen Welt ... Der Geschichte der Menschenrechte liegt primär nicht optimistischer Fortschrittsglaube, sondern die Erfahrung konkreter Not zugrunde ..."[10]

## *2. Die innerislamische Diskussion über die Menschenrechte*

Was die innerislamische Diskussion betrifft, so hat sie gerade erst begonnen und muß sich in einem ungünstigen geistig-religiösen Klima mühsam entfalten. Neben Traditionalisten und Islamisten haben sich auch moderne Muslime zu Wort gemeldet: Mohamed Talbi und Mohamed Charfi aus Tunesien, Ali Merad aus Algerien, Abduhhahi Ahmed An-Naʿim, der in Paris lehrende Mohammed Arkoun u. a. m. Erste Ergebnisse kann man bei Schwartländer/Bielefeldt und Peter Heine[11] nachlesen. Keine Schwierigkeiten hat der Islam mit der Begründung der Menschenwürde aus dem Koran. Nach Sure 2,30 ist der Mensch vor der gesamten Schöpfung durch seine Stellung als „Statthalter *(khalif)* Gottes" ausgezeichnet. Die Engel haben sich auf Geheiß Gottes vor Adam niedergeworfen (2,34). Nur der Mensch war nach Sure 33,72 bereit, das „Vertrauenspfand" *(amana)* von Gott anzunehmen. Umstritten bleibt aber das Verhältnis zwischen Gottesrechten und Menschenrechten. Die konservative Position hält daran fest, daß die Freiheit des Individuums ihre Grenze nicht erst bei der gleichen Freiheit des anderen findet, sondern an der unantastbaren Wahrheit der göttlichen Offenbarung. Dem islamischen Staat schreibt sie überdies die Aufgabe zu, den sündigen Menschen durch staatliche Machtmittel vor Irrtum und Laster zu bewahren. Es gibt aber auch, sogar im schiitischen Iran, Gegenpositionen, die die Konkurrenz von Gottesrechten und Menschenrechten ablehnen.

Die Stellung der Frau im Koran, ursprünglich eine Verbesserung im Vergleich zur damaligen Situation, läßt sich mit der modernen Idee der Gleichberechtigung nicht vereinbaren. Die Verschleierung, im Koran nicht eindeutig verlangt und ursprünglich auch eher kulturell bedingt, gilt heute weithin als Bekenntniszeichen zum Islam. Weder die islamische Apologetik, die Konflikte dieser Art gern leugnen möchte, noch die pauschale Verdächtigung, Islam und Menschenrechte seien prinzipiell unvereinbar, haben recht. Niemand ist gegenwärtig in der Lage, zuverlässige Prognosen über die Wandlungsfähigkeit des Islam abzugeben. Vor allem Vertreter des westlichen Islam weigern sich, ihre Religion als wandlungsunfähig zu betrachten. „Die islamische Gemeinde ist eben nicht nur Empfänger und Objekt der Offenbarung. Sie ist vielmehr gleichzeitig aufgerufen, das Gotteswort durch die Geschichte zu tragen und es jeweils im Lichte ihrer Erfahrungen und Bedürfnisse neu zu interpretieren", meint Muhammad Salim Abdullah.[12]

Zu den Menschenrechten gehört auch die Religionsfreiheit. Auch in dieser Hinsicht kann der Islam auf große geschichtliche Leistungen zurückblicken und steht heute doch unter Rechtfertigungsdruck. Die koranische Aussage (2,256) „Es gibt keinen Zwang in der Religion" steht nicht allein, sondern im Zusammenhang anderer Aussagen aus Koran und Tradition über die bedingte Duldung anderer Schriftreligionen und Nichtduldung des schriftlosen Heidentums. Die islamische Auffassung und deren wechselnde praktische Umsetzung können hier in ihrer ganzen Kompliziertheit nicht dargestellt werden. Nur einige wesentliche Punkte seien genannt:

– Die relative Duldung anderer monotheistischer Religionen, sofern sie sich auf eine Offenbarung im islamischen Sinne berufen können, muß, selbst bei großzügiger Anwendung, nach den Maßstäben des heutigen Menschenrechts als Diskriminierung gelten und stellt keine Religionsfreiheit im modernen Sinn dar. Faktisch haben sich die Verfassungen der meisten islamischen Länder davon auch distanziert. Im Zivilrecht (Eherecht, Erbrecht usw.) wirken sie aber vielfältig nach.

– Diese Duldung gilt überdies nur den vorislamischen Religionen. Nachislamische Neubildungen, ob Neureligionen wie die der Baha'i oder „Sekten" wie die Ahamadiyya haben in diesem System keinen legitimen Platz und werden in islamischen Staaten denn auch immer wieder Gegenstand besonders heftiger Verfolgung. Das gilt besonders für die Ursprungsländer der beiden genannten Neubildungen, Iran und Pakistan.

– Der Islam betrachtet Apostasie als schweres Verbrechen und hat sie traditionell mit der Todesstrafe geahndet. Gegenwärtig gilt diese zwar nur noch in einigen Staaten wie Iran, Mauretanien, Sudan und Saudi-Arabien. Rechtliche Sanktionen werden aber auch in anderen Staaten verhängt. Der Apostat gilt zivilrechtlich als tot.[13] Die Todesstrafe für den Abfall vom Islam wird nicht nur von fundamentalistischen Kreisen gefordert, sondern auch von der Al-Azhar-Universität, der Hochburg der sunnitischen Orthodoxie.

Alle diese Probleme zeigen sich auch bei den islamischen Menschenrechtserklärungen. In einem längeren vorbereitenden Prozeß einigte man sich auf fünf Menschenrechte: auf Leben, auf Religion, auf Verstand (d.h. Freiheit des Denkens und der Meinungsäußerung), auf Familie und auf Besitz. 1981 hat dann der „Islamrat für Europa" eine ›Allgemeine Islamische Menschenrechtserklärung‹ vorgelegt, 1990 folgte „die Organisation der Islamischen Konferenz", ein Zusammenschluß islamischer Staaten, mit der Kairoer ›Erklärung der Menschenrechte im Islam‹.[14] Die Unterzeichner möchten, wie es in der Einleitung heißt, „einen Beitrag zu dem Bemühen leisten, die

Menschenrechte zu sichern, den Menschen vor Ausbeutung und Verfolgung zu schützen und seine Freiheit und sein Recht auf ein würdiges Leben in Einklang mit der islamischen Scharia zu bestätigen ... Sie glauben, daß die grundlegenden Rechte und Freiheiten im Islam ein integraler Bestandteil der islamischen Religion sind und daß grundsätzlich niemand das Recht hat, sie ganz oder teilweise aufzuheben, sie zu verletzen oder zu mißachten, denn sie sind verbindliche Gebote Gottes, die in Gottes offenbarter Schrift enthalten und durch Seinen letzten Propheten überbracht worden sind, um die vorherigen göttlichen Botschaften zu vollenden. Ihre Einhaltung ist deshalb ein Akt der Verehrung Gottes und ihre Mißachtung oder Verletzung eine schreckliche Sünde, und deshalb ist jeder Mensch individuell dafür verantwortlich, sie einzuhalten – und die Umma trägt die Verantwortung für die Gemeinschaft."

Die Vorordnung des Islam und speziell der Scharia wird auch in den einzelnen Artikeln durchgehalten. Zunächst werden alle Menschen als eine Familie bezeichnet, deren Mitglieder durch die Unterwerfung unter Gott vereint sind. Das Recht auf Leben und körperliche Unversehrtheit wird proklamiert. Es ist verboten, dieses Recht zu verletzen, „außer wenn ein von der Scharia vorgeschriebener Grund vorliegt" (Art. 2). In Art. 4 folgt das Recht des Menschen auf „den Schutz seines guten Rufs und seiner Ehre zu Lebzeiten und auch nach dem Tod". Art. 5 behandelt „das Recht, zu heiraten" und stellt die Familie als Keimzelle der Gesellschaft und die Ehe als Grundlage ihrer Bildung hin. In Art. 6 wird die Frau als „dem Mann an Würde gleich" bezeichnet und der Ehemann für den Unterhalt der Familie verantwortlich gemacht. Besonderen Schutz genießen nach Art. 7 „das Kind im Mutterleib und die Mutter". Art. 9 garantiert das Recht des Menschen auf „sowohl religiöse als auch weltliche Erziehung" durch Familie, Schule, Universitäten, Medien usw., die zusammen dafür sorgen, „daß sein Glaube an Gott gestärkt wird ...".

Art. 10 kann, wie Schwartländer/Bielefeldt (S. 29) mit Recht feststellen, als verkapptes Apostasieverbot aufgefaßt werden: „Es ist verboten, irgendeine Art von Druck auf einen Menschen auszuüben oder seine Armut oder Unwissenheit auszunutzen, um ihn zu einer anderen Religion oder zum Atheismus zu bekehren." Kolonialismus ist nach Art. 11 als „eine der schlimmsten Formen der Sklaverei" absolut verboten. Freizügigkeit des Wohnorts und Asyl werden nach Art. 12 „innerhalb des Rahmens der Scharia" gewährt. Art. 13 und 15 garantieren das Recht auf Arbeit und Eigentum, Art. 17 das Recht, „in einer sauberen Umgebung zu leben, fern von Laster und moralischer Korruption". Die Alleingeltung der Scharia für das Strafrecht betont Art. 19: „Über Verbrechen oder Strafen wird ausschließlich nach den Bestimmungen der Scharia entschieden." (Das ist für das Problem der in der Scharia vorgeschriebenen Körperstrafen wichtig, das hier nicht behandelt werden kann.) Das Recht des Menschen auf freie Meinungsäußerung gilt nach Art. 22 auch nur, „soweit er damit nicht die Grundsätze der Scharia verletzt". Der abschließende Art. 25 bekräftigt noch einmal: „Die islamische Scharia ist die einzig zuständige Quelle für die Auslegung oder Erklärung jedes einzelnen Artikels der Erklärung." C. Lienemann-Perrin hat in ihren Erläuterungen zur Kairoer Erklärung in den CIBEDO-Beiträgen mit Recht geschrieben: „Gegenüber einem Staat, der die Scharia achtet und so weit die politische Organisation der Umma verkörpert, hat der einzelne keine Abwehrrechte."

## *3. Islam und Grundgesetz*

Im Verhältnis zur islamischen Staatengemeinschaft ist die Menschenrechtsproblematik also keinesfalls gelöst. Wie aber verhält es sich mit der islamischen Diaspora, die außerhalb des „Hauses des Islam" in jenem Bereich lebt, der im traditionellen Islam als „Haus des Krieges" oder, zwischen beiden, als „Haus des Vertrags" bezeichnet wurde? Tarek Mitri, ein libanesischer Soziologe und im ÖRK zuständig für christlich-islamische Beziehungen, dürfte mit der Feststellung recht haben, der traditionelle Islam habe für die Definition von Gebieten außerhalb des islamischen Bereiches keine Lösung. „Sind Muslime, die in Europa leben, noch unter der Jurisdiktion der *umma?* Oder unter der Jurisdiktion des Staates, in dem sie leben? Ist *umma* eine persönliche oder eine territoriale Konzeption? In anderen Worten: Besteht sie aus allen Muslimen, wo immer sie sind, oder aus Ländern, in denen Muslime an der Macht sind? Diese Fragen sind von den Traditionalisten nicht gelöst worden."[15] Von Muslimen in Deutschland wird darauf hingewiesen, daß in der Bundesrepublik die hanafitische Rechtsschule des sunnitischen Islam vorherrschend ist. „Nach ihrer Auffassung ist ein Staat, der den Moslems Rechtssicherheit gewährleistet, nicht islamfeindlich, und die Moslems schulden ihm schon allein aus diesem Grund Loyalität und die Einhaltung der Gesetze."

So heißt es in einer Stellungnahme ›Islam und Grundgesetz‹, die von der Vertretung des Islamischen Weltkongresses in der Bundesrepublik und der Deutschen Sektion des Islamischen Weltkongresses am

24. 9. 1989 verabschiedet wurde.[16] Es ist bezeichnend, daß diese Stellungnahme keine allgemein islamische Position formuliert, sondern zwei Positionen, nämlich die der Islamisten (bzw. Fundamentalisten) und der „Liberalen“ referiert. Umstritten sei, wie die Scharia auf der Ebene des Verfahrens anzuwenden sei. Die islamistische Position strebe die Wiederherstellung des Gesellschaftsmodells der islamischen Frühzeit an, notfalls müsse es der heutigen Gesellschaft gewaltsam „übergestülpt“ werden. Diese Forderung werde auch für die Bundesrepublik Deutschland erhoben. Solange diese Islamisierung der ganzen Nation nicht verwirklicht ist, solle freilich nur das „islamische Ghetto“ der Scharia als Gruppen- und Minderheitenrecht unterworfen werden. (In einem Faltblatt des Islamischen Zentrums Hamburg über die Einheit von Religion und Politik heißt es denn auch unverblümt: „Die Prinzipien des Glaubens können ohne politische Ordnung überhaupt nicht verwirklicht werden.“)

Auch die „Liberalen“ (zu denen sich sicher auch die Autoren der Stellungnahme zählen) glauben, daß es dem Islam darum gehen muß, „die Rechte Gottes auf Erden zu wahren“ und sich „an den Grundwerten und Grundnormen der Scharia zu orientieren“. Sie unterscheiden zwischen unveränderlichen islamischen Grundwerten und veränderlichen Grundnormen, „die in einem jeweiligen historischen und sozialen Umfeld der Konkretisierung bedürfen“. (Es könnte noch eine dritte, in ihrer Auswirkung ähnliche Position hinzugefügt werden, die von einer eingeschränkten Geltung der islamischen Rechtstradition im Ausland ausgeht.)[17] Diese Position biete den Diaspora-Muslimen einen „fruchtbaren Ansatz, um sich nicht nur in die Gesellschaft einzugliedern, sondern auch einen originären islamischen Beitrag zu ihrer Weiterentwicklung zu leisten“. Am Ende dieses Prozesses stünden notwendigerweise die Rechtssetzungen eines säkularen Staates, nicht aber die Anwendung der Scharia durch muslimische Entscheidungsträger. Sie erlaube Integration in die Gesellschaft ohne Assimilierung. Die Stellungnahme beruft sich ausdrücklich darauf, daß die Verfassung der Bundesrepublik die „Bedeutung der Religionsgemeinschaften und ihren Beitrag zur Verankerung von sozialethischen Grundwerten und Grundnormen in der Gesellschaft für die politische und gesellschaftliche Stabilität anerkennt“.

Auf dieser Basis wird Integration und Übergang zur multikulturellen Gesellschaft gefordert, die Anpassungen und Veränderungen bei der Mehrheit wie bei der Minderheit voraussetze. Emphatisch wird festgestellt: „Der Islam in der Diaspora braucht den säkularen Staat, die Demokratie und die Menschenrechte wie die Luft zum Atmen!“

Dieses Dokument ist in einiger Ausführlichkeit wiedergegeben worden, nicht weil es die Mehrheitsposition innerhalb des deutschen Islam repräsentieren würde, sondern weil es Möglichkeiten aufzeigt, islamische Traditionen so anzuwenden und zu interpretieren, daß ein Arrangement mit der bundesdeutschen Verfassungswirklichkeit möglich und sinnvoll erscheint. Daß die Mehrheit der Muslime in Deutschland aus der laizistischen Türkei kommt und trotz Tendenzen der „Re-Islamisierung" mit einem säkularen Staatsmodell vertraut ist, daß ferner die in der Türkei vorherrschende hanafitische Rechtsschule vergleichsweise weite Spielräume der Auslegung und Anwendung der Rechtstradition offenläßt und daß die Verfassung der Bundesrepublik Deutschland keine völlige Trennung von Staat und Religion vorsieht, sondern den Religionsgemeinschaften Möglichkeiten der Mitwirkung anbietet, das alles läßt berechtigte Hoffnung auf ein sinnvolles Miteinander zu. Diese Chancen können freilich auch – von beiden Seiten – verspielt werden.

# XIII. SYNKRETISMUSPROBLEME

## *1. Synkretismus als theologisches Problem*

Die Auseinandersetzung über die Frage, wie die zunehmende religiös-weltanschauliche Vielfalt zu bewältigen sei, macht sich vor allem an zwei Begriffen fest: Pluralismus (als Konzeption, nicht als Zustandsbeschreibung) und Synkretismus. Von beiden soll uns hier der letztere beschäftigen. Als Kampfbegriff[1] wird Synkretismus, zumindest in extrem evangelikalen Kreisen, nicht nur gegen wirkliche „Religionsmischung", sondern gegen jede Form des Miteinanders der Religionen gebraucht, vor allem gegen das gemeinsame Beten. Auch bei Befürwortern des Synkretismus findet sich eine Ausweitung des Begriffs. „Eine chemisch reine Identität des Christentums gibt es nicht. Christliche Identität ist immer synkretisiert", meint L. Boff. „Das Problem ist nicht, *ob* es in der Kirche Synkretismus gibt oder nicht, sondern welchen Synkretismus es gibt und um welchen man sich bemühen muß."[2] Synkretismus drückt hier das Gesamtgeschehen aus, durch das es überhaupt erst zur Entstehung des (oder eines bestimmten) Christentums als historischer Größe kommen kann. Für diesen Vorgang gibt es jedoch bereits den geeigneteren Begriff der Inkulturation. Mit Recht hat H.-W. Gensichen, an Stephen Neills *dictum* über die Mission anknüpfend, festgestellt: „Wenn alles Synkretismus ist, dann ist nichts mehr Synkretismus."[3] Ein so ausgeleierter Synkretismusbegriff ist theologisch nicht mehr brauchbar. Für ihn gibt es in der theologischen Terminologie aber keinen Ersatz zur Bezeichnung identitätsgefährdender Prozesse.

Boff hat natürlich recht, wenn er westliche Kritiker daran erinnert, daß nicht nur das lateinamerikanische, sondern auch das europäische Christentum ein Ergebnis von Inkulturation bzw. Synkretismus in diesem weiten Sinn ist. Auch L. Newbigin hat vor der kulturellen Gefangenschaft der westlichen Kirchen gewarnt und dafür das Wort Synkretismus verwendet: „Es ist kaum zu leugnen, daß das zeitgenössische britische (wie auch überwiegend das westliche) Christentum sich in einem fortgeschrittenen Zustand von Synkretismus befindet."[4] Das westliche Christentum ist ein typisch neuzeitliches, d. h. religiös-säkulares Synkretismusprodukt. Wenn in der ökumenischen Debatte Synkretismus beklagt wird, geht es häufig um kontextuelle Theologien und um die Auseinandersetzung zwischen ihnen.[5] Es läßt sich nicht abstreiten, daß bei der Ausarbeitung kontextueller Theologien Synkretismusprobleme im Sinn christlicher Identitätsgefährdung entstehen können. Die im Westen vorherrschenden Synkretismusprobleme sind jedoch anderer Art.

Im Kontext von Inkulturation muß natürlich vor übertriebener Ängstlichkeit und krampfhaftem Festhalten an überkommenen Traditionen gewarnt werden, wie T. Sundermeier es getan hat: „Den Weg des Evangeliums kann niemand festlegen, keine Methode ist ihm vorzuschreiben, und erst recht kann und darf nicht vorher bestimmt werden, welches Ergebnis der Weg zu zeitigen hat." „Auf dem Wege der kenotischen Inkulturation bleibt niemand so, wie er zuvor war."[6] In Wirklichkeit ist das Evangelium aber keineswegs das einzige Subjekt in den synkretistischen Prozessen, und die umgebenden religiös-kulturellen Elemente warten nicht nur passiv darauf, im Geschehen der Inkulturation christlich „eingeschmolzen" zu werden. Vielmehr muß sich das Evangelium in der interreligiösen Dynamik behaupten und durchsetzen, wobei der Ausgang keinesfalls sicher ist. Sundermeier nennt denn im folgenden auch jene Gefahren, vor denen Synkretismuskritiker wie H. Kraemer schon früher gewarnt haben: drohender Identitätsverlust, besonders im Fall der prophetischen Religionen; Umschlag von Inkulturation in einen Synkretismus, der in eine Verfremdung führt, in der die Identität des christlichen Glaubens verlorengeht usw. Tatsächlich herrscht in der theologischen Diskussion ein breiter Konsens darüber, daß es neben dem verhältnismäßig unproblematischen und unvermeidlichen Inkulturationssynkretismus das gibt, was Kraemer den „prinzipiellen Synkretismus" nannte, der die christliche Identität gefährdet.

Zumal im Westen ist die interreligiöse Dynamik dadurch geprägt, daß andere Religionen und religiöse Bewegungen mit Macht in den Raum drängen, der früher weitgehend vom Christentum beherrscht wurde und von diesem unter dem Druck säkularisierender Tendenzen teilweise geräumt werden mußte. Die wichtigsten Faktoren dieses Prozesses sind bereits genannt worden: die Individualisierung und Pluralisierung von Religion; das breite Spektrum von individuellen und institutionalisierten Synkretismen, daneben aber auch die ernsthaften interreligiösen Existenzen wie Pater Lassalle und interreligiösen Virtuosen wie R. Panikkar. Das westliche Christentum befindet sich weitgehend in der Defensive.

Neue Agenten synkretistischer Prozesse sind vor allem auf dem

Markt der Medien zu finden. Christentumsdeutungen und Religiosität werden außerhalb der offiziellen kirchlichen Kanäle über Bücher, Filme usw. verbreitet. Das Fernsehen wird zur Kanzel von Esoterik, Okkultismus und alternativer Religion, die zu den wichtigsten Trägern synkretistischer Vorstellungen gehören.[7] Dabei werden die Grenzen zwischen Religion und Nichtreligion fließend. Religiös-säkulare Mischphänomene im Grenzbereich zwischen Religion und Psychologie, Religion und Politik usw. werden wichtiger als die klassische Form von Synkretismus, wie sie aus der hellenistischen Kultur bekannt sind. Das geht noch weit über das Phänomen der *bricolage,* des „Zusammenbastelns" und Neu-Zusammenstellens traditioneller Elemente hinaus, das C. Lévi-Strauss in traditionalen Kulturen untersucht hat.[8]

Das Neue am gegenwärtigen synkretistischen Zugriff auf das Religiöse ist von Michael Trowitzsch in einem Vortrag mit großer Schärfe beschrieben worden: „Die neuzeitliche Machtförmigkeit, meine These, ist *totalitär. Alles* muß sich als Machtmittel erschließen lassen, und nun eben auch Religion! Das verfügungsmächtige neuzeitliche Subjekt nimmt Religion als Potential ... Wir *brauchen* Religion, und Religion wird in diesem Gesamtprozeß vereinnahmt in die Sphäre neuzeitlicher Machtförmigkeit. Religion wird zu spiritueller Verfügungsmasse. *Das* heißt in diesem Zusammenhang Synkretismus. Das für das modernste Bewußtsein Selbstverständliche nämlich, daß alle religiösen Möglichkeiten als Potentiale erschlossen werden, deren man sich bedienen kann, die dann in Gebrauch zu nehmen und zu nutzen sind ... Religion muß etwas *hergeben* ... Man muß die religiöse Verfügungsmasse erweitern. *Religionen sind Optionen.* Synkretismus ist in diesem Zusammenhang fraglos selbstverständlich. Alle Religionen müssen sich als mögliche Potentiale erschließen lassen. Daraus entwickelt sich die Selbstverständlichkeit des Toleranzgedankens. Dabei sind die Religionen in einzelne Elemente zu zerlegen, sie sind im ganzen offensichtlich zu unhandlich. Man kann sich einzelne Elemente herausnehmen ... Aus diesen einzelnen Elementen stellen wir etwas zusammen. Der Markt der Möglichkeiten. Damit verbindet sich wiederum die These, daß dem Synkretismus in dieser beschriebenen Form die Zukunft gehört, ebenso wie der Gentechnologie."[9]

Sieht man von diesen neuzeitlichen Bemächtigungsstrategien ab, so kann man an Prozesse erinnern, die andere Religionen bereits durchlaufen haben. M. M. Thomas hat, auf dem Hintergrund indischer Erfahrungen, die Synkretismusproblematik in den Zusammenhang der religiösen Weltlage gestellt: „Tatsächlich befinden sich heute alle Religionen in verschiedenen Stufen der Desintegration und der Reintegration ... Jede Religion muß zuerst viele Elemente verschiedener Religionen und säkularer Glaubensrichtungen annehmen, bevor sie sich dem Prozeß der inneren Reintegration zuwenden kann."[10] Viele synkretistische Prozesse der Gegenwart erscheinen auf diesem Hintergrund verständlich, ja sinnvoll, wenngleich nicht unproblematisch und harmlos.

Diese unterschiedlichen Deutungsmodelle demonstrieren die Komplexität der Synkretismusproblematik im Westen. Theologische Relevanz besitzt dabei vor allem die Neuinterpretation nicht nur christlicher Einzelelemente, sondern auch des Christentums insgesamt, besonders der Gestalt Jesu, und zwar im Kontext nichtchristlicher Religionen und Sinnentwürfe. Nach W. E. Mühlmann beinhaltet Synkretismus die „archetypisch-mythische Umstiftung fremder Figuren, Symbole und Motive zu eigenen"[11]. Wie der antike Hellenismus die orientalischen Kulte einer *interpretatio graeca* unterzog, so erscheint das Christliche gegenwärtig in vielen Deutungen: in der *interpretatio esoterica, gnostica, islamica* usw: Dieser Vorgang wird in der langen Reihe von Neuerzählungen der Geschichte Jesu dokumentiert, von den koranischen Jesus-Erzählungen über das (islamische) Barnabas-Evangelium bis hin zu den bereits erwähnten neuen Evangelien, die Jesus als den in ägyptische oder indische Weisheit Eingeweihten schildern. Der oft wiederholte Satz, Jesus gehöre allen, besagt in diesem Zusammenhang, daß die biblische Jesustradition für jede Art nachträglicher Umdeutung freigegeben sei. In Wirklichkeit ist das Ringen um eine an den biblischen Texten (in ihrer unbestreitbaren Vielfalt christologischer Vorstellungen) orientierte, zugleich identitätsbewahrende und zeitgemäße Deutung des Christlichen eine keineswegs leichte Aufgabe für Theologie und Kirche.

Über die Verträglichkeit synkretistischer Prozesse kann keine neutrale religionswissenschaftliche Instanz befinden, sondern nur die Theologie oder, genauer gesagt: jede Religion selbst. Die deutschen Buddhisten haben Einspruch angemeldet, als Rajneesh die Pali-Version der (in der Reihenfolge geänderten) dreifachen Zufluchtsformel, mit der man sich traditionell als Buddhist bekennt, als morgendliches Ritual für seine Anhänger einführte – er selbst als der „Erwachte" der Gegenstand der Zufluchtnahme. Andreas Feldtkeller ist zuzustimmen, wenn er aus Sicht systemtheoretischer Erwägungen feststellt: „Verhältnisbestimmungen zwischen Religionen sind in *jedem* Fall Ausübung religiöser Selbstreferenz, d.h. sie dienen dem Selbstverständnis eines sozialen oder psychischen Systems ... Es gibt keine

Instanz, die solche Verhältnisse (gemeint ist: zwischen Religionen) unabhängig vom Interesse an eigener religiöser Selbstdefinition feststellen könnte – auch nicht die Religionswissenschaft."[12] Diese kann freilich nachträglich die Reaktionen von Religionen zum Gegenstand ihrer Untersuchung machen und wird dabei Unterschiede zwischen einzelnen Religionen feststellen. Zu einem ähnlichen Ergebnis kommt U. Berner: Die Religionswissenschaft „kann Übersetzungsarbeit leisten zwischen verschiedenen religiösen Sprachen und Systemen. Die inhaltliche Bestimmung der christlichen Identität selbst ist aber eine normative Festsetzung und bleibt deshalb eine Aufgabe der Theologie."[13]

## 2. *Christliches im Kontext nichtchristlicher Deutung*

Zum religiösen Pluralismus im traditionellen Herrschaftsbereich des Christentums gehört, daß die Kirche das Monopol für die Interpretation seiner eigenen Inhalte verloren hat. Christliches findet sich in einer Fülle nachchristlicher Religionsbildungen und Religionssynthesen. Religionssynthesen stellen als solche noch keinen Synkretismus im Sinne der Religionsmischung dar, sondern eher eine inklusivistische bzw. pluralistische Bewältigung der Religionsvielfalt. Der Gesamtrahmen bestimmt dann freilich auch die Züge des jeweiligen Jesusbildes und anderer christlicher Stoffe. Er bewirkt eine synkretistische Verfremdung. Es scheint vor allem diese Form von Synkretismus zu sein, die die Kirchen beunruhigt. Darauf deutet die Warnung der Vollversammlung des ÖRK von Nairobi 1975 vor jeder Form von Synkretismus hin, „sofern wir unter Synkretismus den bewußten oder unbewußten Versuch des Menschen verstehen, aus Elementen vieler verschiedener Religionen eine neue Religion zu schaffen"[14]. Die Fülle von Fremddeutungen des Christlichen, verbunden mit zunehmender Unkenntnis des christlichen Selbstverständnisses in breiten Bevölkerungskreisen, resultiert im verbreiteten Gefühl einer Identitätskrise des Christlichen, die freilich allein mit Abwehr nicht zu überwinden ist.

Eine synkretismusfördernde Rolle spielen auch Bewegungen, die gleichzeitig in verschiedenen Religionen heimisch werden können, dort auch religionsspezifische Züge annehmen, ohne jedoch ihre religionsüberschreitende Eigentümlichkeit zu verlieren. In diesem Sinne hat G. Lanczkowski Gnosis und Mystik als „interreligiöse Strömungen" bezeichnet.[15] Im Zeitalter des Hellenismus trug die Gnosis in ihrer jüdischen, christlichen und iranischen Ausformung auf die ihr eigene „subversive" Weise[16] wesentlich zum allgemeinen Synkretismus bei. Die deutlichste Ausformung gnostischer Religion, nämlich der Manichäismus, ist mit Recht als Ergebnis eines ganz bewußten, synthetischen Synkretismus bezeichnet worden.

Auch die Mystik neigt mit ihrer Betonung der individuellen inneren Erfahrung (häufig der Reduktion darauf) dazu, religiöse Differenzen einzuebnen. In Zeiten religiösen Unfriedens vermag sie Brücken zu schlagen. In der gegenwärtigen westlichen Situation fördert sie ohnehin vorhandene Tendenzen, indem sie den jenseits von Religionen und Konfessionen angesiedelten religiösen Individualismus legitimiert und die Entstehung individueller Synkretismen ermöglicht.

Ähnliches gilt für die im 19. Jahrhundert entstandenen esoterisch-okkultistischen Bewegungen wie Spiritismus und Theosophie. M. Eliade hat sie als „parareligiöse Bewegungen" charakterisiert, weil sie keine Religionen im Vollsinn sind.[17] Die 1987 gegründete Theosophische Gesellschaft hat sich – gemäß ihrem Motto „Keine Religion ist höher als die Wahrheit" – gleichermaßen als esoterisches Christentum und esoterischer Buddhismus dargestellt. Der zum „kommenden Weltenlehrer" bestimmte Jiddu Krishnamurti galt zugleich als der endzeitliche Buddha Maitreya und als Vehikel des wiederkommenden Christus. Ganz bewußt greift dieser moderne Synkretismus, der auch die New-Age-Bewegung wesentlich mitgeprägt hat, auf seine hellenistischen Ahnen wie das hermetische Schriftentum und die antiken Mysterienreligionen zurück, aber auch auf Vorstellungen östlicher Religionen.[18]

Die zwiespältige Funktion inter- und parareligiöser Bewegungen zeigt sich darin, daß ihre Anhänger die Möglichkeit haben, Doppelmitgliedschaft zu praktizieren und auf diese Weise in der Kirche, aber nicht von der Kirche leben. Ihre esoterische Deutung des Christentums nimmt für sich in Anspruch, dessen tieferen, dem gemeinen Volk verschlossenen Sinn zu erschließen. Das trägt zur Verfremdung und Aushöhlung christlicher Glaubensinhalte bei. Verfremdungen können zwar einen Gegenstand neu sehen lehren. Hierbei geht es aber nicht nur um Synkretismus auf der Elemente-Ebene, sondern um die Konkurrenz von Gesamtsystemen,[19] die um verschiedene Achsen schwingen – eine von R. Otto, im Anschluß an Schleiermacher, verwendete Metapher. Es ist eine wichtige theologische Aufgabe, die Hintergründe solcher Christentumsdeutungen beim Namen zu nennen und auf ihr Verhältnis zum christlichen hin zu untersuchen. Demarkation bzw. Abgrenzung, nach Ansicht G. Lanczkowskis ein

Weg, den religiösen Pluralismus anzuerkennen unter gleichzeitiger Absonderung,[20] wird dabei eine wichtige, aber nicht notwendig die einzige Aufgabe sein.

### *3. Nichtchristliches im Kontext christlicher Deutung*

„Zen für Christen" und „christlicher Yoga" sind, wie bereits in Kap. 8 erwähnt, zwei Beispiele für die Praktizierung von Hause aus nichtchristlicher Meditationsformen im christlichen Kontext. Man könnte sich leicht darauf einigen, daß es sich bei beidem um eine synkretistische *praxis pietatis* handelt, wenn es den unterschiedlichen Gebrauch des Synkretismusbegriffs nicht gäbe. So muß zunächst darauf hingewiesen werden, daß von Anfang an viele Formen christlicher *praxis pietatis* synkretistisch (im neutralen religionswissenschaftlichen Sinne des Wortes) waren – aus vorgefundenen Religionen oder Formen von Volksreligiosität übernommen und in den Dienst christlicher Frömmigkeit gestellt. Überhaupt gehören Gebet und Gottesdienst, Feste und Feiern, heilige Orte und Zeiten zur religiösen Universalsprache der Menschheit und bekommen ihre jeweilige Ausrichtung erst dadurch, daß sie von einer der Religionen auf ihr besonderes Zentrum bezogen werden. C. Westermann hat in diesem Zusammenhang mit Recht festgestellt: „Die unleugbare Tatsache gemeinsamer Elemente in verschiedenen Religionen kann nicht mehr nur ein Gegenstand wissenschaftlicher Forschung bleiben; es geht die Kirche an, daß nicht nur in ihr gebetet wird."[21] Er sieht in den Religionen das segnende Handeln des Schöpfers am Werk; ähnlich tut es die VELKD- und AKf-Studie.[22]

Übernahmen aus der *praxis pietatis* anderer Religionen sind möglich und legitim, weil Gott mit seinem segnenden und erhaltenden Welthandeln in ihnen am Werk ist und die Menschen Wege finden läßt, wie sie ihn – nach Act. 17,27 – „fühlen und finden können". Alle Religionen haben, wenngleich auf unterschiedliche und kulturspezifische Weise, von der schöpfungsmäßigen Ausstattung des Menschen zu diesem Zweck Gebrauch gemacht. Sie haben Praktiken entwickelt, um seelische und körperliche Vorgänge in den Dienst religiöser Erfahrung zu stellen. Das ist eine angemessene theologische Grundlage für die Möglichkeit, spirituelle Praktiken aus anderen Religionen zu übernehmen.

Viele Meditationswege der östlichen Religionen sind freilich religionsspezifischer und eindeutiger auf die Heilsziele dieser Religionen bezogen als ein Gebetsgestus oder ein Festritus. Man darf wohl davon ausgehen, daß Meditationswege und ihre hinduistischen, buddhistischen und taoistischen Konzeptionalisierungen sich in Wechselwirkung miteinander entwickelt haben: Die Praxis hat sich an den Vorgaben der Heilsvorstellungen orientiert, diese wiederum sind von entsprechenden Meditationserfahrungen beeinflußt worden. Darum gehören Vipassana-Meditation und mahayanistisch gedeutete Wesensschau, Yoga und die „Exkarnations-Ziele" verschiedener Hindu-Traditionen historisch und sachlich zusammen. Es ist in Kap. 8 bereits darauf hingewiesen worden, daß das Konsequenzen für den christlichen Umgang mit diesen Meditationswegen haben muß. Sie können nicht unbesehen samt ihrer Zielsetzung übernommen werden.

Vor allem muß an der Unverfügbarkeit wahrer Gotteserfahrungen festgehalten werden. Sie muß auch dem Vorwurf entgegengehalten werden, dem Christentum fehle im Unterschied zu den östlichen Traditionen der methodische Zugang zur Gotteserfahrung. D.T. Suzuki hat darauf hingewiesen, daß im Zen-Buddhismus die Verwendung von Koans, von Rätselfragen als Mittel, Erleuchtung zu erlangen, zu einer Zeit aufkam, als die ursprünglichen Erfahrungen selten wurden.[23] Die Koans erscheinen dann als ein „künstliches Hilfsmittel" (Suzuki), um durch den Aufbau einer immer unerträglicher werdenden inneren Spannung den Durchbruch zur Erleuchtungserfahrung zu erzwingen oder zumindest zu unterstützen, obgleich die Zen-Lehre die Spontaneität der Erfahrung betont. Werden solche Meditationsformen im christlichen Kontext angewendet, muß von vornherein klar sein, daß das Entscheidende der christlichen Existenz jenseits der Grenze des Machbaren und Verfügbaren liegt. Es bleibt freilich immer noch genug, was dem Menschen zu tun aufgetragen ist und wozu Formen und Elemente östlicher Meditation helfen können: die Stille herzustellen, in der Gott vernehmbar wird und der Beter ihm antworten kann, und manches mehr.

Auch der Stellenwert meditativer Erfahrungen im ganzen des christlichen Lebensvollzugs ist ein anderer als in den östlichen Religionen. Die nüchterne und distanzierte Art, wie Paulus sich laut 2. Kor. 12 mit seiner „Entrückung in den dritten Himmel" auseinandersetzt und sie in seine religiöse Privatsphäre verweist (Käsemann), ist ein Anhaltspunkt für solche Überlegungen. Das gilt insbesondere gegenüber allen elitären Ansprüchen, nach denen der Meditierende – als moderner Gnostiker – über tiefere Einsichten verfügt, die den übrigen „äußerlichen" Christen verschlossen bleiben müssen. – Solche Probleme dürfen nicht im Interesse christlicher Verwendbarkeit östlicher Meditationswege tabuisiert werden. Sie stellen andererseits diese Verwendbarkeit nicht grundsätzlich in Frage. Auf der Basis gemeinsamer Geschöpflichkeit können Übernahmen aus dem geistlichen Schatz der außerchristlichen Menschheit legitim, hilfreich und, unter gewissen Bedingungen, unvermeidlich sein, ohne daß Synkretismus im Sinne christlicher Identitätsgefährdung im Spiel sein muß.

## *4. Christliches und Nichtchristliches gemeinsam im interreligiösen Kontext*

Ein wesentlicher Zug des hellenistischen Synkretismus war die Verschmelzung und Gleichsetzung von Gottheiten, die „Theokrasie". Wie es im Rigveda heißt: „Was nur das Eine ist, bezeichnen die Seher mit verschiedenen Namen", so ähnlich betrachtete Apuleius die Göttin Isis als „Zusammenfassung aller göttlichen Wesen, verehrt in verschiedenen Gestalten und unter verschiedenen Namen". Konkret äußerte sich das in der unterschiedslosen Teilnahme an vielen Kulten und an der Praxis, sich in mehrere Mysterien einweihen zu lassen. Diesen „kultischen Synkretismus", d.h. die Teilnahme an fremden Kulten, hat das Christentum stets abgelehnt.

Als Höhepunkt synkretistischer Verirrung gelten bei Evangelikalen und Lefèbvre-Anhängern gleichermaßen die von Papst Johannes Paul II. initiierten interreligiösen Friedensgebete,[24] die 1986 in Assisi ihren Anfang nahmen und seitdem in verschiedenen Ländern ihre Fortsetzung fanden. Die Verbindung von interreligiöser und Friedensthematik gab es zuvor schon bei der „Weltkonferenz der Religionen für den Frieden", mit der der Vatikan bei der Vorbereitung der Friedensgebete in Assisi und später in Japan offensichtlich zusammengearbeitet hat. Diese Verbindung von Weltfrieden und Weltreligionen ist in politischen Krisenzeiten offenbar so elementar, daß sie trotz der heiklen Natur interreligiösen Betens zu einem wichtigen Motor interreligiöser Annäherung geworden ist, auch auf regionaler und lokaler Ebene, unter Katholiken und Nichtkatholiken.

Dabei geht es in der Regel weniger bunt zu als 1986 in Assisi, wo zur religiösen auch noch die kulturelle Fremdheit vieler Rituale kam: Ein Vertreter der Stammesreligionen aus Togo vollzog im Rathaussaal ein Beschwörungsritual, und ein Sioux-Häuptling rauchte seine Friedenspfeife „zu Ehren des großen Geistes, der Mutter Erde und der vier Winde". Die Vertreter der afrikanischen Stammesreligionen fügten ihren Bitten eine handfeste Verfluchung aller Bösen hinzu, „die unser liebenswertes Friedenswerk vereiteln wollen". Religiösen Anstoß erregte, daß Buddhisten auf dem Altar der Kirche St. Pietro eine Buddhastatue aufstellten. Die Muslime rezitierten die 112. Sure mit dem Bekenntnis zu Gott, der „nicht zeugt und gezeugt ist". Die Hindus beteten, das vedische Gesetz möge überall Frieden stiften. Die Buddhisten beriefen sich auf ihr Bodhisattva-Ideal, die Jains auf ihr Ideal der Gewaltlosigkeit. Diese anfängliche Buntheit wird ebenso wie die Profilierungsbedürfnisse im Lauf der Zeit geringer werden, zeigt aber doch die Probleme des gemeinsamen Betens über die Grenzen der Religionen und Kulturen hinweg auf.

Der Papst hatte zuvor klargestellt, daß man zusammenkomme, um zu beten, aber nicht komme, um zusammen zu beten. M. Seckler[25] hat zu diesem und anderen vatikanischen Absicherungsversuchen gegen den Synkretismusvorwurf bemerkt, sie „bewegten sich ein wenig in dem Dilemma, mit der einen Hand wieder nehmen zu wollen oder zu müssen, was man mit der anderen Hand eigentlich gab und geben wollte". Der Papst sprach in Assisi von der „Dimension des Gebetes, die sogar in der tatsächlichen Verschiedenheit der Religionen eine Verbindung mit einer Macht über allen menschlichen Kräften auszudrücken versucht. Der Friede hängt grundlegend von dieser Macht ab, die wir Gott nennen." Der Friede übersteige die menschlichen Kräfte bei weitem, und deshalb sei seine Quelle und Verwirklichung in jener Wirklichkeit zu suchen, die über uns allen ist. Die Friedensgebete sollen also zweierlei zur gleichen Zeit zum Ausdruck bringen: die (noch ganz vormoderne und unpolitisch empfundene) Unverfügbarkeit und Nichtmachbarkeit des Weltfriedens und das gemeinsame Wissen der Religionen darum.

Die Friedensgebete gehören in den Zusammenhang des „spirituellen Dialogs" bzw. des „Dialogs der religiösen Erfahrung", von dem das (damalige) Päpstliche Sekretariat für die Nichtchristen 1983 sagte, er führe „zu gegenseitiger Bereicherung und fruchtbarer Zusammenarbeit bei der Förderung und Wahrung der höchsten geistlichen Werte und Ideale des Menschen"[26]. Dieser Dialog ist besonders heikel, weil er auf unmittelbarere Weise als andere Formen des Dialogs mit dem Herzen andere Religionen in Verbindung bringt. Kommen Religionen einander durch eine Begegnung der Spiritualitäten näher, oder wird hier umgekehrt Fremdheit in besonderem Maß erfahren? Gerade darüber gehen die Meinungen auseinander.

Auch im Bereich des deutschen Protestantismus hat eine Diskussion über gemeinsame Friedensgebete der Religionen begonnen. Das Kollegium der Augustana-Hochschule, Neuendettelsau, hat 1991 in einer Stellungnahme anläßlich des Golfkrieges zwischen interreligiösem und multireligiösem Beten unterschieden. „Das von allen Partnern der verschiedenen Religionen gemeinsam verantwortete und formulierte Gebet bezeichnen wir als *interreligiöses Beten.* Im Unterschied dazu verstehen wir unter *multireligiösem Beten* solche gemeinsamen Gebetsveranstaltungen, in denen Vertreter der verschiedenen Religionen je für sich ein aus ihrer eigenen Tradition formuliertes Gebet sprechen. Schon aus praktischen Gründen scheint uns die Formulierung eines *interreligiösen Gebets* problematisch zu sein ...“[27] Das liegt auf der Linie der päpstlichen Unterscheidung.

Die Neuendettelsauer Stellungnahme ist eine von dreien, die der bayrische Landesbischof von den bayrischen Evangelisch-Theologischen Fakultäten erbeten hatte. Alle drei bejahen die Möglichkeit einer christlichen Teilnahme an Gebetsveranstaltungen (zumindest bei besonderen Anlässen), bei denen Vertreter jeder teilnehmenden Religion auf eigene Verantwortung und unter Bewahrung ihrer eigenen Identität selbstformulierte Gebete sprechen.

Die Gründe für die Ablehnung gemeinsam verantworteter interreligiöser Gebete liegen auf der Hand: Christliches Beten richtet sich – in den Worten der Münchener Stellungnahme – „nicht ins Allgemeine einer unbekannten Gottheit. Das Beten der Christen richtet sich an den in der Bibel bezeugten einen Gott, der sich zum Heil der ganzen Welt in Jesus Christus geoffenbart hat und durch den Heiligen Geist unter den Menschen wirkt.“ Die Münchener Stellungnahme folgert daraus, daß eine gemeinsame Gebetsanrufung in einem christlichen Gottesdienst nicht möglich ist, wenn Nichtchristen „die Identität der von ihnen verehrten Gottheit mit dem biblisch bezeugten Gott nicht anerkennen können“. Dann bleibe nur die Möglichkeit getrennter Gebete „in je eigener Verantwortung“. Die Frage, wie die christliche Seite sich zu solch einer Identifizierung von Göttern stellt, wird aus ungenannten Gründen nicht angesprochen. Die Neuendettelsauer betonen – über die gebotene Bewahrung der eigenen Identität hinaus – die Notwendigkeit, „die Identität des anderen nicht nur vorweg zu dulden, sondern konkret im Vollzug auszuhalten“. Gegen die Identifizierung der Götter aller Religionen und gegen gemeinsame Gebetstexte stellt die Erlangen-Nürnberger Stellungnahme das 1. Gebot, „das uns nicht erlaubt, andere Götter anzurufen“. Sie warnt davor, „solche Begegnungen ohne feste Verwurzelung in christlicher Gemeinde zu suchen oder gar sie als Ersatz für christliches Gemeindeleben zu nehmen“.

Faktisch geht es beim multireligiösen Beten nicht nur um die Vermeidung des kultischen Synkretismus – dieser stellt ein Problem vor allem im Verhältnis zu den inklusivistischen östlichen Religionen dar –, sondern auch um die Integrität des eigenen christlichen Betens. Die Neuendettelsauer Stellungnahme weist mit Recht auf die Frage hin, ob Christen „die trinitarische Grundlegung ihres Gottesdienstes und wesentliche, durch die Christologie bestimmte gottesdienstliche Elemente um des gemeinsamen Gebetsanliegens willen zurückstellen können". Das ist im Blick auf gemeinsame christlich-jüdische Gottesdienste gesagt, gilt aber auch für den muslimischen Widerwillen, Gebete „im Namen Jesu" bei interreligiösen Gebetsveranstaltungen zu akzeptieren. Hier richtet sich der Verdacht des „Götzendienstes" gegen das Christentum. Als Dauerzustand ist ein Entgegenkommen in dieser Frage wenig befriedigend, obgleich es sinnvoll sein mag, solange der Partner trinitarische und christologische Gebetsformeln als gegen sich gerichtet empfindet. Das wäre freilich auch gegen die Rezitierung der 112. Sure mit ihrer – zumindest in der traditionellen islamischen Deutung – antichristologischen Tendenz zu sagen.

Alle diese Vorbehalte richten sich nicht gegen das interreligiöse (bzw. multireligiöse, im Sinn der Neuendettelsauer Stellungnahme) Gebet als solches. Die Neuendettelsauer sagen mit Recht: „Die aktive Teilnahme ... und gegebenenfalls auch die bewußte Mitverantwortung für solche Veranstaltungen durch offizielle Vertreter der Kirche ist ebenfalls zu begrüßen und zu fördern." Sie weisen auch auf das „Gastsein im Hause des anderen" hin, nämlich die Teilnahme des einen religiösen Partners am Gottesdienst des anderen. „Es fördert das gegenseitige Kennenlernen und hilft, mögliche Fremdbilder und Vorurteile abzubauen." Wer im interreligiösen Bereich tätig ist, sollte aus eigener Erfahrung zumindest den Synagogengottesdienst, das islamische Freitagsgebet sowie Formen der hinduistischen und buddhistischen Puja kennen. Auch dabei wird Gemeinsames und Trennendes im Verhältnis der Religionen spürbar. Gemeinsames und Trennendes läßt sich nicht säuberlich auf Spiritualität und Erfahrung einerseits, „Dogmen" und Lehrtraditionen andererseits aufteilen. Was benötigt wird, ist ein integrierter „ganzheitlicher" Zugang zur Welt der Religionen, in der alle unterschiedlichen Aspekte und Dimensionen auf Gemeinsames und Trennendes hin befragt werden.

# XIV. CHRISTLICHE ORIENTIERUNG IM RELIGIÖSEN PLURALISMUS

## *1. Zwischen Religionsfrieden und Wahrheitskonkurrenz*

Diese abschließenden Überlegungen stellen keinen religionstheologischen Entwurf, keine Theologie des Dialogs oder dergleichen dar. In ihnen geht es vielmehr primär um die Frage, wie Kirchen und Christen sich im modernen Pluralismus orientieren und danach ihr Handeln ausrichten können. Dieses vielschichtige Problem soll überdies speziell im Blick auf den westlich-europäischen Kontext bedacht werden, freilich nicht ohne Seitenblick auf andere Kontexte. Hier steht das Christentum, anders als in anderen Kontinenten, in einer doppelten Auseinandersetzung, nämlich mit der Präsenz nichtchristlicher Religionen und mit der modernen Säkularität. Wie beides miteinander zusammenhängt, ist bereits dargelegt worden. In Asien und in Teilen Afrikas steht das Christentum immer noch primär vor der Aufgabe, die westlichen Eierschalen abzustreifen und sich als religiöse Minderheit in fremdreligiösen Kontexten zu inkulturieren (im Sinne eines *wechselseitigen* Beeinflussungsprozesses, durch die umgebende Kultur und auf sie).

Interreligiöser Dialog[1] erscheint dort – neben Abkapselung – als eine Möglichkeit, die eigene Minderheitssituation zu bewältigen. Angst davor findet sich bei Christen wie Nichtchristen. Christen scheuen den Dialog in einer Situation kultureller und politischer Unterlegenheit. Von der nichtchristlichen Mehrheit wird der Dialog nicht selten als ein neues Mittel der Missionierung verdächtigt, ist er doch oft der einzige Weg für Kommunikation des christlichen Glaubens. Jedenfalls dient der interreligiöse Dialog dort vornehmlich der Inkulturation und der Gewinnung kultureller Kompetenz, daneben auch der Eindämmung religiös-kommunalistischer Konflikte. Der Dialog hilft der Christenheit einerseits, den eigenen Glauben nach innen und außen auszudrücken und dient damit auch, gewollt oder ungewollt, der Mission. Andererseits gewinnt er seine Dringlichkeit aus der Notwendigkeit, Vorurteile abzubauen, Feindbilder zu überwinden und Frieden unter den religiösen Gemeinschaften zu schaffen, steht also im Dienst der Konvivenz.

In den meisten Teilen Europas dagegen kommt der Druck primär von der alles (auch die Christen) durchdringenden Macht der modernen Säkularität. Nicht religionskriegsartige Zustände sind das Hauptproblem der Kirchen, sondern der verbreitete Glaubensschwund und die wachsende Identitätskrise eines verunsicherten Christentums. Inkulturation ist hier vor allem „Inkulturation des Evangeliums in den Kontext der Freiheitlichkeit“[2]. Der wichtigste Dialogpartner ist die moderne Säkularität, während der Stellenwert des interreligiösen Dialogs umstritten ist und von denen angezweifelt wird, die das Aufleben von Religion nur für ein Rückzugsgefecht vor dem Ansturm weitergehender Säkularisierungsprozesse und für ein marginales Phänomen halten. Auch die Toleranzforderung steht häufig im Zeichen des Relativismus und der Religionskritik: Die moderne, auf reibungsloses Funktionieren bedachte Gesellschaft möchte Religion als Konfliktfaktor ausschalten oder zumindest entschärfen. Umgekehrt wird die moderne Toleranzforderung von christlicher Seite gern pauschal mit Relativismus und postmoderner Beliebigkeit gleichgesetzt – nicht immer mit Recht. Jedenfalls müssen die Kirchen ein Interesse daran haben, daß nicht, zusammen mit religiöser Intoleranz, auch Religion und Christentum aus der Gesellschaft verdrängt werden.

In dieser Situation ist folgendes festzuhalten:

– Die religiöse Thematik darf in ihrer Bedeutung nicht unterschätzt werden. P. L. Berger[3] mag übertrieben haben, als er die Auseinandersetzung mit der modernen Säkularität für erschöpft hielt und den „Wettstreit zwischen Jerusalem und Benares“ (Mekka ist, wie erwähnt, noch hinzugekommen) als theologische Herausforderung in den Mittelpunkt stellte. Zumindest handelt es sich bei beidem um wichtige Themen. Auch in der kirchlichen Ausländerarbeit sollte die religiöse Dimension nicht zugunsten der (in der Tat drängenden) sozialen Probleme ausgeklammert werden.

– Friede zwischen den Religionen und Toleranz mögen in Europa objektiv nicht das größte, jedenfalls nicht das einzige Problem darstellen. Sie sind aber durch die verheerenden Religionskriege auf europäischem Boden zu einem beherrschenden Angstkomplex geworden und es bis heute geblieben.[4] Alte Befürchtungen werden durch die anwachsenden ethnisch-religiösen Minderheiten und die mit ihrer Existenz gegebenen Konfliktpotentiale wieder aktiviert. Daraus folgt: Die anderen Religionen und religiösen Gemeinschaften sind Nachbarn, mit denen europäische Christen zusammenzuleben lernen müssen. Was in der Arbeit des ÖRK “dialogue in community” heißt und mit „Dialog in der Gemeinschaft“ nur unzureichend übersetzt ist, also der Dialog in der alltäglichen Lebenswirklichkeit auf allen sozialen Ebenen, ist die Nagelprobe für Fortschritte im Dialog. Unbewältigter religiöser Pluralismus stärkt die säkularisierenden Tendenzen, weil die Ausklammerung von Religion als einzig gangbarer Weg zu einem friedlichen Zusammenleben übrigzubleiben scheint. Diese Form des Dialogs sollte eigentlich keiner Begründung bedürfen. Miteinander reden gehört zum Menschsein, und die Beweislast liegt eigentlich bei den Dialoggegnern: Sie müßten darlegen, warum religiöse Differenzen diesen fundamentalen Aspekt des Menschseins außer Kraft setzen sollten. (Religiös motivierten Kommunikationsabbruch hat es im Blick auf Abtrünnige und Ketzer gegeben, auch im NT.)

– Beide, Säkularität und Religionspluralismus, stellen die überkommene Dominanz des Christentums in Frage, wie immer man diesen Prozeß bewerten mag: als notwendiges Gesundschrumpfen der Volkskirchen oder als gefährlichen Verlust für das Christentum wie für die Gesamtgesellschaft. Religiös sein und Christsein sind nach diesem Monopolverlust jetzt auch in Europa ein für allemal zweierlei. Die dadurch (vor allem durch die missionarische Präsenz nichtchristlicher Religionen) entstandene Konkurrenzsituation darf nicht verdrängt und mit theologischen Scheinargumenten geleugnet werden. Die anderen Religionen und religiösen Gemeinschaften sind in ihrem Werben um Menschen und in ihrem Wahrheitsanspruch auch Konkurrenten der Christenheit. Diese schuldet ihnen wie allen Menschen die Wahrheit des Evangeliums. Dialog in diesem Sinn impliziert immer beides: zuhören und selbst Zeugnis geben. Damit ist, neben guter Nachbarschaft, das Thema der Mission angesprochen.

– Ein wichtiger Aspekt der zunehmenden Individualisierung und Privatisierung von Religion ist die religiöse Mobilität. Gesellschaftliche Abwehrmechanismen gegen religiöse Neuorientierungen setzen nur noch gegenüber „Sekten“ ein, wobei dieses Wort in der Regel eher kulturelle als religiöse Fremdheit signalisiert. Wo Religion zur Sache individueller Wahl geworden ist, berührt der Glaubenswechsel nur selten soziale Sensibilitäten. Gegenüber der Situation in vielen Ländern der Dritten Welt, in denen die Gesellschaft ihn mit mehr oder weniger scharfen Sanktionen belegt, ist das ein erheblicher Wandel. Das Christentum ist auf seine eigene Überzeugungskraft gestellt und muß sich auf dem modernen Religionsmarkt behaupten.

Die europäische Christenheit hat gute, zusätzliche Gründe dafür, die interreligiöse Begegnung nicht auf den Dialog zu reduzieren. Vielmehr ist der Studie ›Religionen, Religiosität und christlicher Glaube‹[5]

(im folgenden kurz ›Studie‹ genannt) zuzustimmen, wenn sie nicht nur das Handeln, sondern auch das Sein der Kirchen im Verhältnis zu den außerchristlichen Religionen in dreifacher Weise als Mission, Dialog und Konvivenz bestimmt. Dies untermauert sie trinitarisch: Die Mission ist begründet im Handeln des Geistes, der Dialog in der Offenbarung Jesu Christi als des Worts Gottes, die Konvivenz im Welthandeln des Schöpfers und Erhalters (S. 117 ff.). Mit Recht hat sich die Studie geweigert, darin Alternativen zu sehen. Es ist eine unerlaubte Vereinfachung, wenn man sich nur auf die soziale Dimension der guten Nachbarschaft mit Andersgläubigen konzentrieren und das Religiöse ausklammern will oder wenn man sich allein dem Dialog verpflichtet fühlt, das Glaubenszeugnis aber als lästige Störung wertet und zu verbannen versucht, oder wenn man die Begegnung der Religion auf den Ruf zum Glauben reduzieren und an den konkreten Lebensproblemen Andersgläubiger gleichgültig vorübergehen möchte. Alle drei Bewegungen bilden vielmehr ein zusammenhängendes Geschehen: Keine Mission ohne Dialog und Konvivenz; Dialog und Konvivenz sind selbst Mission: Die Jünger Jesu „sind" Salz der Erde und Licht der Welt (S. 129). Zwar kann und muß nicht jeder alles zugleich machen und als seine eigene Berufung verstehen. Aber innerhalb der Kirche muß Raum für die interreligiöse Begegnung in ihrer ganzen Breite gegeben werden. Die Spannung zwischen guter Nachbarschaft, wechselseitigem Austausch und Glaubensangebot muß durchgehalten werden. Auch eine Periodisierung von der Art, daß das Zeitalter der Mission nun vom Zeitalter des Dialogs abgelöst worden sei, stellt eine fragwürdige Vereinfachung dar.

## *2. Sackgassen im Umgang mit dem Pluralismus*

Zur Säkularität der heutigen europäischen Gesellschaft gehört auch die mangelnde Fähigkeit, religiöse Differenzen als solche zu erkennen. Kulturelle Differenzen werden eher wahrgenommen und als trennend empfunden. Fremde Religionen, so hat sich in Kap. 11 und 12 gezeigt, werden in dem Maß abgelehnt, wie sie sich als kulturell fremd darstellen. Die Auseinandersetzung mit dem Islam kreist primär um die Kluft zwischen westlichem Menschenrechtsverständnis und dem politischen und rechtlichen Herrschaftsanspruch dieser Religion. Demgegenüber sollten sich Kirche und Christenheit als ökumenisch-transkulturelle Größen klar zu erkennen geben und ökumenische Solidarität über kulturelle Grenzen hinweg üben. Bei der Überwindung kultureller Schranken zwischen ethnischen bzw. religiösen Minderheiten und der Mehrheit der Einheimischen können Kirchen und Christen leichter als andere Gruppen eine hilfreiche Rolle spielen. Sie können dabei auf die Erfahrung verweisen, daß sich die Begegnung mit fremden Kulturen bisher nicht als der oft prophezeite „Untergang des Abendlandes", sondern als anregend und bereichernd erwiesen hat.

Beim Umgang mit religiösen Differenzen dagegen sind einem theologisch verantwortungsvollen Handeln der Kirchen engere Grenzen gesetzt als der Gesamtgesellschaft. Soweit fremdreligiöse Elemente in synkretistischer oder diffus-vagabundierender Gestalt auftreten, mag es gelingen, sie christlich zu integrieren oder ihnen am Rande des kirchlichen Lebens eine prekäre Beheimatung zu geben, freilich nicht selten auf Kosten einer Gefährdung christlicher Identität. Im Umgang mit fremdreligiösen Elementen sind Integration und Abgrenzung ein ständiger Prozeß, ohne den christlicher Glaube entweder synkretistisch verdunstet oder in Abgeschlossenheit erstarrt.

Auch bei großzügiger Definition des „Christlichen" wird ein „harter Kern" fremdreligiöser Präsenz sich vielleicht in die westliche Kultur, nicht aber in ein wie immer verstandenes Christentum integrieren lassen. Es hat sich gezeigt, daß man hier Buddhist sein kann; vielleicht nicht uneingeschränkt im Sinn buddhistischer Kultur Asiens, wohl aber in Treue zur buddhistischen Tradition. Es bleibt ein Kern fremdreligiöser Präsenz, der sich dieser Art theologischer „Nostrifizierung" widersetzt. Auf die theologische Bedeutung dieser Tatsache, nämlich auf die Notwendigkeit, das Anderssein des anderen anzuerkennen und ihn nicht durch Vereinnahmung seiner eigenen Identität (und deren erklärter Nichtchristlichkeit) zu berauben, wird später zurückzukommen sein. W. Ariarajah[6] zitiert eine ironische Äußerung, die in der Diskussion über K. Rahners inklusivistisches Konzept des „anonymen Christen" gefallen ist: „Während es früher äußerst schwierig war, zur Kirche zu gehören ('to be inside the church'), ist es in dieser Deutung äußerst schwer, ihr nicht anzugehören ('to be outside of it')." Trotz bleibender Dominanz und kulturprägender Bedeutung des Christentums ist die Identifizierung von Christentum und europäischer Kultur nicht mehr möglich. Wie in anderen Kulturen auch, wird das Christentum in Europa sich als eine Religion neben anderen definiern müssen, in möglichst guter Nachbarschaft, aber auch in Konkurrenz mit ihnen. Der Zwang zur Wahl – P. L. Bergers „häretischer Imperativ" – ist unausweichlich. Zu den Ursachen der starken christlichen Präsenz in den USA gehört auch die Notwendigkeit, sich im Wettbewerb zu behaupten. Auch im religiösen Bereich hebt Konkurrenz das Geschäft. Neben diesem empirischen Argument sprechen auch theologische Argumente gegen das Konzept eines interreligiös angereicherten Kulturchristentums. Während in der öffentlichen Diskussion die Unterschiede zwischen religiösem und kulturellem Pluralismus oft verwischt werden, muß daran festgehalten werden, daß zwischen christlichem Umgang mit dem kulturellen Pluralismus und christlichem Umgang mit dem religiösen Pluralismus ein grundsätzlicher theologischer Unterschied besteht.

Darum wird auch die Rolle der Kirche und ihrer Pfarrer nicht diejenige eines „Koordinators der pluralen Erfahrungen" sein können, wie M. von Brück und andere meinen.[7] Zwar wird er (bzw. sie) an interreligiöser Kompetenz zulegen müssen und im Umgang mit religiösen Erfahrungen, Meditationswegen anderer Herkunft u.a. ein kompetenter Gesprächspartner sein müssen. Aber eben auch und vor allem im Sinn christlicher Unterscheidung, nicht synkretistischer Vereinnahmung. Die Gabe christlicher Unterscheidung (1. Kor. 12,10) umfaßt zwei Aspekte: „Unterscheiden, um deutlicher zu erkennen, besser zu verstehen und sich tiefer anzueignen; aber auch unterscheiden, um das Falsche vom Wahren abzusondern, das Gute vor dem Bösen zu schützen und das Wirkliche vom Illusionären zu unterscheiden. Stets erfuhr man dabei, daß ein wirkliches Prüfen (Röm. 12,2; Eph. 5.10) zum Selbstprüfen wird (Mt. 6,22f.; 7,3ff.): Ob man Gottes Ruf in die Gegenwart hinein vernimmt oder sich ihm verschließt (Hebr. 4.7ff.). Und stets wußte man, daß im eigenen Mühen um Unterscheidung und Beurteilung Gottes Geist vernehmbar wird und daß das Sprechen aus der Kraft des Geistes (Joh. 14,26; 16,7) niemand vom eigenen Beurteilen dispensiert."[8]

Auch das „japanische Modell", nämlich eine funktionale Arbeitsteilung mit anderen Formen von Religion und Religiosität kann keine theologisch verantwortete Lösung sein. Faktisch paßt sich der Pluralismus der funktionellen Ausdifferenzierung der modernen Gesellschaft an und hat an ihr teil: In wichtigen Lebensbereichen wie Krankheit und Heilung, Sterben und Tod haben sich alternative Formen von Religion bereits angesiedelt. Wie man vom Japaner sagt, er werde schintoistisch geboren, christlich getraut, neureligiös geheilt und buddhistisch bestattet, so könnte es auch in Europa zu einer Aufteilung von Zuständigkeiten kommen: das Christentum primär fürs Gesellschaftspolitische und Sozialethische, östliche Spiritualität für die individuelle Frömmigkeitspraxis, Reinkarnationsglaube für die Auseinandersetzung mit Sterben und Tod. Es kann aber weder dem Christentum noch anderen Religionen recht sein, wenn hinter der Funktionalisierung von Teilaspekten ihre zentrale Heilsbotschaft unsichtbar wird.

Die Eigenart des religiösen Pluralismus im säkularen Kontext Europas erlaubt Kirche und Christentum keinen Verzicht auf eine klare Formulierung und Weitergabe ihres eigenen Glaubenszeugnisses. Es ist berechtigt und verständlich, daß die Dialogaktivität des ÖRK sich gegenwärtig vor allem auf die interreligiösen Krisenherde richtet und auf Überwindung von Fundamentalismus und Kommunalismus zielt. Der Konvivenz-Aspekt darf aber nicht der einzige bleiben, auch wenn er in der öffentlichen Diskussion völlig dominiert. Das ist auch gegen die neuen Gewohnheiten zu sagen, Dialog-Dekaloge zu formulieren, als wäre das Dialogideal der neue Sinai, auf dem die Gesetzestafeln für das Zeitalter des religiösen Pluralismus gehauen werden. In der jüngst von C. Basset unterbreiteten „freien Neufassung des Dekalogs Ex. 20“ wird das 1. Gebot als Verbot interpretiert, dem Gott Israels „andere Götter gegenüberzustellen“. Es soll nur insofern gelten, „als der Bezug auf eine übersinnliche, transzendente Wirklichkeit die gemeinsame Basis aller Gläubigen darstellt“[9]. Offensichtlich ist dem Dekalog-Autor entgangen, daß er durch diese Annäherung an die monistischen Traditionen der östlichen Religionen den Graben zum orthodoxen Judentum und Islam nur noch weiter aufreißt.

Die Spannung zwischen religiösem Wahrheitsanspruch und Toleranzideal ist nicht aufzuheben. Gewiß ist schon in früheren Zeiten versucht worden, das Toleranzideal selbst zum religiösen Höchstwert und zum Maßstab des Religiösen schlechthin zu machen. In Lessings Ringparabel wird wahre Religion als Wunderkraft verstanden, „vor Gott und Menschen angenehm zu machen“. Religion erweist und bewährt sich im Bereich des Interreligiösen. Der indische Philosoph Ram A. Mall hat, unter Berufung auf Hindu-Texte und auf K. Jaspers, diese Haltung als „Interreligiosität“ bezeichnet – von H. Askari gibt es ähnliche Formulierungen –: eine „religiöse Haltung, die in der demütigen Zurückweisung aller Absolutheitsansprüche besteht“ und zu der sich zu bekennen „einer religiösen Bekehrung vergleichbar“ ist. Toleranz erhält damit „die Konturen eines Glaubens“, der alle anderen Glaubensformen begleitet.[10] Intoleranz als eine Form der Lieblosigkeit ist in der Tat eine Perversion des Religiösen, insbesondere des Christlichen. Insofern ist das Konzept der „Interreligiosität“ als Reaktion auf eine Zeit der Religionskonflikte verständlich. Als Antwort auf die zunehmende religiöse Verunsicherung und Gleichgültigkeit reicht sie aber nicht mehr aus. Religionen, auch und vor allem die christliche Religion, haben mehr Aufgaben, als sich miteinander zu vertragen.

### *3. Dialog als Ort christlicher Selbstvergewisserung und Glaubensbezeugung*

Zu den wichtigen gegenwärtigen Aufgaben der Kirchen gehört darum die christliche Orientierung im religiösen Pluralismus. In der Begegnung mit moderner Säkularität und Rationalität einerseits und mit den Heilswegen der Weltreligionen und neuer Religiosität andererseits ist die Identität des Christlichen zutiefst verunsichert – Identität des Christlichen hier verstanden als ein Wissen um das „entscheidend und unterscheidend Christliche“ (so ein Buchtitel von J. Werbick)[11]. In dem Maße, wie das Christentum sein Deutungsmonopol auf seine eigenen Stoffe verloren hat und sich mit neureligiösen sowie sonstigen Umdeutungen auseinandersetzen muß, wächst diese Verunsicherung. Sie spiegelt sich in den innerkirchlichen Polarisierungen und Differenzen wider, vor allem in den Debatten über den Synkretismus sowie im Aufbrechen fundamentalistischer Gegenreaktionen. Nicht einmal darüber herrscht Einigkeit, ob das Christentum selbst zu den Religionen gehört und ob Theologie und Kirche sich überhaupt ernsthaft auf die religiöse Thematik einlassen sollen.

Fundamentalismus ist immer eine – verfehlte – Antwort auf das Gefühl von Überfremdung und Identitätsgefährdung. Er kann als ein Versuch verstanden werden, Identität im Rückgriff auf vorhandene Bestände undialogisch zu definieren, die Identität des Christlichen also im Rückgriff auf Bibel, Bekenntnis, kirchliche Autorität usw. Diese Identität kann aber angesichts des schnellen Wandels der Zeiten und der zunehmenden Veraltungsgeschwindigkeit nur im ständigen Dialog formuliert werden. Das hat Konsequenzen für christliches Dialogverständnis. Im interreligiösen Dialog müssen Christen lernen, ihren eigenen Glauben im Kontext des modernen Pluralismus neu und vertieft zu verstehen, vielleicht sogar erst zu entdecken. Der Dialog muß zum Ort christlicher Identitätsfindung und Selbstvergewisserung werden.

W. Ariarajah[12] hat kürzlich den Blick auf die 1. Weltmissionskonferenz von Edinburgh, speziell auf den Bericht der Kommission IV zurückgelenkt. Dieser Bericht hatte, bereits 1910, die Begegnung der Christenheit mit den Weltreligionen als Chance zu einem vertieften Verständnis des christlichen Glaubens gewertet, als einen „neuen Notstand", „schwanger mit neuen Möglichkeiten", von ähnlicher Bedeutung wie einst die Begegnung der frühen Christenheit mit der griechisch-römischen Welt. Eine lebendige Theologie könne nur aus einer lebendigen Begegnung entstehen, die die Kirche auf ihre geistlichen Ressourcen zurückwirft und ihren Glauben tiefer verstehen läßt. Vielleicht hat man sich das in Edinburgh zu leicht vorgestellt. Die richtige Aufgabenbeschreibung ist es immer noch, wie Ariarajah mit Recht feststellt.

Anders ausgedrückt: Der Dialog hat auch eine apologetische Dimension, apologetisch nicht im Sinne der Abwehr, sondern der Antwort auf neue Herausforderungen. Der Begriff des Apologetischen signalisiert, daß der Dialog nicht im Zeichen von Harmonisierungszwängen und Umarmungsbedürfnissen stehen sollte, sondern im Zeichen christlicher Unterscheidung. Im Sinne der psychologischen Typenlehre gesprochen: Identitätssicherung kann, wie J. Werbick im genannten Buch gezeigt hat, zwanghafte oder hysterische Züge annehmen. Der zwanghafte Typ hält sich das Fremde durch Abgrenzung vom Leibe. Weniger häufig wird erkannt, daß Identitätssicherung auch hysterische Züge annehmen kann. Sie gibt sich als Offenheit, möchte sich aber vor der Erfahrung des Fremden durch dessen Einverleibung und Einschmelzung schützen. Beide Gefahren sollten im Dialog vermieden werden. J. Aagaard[13] hat das Verhältnis von Apologetik und Dialog so formuliert: „Glaube sucht eine Gestalt, um sich selbst bekannt zu machen ... Apologetik ist das Bemühen, eine Gestalt für den christlichen Glauben zu finden. Und Dialog ist ein Mittel, um den christlichen Glauben der zeitgenössischen Welt zu vermitteln. Im Dialog drücken wird den Inhalt unseres Glaubens in einer Form aus, die dem Denken der modernen Welt angepaßt ist." Das Element des Antwortens und – in diesem Sinne – die apologetische Dimension dürfen im Dialog nicht fehlen.

Dabei geht es nicht um eine vorpluralistische Definition des Christlichen, sondern um eine Neuformulierung, die aus dem Ernstnehmen des Dialogpartners, aber auch der eigenen Tradition erwächst, oder, in Werbicks Worten, um eine dialogische Vergewisserung des Christlichen. Ohne Vergewisserung im Dialog kann es auch die oft beschworene Bereicherung durch ihn nicht geben. Die ständig zu hörende Mahnung, die Elemente des Apologetischen und Missionarischen müßten endlich aus dem Dialog verbannt werden, ist auf dem Hintergrund einer vom Kolonialismus überschatteten Missionsgeschichte zwar verständlich und in manchen Teilen der Welt immer noch gerechtfertigt. Sie geht aber nicht nur an den Realitäten der hiesigen religiösen

Lage vorbei, sondern verkennt auch das Wesen des interreligiösen Dialogs. Nicht die Forderung völliger „Offenheit“ ist die richtige Antwort auf fundamentalistische Apologetik im Verhältnis der Religionen, sondern eine dialogische Apologetik, die ihre Antworten aus dem Hinhören auf den Dialogpartner und auf die eigene Tradition bezieht.

Im Detail bleiben natürlich Probleme. Wieviel Eindeutigkeit braucht der Christ? Wie spannungsvoll darf (und muß vielleicht) die Identität des Christlichen sein? Wie verträgt sich der Wunsch nach klarer Identitätsdefinition mit dem postmodernen Bedürfnis nach einer diffusen und „multiplen“ Identität? Und bringt die Unterschiedlichkeit der Kontexte nicht unvermeidlich eine Pluralität christlicher Identitäten und damit eine Fülle von Spannungen im Zusammenleben der Christen hervor? Diese Fragen bedürfen einer Antwort. Trotzdem muß es dabei bleiben: Die Klärung der Identitätsfrage ist, metaphorisch gesprochen, das Standbein des interreligiösen Dialogs und die Voraussetzung für die von H. Küng mit Recht angemahnte Standfestigkeit auf dem rutschigen Boden des Dialogs.

Christliche Orientierung im religiösen Pluralismus muß undeutlich bleiben, wenn sie die tiefgreifenden Unterschiede zwischen den Dialogpartnern, d.h. den nichtchristlichen Religionen übersieht. Erfahrungen aus dem christlich-buddhistischen Dialog sind wenig hilfreich für das Gespräch mit dem Islam, und umgekehrt. R. Panikkar hat sich bei einem Vortrag in München denn auch gegen einen multilateralen Dialog ausgesprochen. Sinnvoll sei nur der bilaterale Dialog, das Gespräch mit einer Religion hinter dem Rücken der anderen. Es kann nicht ein und dieselbe christliche Antwort auf den buddhistischen „Atheismus“ und auf die islamische Forderung einer Unterwerfung unter Gottes Willen geben. Hierin liegt auch die Grenze von kontextuellen theologischen Entwürfen, die aus der Dialogerfahrung mit nur einer Religion entstanden sind, wie z. B. diejenige von Kenneth Cragg oder R. Panikkar. Es wächst der Ruf nach einer „christlichen Theologie des Islam“, einer des Buddhismus usw. statt einer allgemeingehaltenen „Theologie der Religionen“.

## *4. Auf der Suche nach Gemeinsamkeiten*

Zu einer dialogischen Antwort auf den Anspruch anderer Religionen gehört auch die Anerkennung von Gemeinsamkeiten. Die Suche nach dem Unterscheidend-Christlichen schließt die Suche nach Gemeinsamkeiten nicht aus, sondern ein. Gemeinsames und Trennendes liegen im Verhältnis der Religionen zueinander freilich dicht beieinander. Unterschiedenheit tritt auch und gerade im Gemeinsamen zutage, umgekehrt läßt sich im Trennenden Gemeinsames entdecken. Es ist Aufgabe einer interreligiösen Hermeneutik, die Semantik und Symbolik der Religionen dafür durchsichtig zu machen. Die Missionsepochen standen im Zeichen der Suche nach dem Trennenden und Unterscheidenden. Nach dem Weltparlament der Religionen in Chicago, unter dem Eindruck des zunehmenden religiösen Pluralismus, kam es zu einer stärkeren Betonung des Gemeinsamen, freilich nicht kontinuierlich und unbestritten, wie man an der großen ökumenischen Debatte um Hendrik Kraemer und die Weltmissionskonferenz von Tambaram 1938 sehen kann.

Die zeitweilige Hoffnung auf das Entstehen einer Welteinheitsreligion[14] ist durchweg, auch in der interreligiösen Bewegung, aufgegeben oder mindestens zugunsten eines postmodernen Verständnisses von Vielfalt in der Einheit („Gott ist plural", J. Knitter) abgemildert worden. Eine kopernikanische Revolution, von der J. Hick gesprochen hat, hat nicht stattgefunden, wohl aber ein Umschlag (vielleicht auch ein zu starker Pendelausschlag) von der Suche nach Trennendem zur Suche nach Gemeinsamem. Es gehört zu den Erfordernissen eines interreligiösen Realismus, beides zu vermeiden: falsche Feindbilder und illusionäre Freundbilder.

Es ist hier nicht der Ort, die religionswissenschaftliche Diskussion dieses Themas zu referieren. Wir müssen uns damit begnügen, einige theologisch bedeutsame Modelle zu diskutieren. Es liegt auf der Hand, daß der Standpunkt des Betrachters bei der Suche nach Gemeinsamkeiten eine Rolle spielt. Freunde der Mystik sind von den mystischen Traditionen anderer Religionen fasziniert, Bhaktas von anderen Formen der Gottesliebe, Moralisten von den ethischen Idealen der Religionen usw. Auf der Basis solcher Gemeinsamkeiten können Koalitionen von Mystikern, Gottliebenden usw. quer zur Religionszugehörigkeit entstehen. Die religionsphänomenologischen Parallelen sind so evident, daß ihre theologische Relevanz in dialogkritischen Kreisen bis heute dadurch bestritten wird, daß man sie als teuflische Nachäffung deutet oder auf christliche Einflüsse zurückführt. Der Wahrheitskern dieses Einspruchs liegt darin, daß die Gemeinsamkeiten das Trennende zwischen den Religionen nicht außer Kraft setzen.

Das bedeutendste Modell ist das mystische, und seine gegenwärtig populärste Ausprägung die pluralistische Religionstheologie.[15] Das Modell geht von der Gemeinsamkeit mystischer Erfahrung in allen Religionen aus. Als Weg dahin gilt einer der vielen Meditationswege.

Lehrhafte Ausprägungen und Religionszugehörigkeiten werden als sekundär gewertet und müssen in Richtung auf das Göttliche – auf die „Nabe des Rads" – transzendiert werden. Die tiefste Gotteserfahrung vollzieht sich im Schweigen. Die Verschiedenheit der Religionen wird darauf zurückgeführt, daß Menschen unterschiedliche Erfahrungen machen und verschiedene Sprachen sprechen. Das eine Licht bricht sich im Prisma kultureller Vielfalt. Religionen sind nichts anderes als unterschiedliche Sprachspiele oder Mythen.

Das ist der Hintergrund für die Rollenzuweisung an den Pfarrer als interreligiösen Koordinator. Der philosophische Hintergrund wird durch eins der großen monistischen Systeme oder eine Allianz aus allen drei bereitgestellt: durch hinduistisches, mahayana-buddhistisches oder neuplatonisches All-Einheitsdenken. In der theologischen Rezeption dieses Konzepts wird entweder eine Wendung vom „Christozentrismus" zum „Theozentrismus" (J. Knitter, S. Samartha) gefordert oder eine pluralistische Avatara-Christologie nach hinduistischem Muster entworfen.[16] Eine Variante davon ist die Unterscheidung zwischen Christus als dem göttlichen Logos und seinen historischen „Konkretionen", unter denen Jesus als eine, u. U. als eine hervorgehobene gilt. Mission erscheint als ein sinnloses Unternehmen, das den Menschen nur von einem Sprachspiel zum anderen führt. Bestenfalls erscheint ein „pluralistischer Missionar" sinnvoll, der sich einer „relativen Wahrheit" absolut verpflichtet fühlt.[17]

Dieses monistische Konzept bildet das Gegenstück zur dualistischen Weltsicht des Fundamentalismus. Dieser sieht die Welt in zwei Lager aufgespalten; zwischen Gottesfreunden und Gottesfeinden herrscht Krieg, der sich in einem endzeitlichen Harmagedon entlädt. Die unreine Außenwelt gefährdet die Reinheit der wahrhaft Frommen und muß von ihnen ferngehalten werden. Die christliche Position ist weder mit dem fundamentalistischen Dualismus noch mit dem mystischen Monismus identisch. Die Auseinandersetzung mit dem letzteren erfolgt einerseits, vor allem in der katholischen Diskussion, von einem differenzierten Mystik-Begriff her: Der All-Einheitsmystik und ihren Verschmelzungserfahrungen wird die dialogische bzw. personale Mystik entgegengestellt.[18] Eine tiefergreifende Kritik setzt bei dem (zumindest tendenziell) monistischen Hintergrund und den inklusivistisch-vereinnahmenden Konsequenzen dieses Konzepts an und beruft sich gegen diese Vedantisierung des Christentums auf das jüdische Denken, auf Martin Buber und Emmanuel Lévinas, gegen Shankara, Nagarjuna und Plotin.[19] Christlich verstandener Dialog muß den anderen anders sein lassen. Der Pluralismus der Religionen samt seinen Konflikten wird nicht mit der Vision einer höheren Einheit, sondern durch die biblisch verstandene Agape[20] überwunden. Die Agape akzeptiert den anderen in seinem Anderssein, auch in seinem religiösen Anderssein, schlägt aber doch die Brücke zu ihm. Sie inspiriert gleichermaßen zu Mission, Dialog und Konvivenz und verbindet alle drei Lebensäußerungen der Kirche miteinander. Ohne Agape wird Mission zur Proselytenmacherei, Dialog zum unverbindlichen Gespräch, Konvivenz zur bloßen Mitmenschlichkeit.

Sinnvoller ist die Suche nach Gemeinsamkeiten zwischen den Religionen im Bereich des Ethischen. Ob sich daraus ein „Weltethos" begründen läßt, das alle Religionen als gleichermaßen verbindlich akzeptierten und vertreten können, wie es H. Küngs „Projekt Weltethos" fordert, ist eine zweite Frage. Zwar ist es nicht erwiesen, daß Ethos religiösen Ursprungs und inhaltlich vorwiegend von religiösen Vorgaben geprägt ist. Nicht nur sind die Unterschiede im sittlichen Empfinden und Handeln tief; auch der Stellenwert des Sittlichen (in seinem Verhältnis zum Göttlichen und zur Heilsverwirklichung) variiert von Religion zu Religion.[21] Das Küngsche Projekt und seine Annahme durch das zweite Weltparlament der Religionen 1993 in Chicago haben immerhin die Möglichkeit erwiesen, ein allen großen Religionen gemeinsames Weltethos zu formulieren, in Küngs Worten: einen „Grundkonsens bezüglich verbindender Werte, unbedingter Maßstäbe und persönlicher Grundhaltungen"[22], in der Formulierung der aus dem Bereich verschiedener Religionen unterzeichneten ›Universalen Weltethos-Erklärung‹ eine „Grundeinstellung zu Gut und Böse ... sowie die Grundprinzipien, um eine solche Einstellung in die Tat umzusetzen".

Daß Ethos nicht nur ein allgemein-religiöses, sondern ein allgemein-menschliches Phänomen ist, läßt sich als theologische Aussage auch biblisch begründen: Sittliches Handeln findet sich nach Rm. 2, 14f. faktisch überall. Darin erweist sich ein vorhandenes und universales „natürliches" Wissen um Gut und Böse. Diese Einsicht ist für Paulus die Grundlage der Rechtfertigungslehre: Erst dieses „natürliche" Wissen macht Sünde unentschuldbar und läßt den Sünder auf Gottes Gnade angewiesen sein (Rm. 3, 19ff.). Wenn es überhaupt so etwas wie eine Ökumene der Religionen geben kann, dann am ehesten eine „interreligiöse Ökumene *in ethicis*"[23]. Sie würde auch für ein gemeinsames Handeln der Religionen von Bedeutung sein. Das setzt freilich voraus, daß die Gebote des Nichttötens, Nichtstehlens, Nichtbegehrens usw. sowie die Goldene Regel sich nicht nur in allen Religionen nachweisen lassen, sondern daß ihnen über den privaten Bereich hinaus eine Allgemeingültigkeit zugestanden wird, die nicht durch andere Vorschriften (z.B. über den *jihad*) eingeschränkt werden kann.

Gemeinsamkeiten der Religionen gewinnen dadurch ihre theologische Bedeutung, daß sie nicht nur religionsphänomenologisch aufweisbar, sondern im Handeln Gottes verankerbar sind. Im Falle des Ethos der Religionen ist diese Verankerung deutlich: Es gehört in den Bereich des 1. Artikels, nämlich des Welthandelns Gottes, das das Zusammenleben der Menschen ermöglicht und in dem sich Gott als Schöpfer, Regierer und Erhalter der Welt erweist. Zwar kann auch dieses Handeln Gottes, wie alles andere, vom Menschen mißbraucht und ins Gegenteil verkehrt werden. Trotzdem stellt die ›Studie‹ mit Recht fest: „Wie alle Ereignisse der Natur und Geschichte gehören die Religionen ... in das Welthandeln Gottes", und dieses sei darauf angelegt, daß die Menschen (nach Act. 17,27) Gott suchen, um ihn zu finden und zu erfassen (S. 126). (Von daher läßt sich eine Brücke zu lutherischen Positionen schlagen, die die Religionen dem Bereich des Gesetzes, im Unterschied zu dem des Evangeliums, zuordnen). Unterscheidet man mit C. Westermann das segnende vom rettenden Handeln Gottes, so gehört dieser Aspekt der Religionen in den Bereich des segnenden Handelns.[24] T. Sundermeier hat darauf aufmerksam gemacht, daß die Stammesreligionen genau darauf gerichtet sind. In ihnen bzw. in dem, was Sundermeier „primäre Religionserfahrung" nennt, ist Heil durchweg diesseitig verstanden, als ungehindertes Fließen des göttlichen Segens.

In den Weltreligionen dagegen, im Bereich „sekundärer Religionserfahrung", ist Heil durchweg jenseitig verstanden. Diese Religionen stellen Antworten auf die Heilsfrage dar, sie versprechen Heil.[25] Genau darin ist am ehesten ihr gemeinsames Wesen zu sehen, eher als in der Anerkennung eines göttlichen Wesens, die im Buddhismus bekanntlich nicht grundsätzlich gegeben ist. Nun wird der Zusammenhang zwischen Ethik und Heil in den Religionen, teilweise auch innerhalb einzelner Religionen, unterschiedlich gesehen. Ethisches Verhalten gilt zwar durchweg als geboten oder heilsam, nicht aber gleichermaßen als zureichend zur Heilserlangung. Bei Paulus begründet das universale Wissen um Gut und Böse gerade den Unheilszustand der Menschheit unter dem Gesetz und ihre Erlösungsbedürftigkeit. Trotz ethischer Gemeinsamkeiten gehen die Religionen gerade in der entscheidenden, nämlich der Heilsfrage auseinander. Gewiß ist der Aussage des gegenwärtigen Dalai Lama zuzustimmen, alle Religionen wollten, daß wir gute Menschen werden. Hinsichtlich des Weges zum

„guten Menschsein“ aber gehen die Wege der Religionen auseinander. Das hebt die Bedeutung ethischer Gemeinsamkeiten für ein Überleben der Menschen allerdings nicht auf. Diese Gemeinsamkeiten gehen freilich über den beschränkten Bereich der Religionen hinaus in die säkulare Kultur mit ihrer autonomen Ethik.

### 5. *Die Konkurrenz der Wahrheiten und Heilsansprüche*

Der interreligiöse Dialog erhält seinen letzten Ernst durch den Anspruch der Religionen, um Heil und Unheil sowie um den Weg zum Heil zu wissen. Auch religiöse Auseinandersetzungen, sofern sie mehr sind als ein Vorwand für die Durchsetzung weltlicher Interessen, erhalten von der Heilsfrage ihre Schärfe. Die pluralistische Theologie der Religionen bemüht sich um Entschärfung durch verschiedene Varianten der alten liberalen These, jede Religion sei auf ihre Weise ein Heilsweg, alle Wege führten letztlich auf den gleichen Gipfel usw. Im Zeichen des religiösen Pluralismus müsse jede Religion nicht nur ihren exklusiven Heilsanspruch aufgeben, sondern auch ihren Anspruch, ihre eigene Wahrheit als Norm für religiöse Wahrheit überhaupt geltend zu machen. Die Forderung nach diesem Verzicht wird primär moralisch, als Erfordernis einer toleranten, offenen, sich von einer inquisitorischen Vergangenheit abzusetzenden Haltung begründet, erst sekundär inhaltlich-theologisch. Exklusive Ansprüche der christlichen Botschaft aus der frühchristlichen Zeit kirchlicher Machtlosigkeit und solche aus der nachkonstantinischen Epoche, die im Zeichen kirchlicher Machtausübung und kirchlichen Machtmißbrauchs stand, fließen dabei ineinander und kommen unter das gleiche Verdikt. Diese gegenwärtig populären und äußerst wirksamen Tendenzen müssen sich an dem messen lassen, was christliche Wahrheit und was religiöse Wahrheit ist.

*Christliche* Wahrheit, wie sie in den biblischen Schriften zum Ausdruck kommt, geht – in kurzen Stichworten zusammengefaßt – nicht vom Menschen, sondern vom Heilswillen Gottes und von seinem daraus fließenden Heilshandeln aus. Dieses dokumentiert sich im göttlichen Handeln mit dem Volk Israel und kulminiert im eschatologischen Handeln im Leben, Sterben und Auferstehen Jesu Christi. Es setzt sich fort in der Sendung des Geistes, der zugleich den Beginn einer neuen Schöpfung und das Angeld der Erlösung darstellt. Zu diesem Heilshandeln gehört die Heilsoffenbarung, die das im welthaften Geschehen sich ereignende Heilshandeln dem Menschen im

Wort erschließt und ihm Heil zuteil werden läßt. Die menschliche Antwort auf beides ist, in biblischer Terminologie, der Glaube.

In der missionstheologischen Debatte der Nachkriegszeit ist dieses heilsgeschichtlich orientierte Konzept unter dem Stichwort der Missio Dei zusammengefaßt worden. In englischer Terminologie – im Anschluß an L. Newbigin[26] – ausgedrückt: Diese göttliche "mission" begründet die "missions", die von Menschen getragenen Missionsunternehmungen, durch die das göttliche Heilshandeln sich in der Welt fortsetzt. Mission im neutestamentlichen Sinne beinhaltet wesentlich die Aufhebung der zeitweiligen Beschränkung des göttlichen Heilswillens und -handelns auf Israel sowie deren Universalisierung und Ausdehnung auf den gesamten Erdkreis, unabhängig von religiösen Zugehörigkeiten und in diesem Sinne antipluralistisch. Eine Neudefinierung des Verhältnisses zu den Religionen, bei der diese universale Entschränkung zur Mission hin auf der Strecke bleibt, kann sich nicht auf das NT berufen. Stellen wie Act. 10,34f. („Nun erfahre ich in Wahrheit, daß Gott die Person nicht ansieht; sondern in jedem Volk, wer ihn fürchtet und recht tut, der ist ihm angenehm"), die gern gegen die Mission gewendet werden, legitimieren in Wirklichkeit die Entschränkung der Verkündigung im universalen Missionsgeschehen (v. 42ff.).[27] Aussagen über das endzeitliche Heil Israels bei Paulus (Rm. 11,25ff.) und der Völker bei Jesus (Mt. 8,11ff.) verdeutlichen, daß dieses Universalisierungsgeschehen letztlich nicht im menschlichen Tun, sondern im göttlichen Heilswillen und Heilshandeln seine Ursache hat. Das Gleichnis vom großen Weltgericht (Mt. 25,31ff.) wiederum zeigt, daß menschliches Handeln im Sinne einer Ethik der Barmherzigkeit über den Bereich des Gottesvolkes hinaus heilsbedeutend werden kann. Gottes Herrschaft und sein Wirken sind nicht an die Grenzen christlichen und kirchlichen Handelns gebunden.

Die Religionen spielen in diesem Rahmen nur eine geringe, eher negative Rolle. Es sind im NT nicht die Weltreligionen, wie wir sie heute kennen, sondern die zeitgenössischen lokalen und regionalen Kulte mit ihren Gottheiten, ihrer Bilderverehrung usw. Dieser Unterschied zeigt sich an der Unmöglichkeit, die biblische Kritik am Götzendienst von Deuterojesaja bis hin zu Rm. 1,21ff. auf Islam und Buddhismus anzuwenden. Die urchristliche Haltung zu den „heidnischen" Kulten war weitgehend durch den jüdischen Monotheismus und das erste Gebot vorgegeben. Das spiegelt sich z. B. in den Äußerungen von 1. Kor. 8,1ff. über den Verzehr von Opferfleisch. Die bekannten exklusivistischen Stellen des NT machen keine programmatischen Aussagen über den Heilsunwert der Religionen, sind aber doch mehr als ein Ausdruck der intensiven subjektiven Glaubensbeziehungen zu Christus. Joh. 14,6 stellt, weit über den Kontext der Stelle hinaus, verallgemeinernd fest, daß es keinen anderen Weg zu Gott gibt als durch den seinem Leiden und seiner Erhöhung entgegengehenden Christus. Auch die anderen Schafe aus einem anderen Stall muß der gute Hirte „herführen", und sie werden „seine Stimme hören" (Joh. 10,16). Daß „kein anderer Name von Gott gegeben worden ist, durch den wir gerettet werden sollen", wie es Act. 4,12 in der Petrusrede heißt, ist konfessorische Sprache in der Auseinandersetzung mit jüdischen Autoritäten über Kreuzigung und Auferstehung Jesu und steht nicht im Kontext der Kritik an heidnischen Kulten. Man wird das Gewicht dieser Stellen für eine heutige Religionstheologie also weder über- noch unterschätzen dürfen.

In der Auseinandersetzung mit den heutigen Weltreligionen sollte eine verantwortliche christliche Reflexion jedenfalls von dem ausgehen, was über Gottes Heilswillen und Heilshandeln gesagt wurde. Was das Christentum aus dem Kreis der Religionen hervorhebt, ist die Kunde von diesem Geschehen, nicht dasjenige, was das Christentum zu einer Religion wie andere macht. Insofern hat die ›Studie‹ (S. 116ff.) recht, wenn sie das christliche Handeln gegenüber den Religionen im Handeln Gottes begründet sieht, im übrigen aber einen „Standort der Buße" einnimmt und das Religionsein des Christentums betont. Diese Selbstrelativierung des Christentums als einer historischen Religion ist eine wesentliche Voraussetzung für ein unverkrampftes Verhältnis zu den anderen Religionen, impliziert aber keineswegs eine Relativierung des göttlichen Heilswirkens, das ihm zugrunde liegt. Insofern ist der christliche Wahrheitsanspruch alles andere als der Absolutheitsanspruch der christlichen Religion. Er ist eher als Endgültigkeits- (bzw. Finalitäts-)anspruch Jesu Christi zu definieren.[28] An dieser Stelle muß der Einspruch K. Barths gegen das neuprotestantisch verstandene Kulturchristentum in Geltung bleiben.

Diese strukturelle Unterscheidung zwischen dem Christentum als einer historischen Religion und dem ihm zugrunde liegenden Endgültigkeitsanspruch Jesu Christi und seiner Botschaft hat allerdings in anderen Religionen Parallelen: Auch zwischen den Hindu-Traditionen und den in ihnen aufbewahrten Heilserfahrungen sowie zwischen dem Buddhismus als einer historischen Religion und der von ihm gelehrten Urerfahrung der Befreiung muß unterschieden werden. (Ob es sich dabei auch um Heilserfahrungen im christlichen Sinn handelt, mag dahingestellt bleiben, ist aber nicht von vornherein auszuschließen.) Was das Christentum aus dem Kreis der Religionen heraushebt, ist also nicht eine strukturelle Eigenart, sondern die von Christen geglaubte Einmaligkeit des von der Bibel berichteten universalen Heilsgeschehens. Sie macht die Wahrheit der christlichen Botschaft aus. An ihr muß sich das Christentum zunächst immer wieder selbst messen lassen.

Was die Eigenart *religiöser* Wahrheit betrifft, so ist bedeutungsvoll, daß sogar hinduistische Dialogteilnehmer in der ökumenischen Diskussion sich zunehmend von liberalen und synkretistischen Positionen absetzen, wie sie gemeinhin als repräsentativ für asiatische, speziell für hinduistische Traditionen gelten, nach dem Muster der All-Einheitsschau der Advaita-Philosophie. Vor allem K. Sivaraman hat sich gegen das „Paradies der Liberalisten" und die Vorstellung gewandt, alle Religionen seien gleichermaßen gültige Wege zum selben Ziel. Er hat gefordert, der Anspruch der Religion auf höchste Wahrheit und letzte Verbindlichkeit müsse persönlich erfahren werden, und das sei auf dem Hintergrund einer relativistischen Religionstheologie nicht möglich. Für Sivaraman sind Religionen „alternative Absolute", gegeneinander exklusiv, außer in einem transzendenten Sinn.[29] Auch solche (stärker vom Geist der Bhakti geprägte) Hindus sowie viele Buddhisten haben nicht die Absicht, die Spannung zwischen religiösem Wahrheitsbewußtsein und der Anerkennung des religiösen Pluralismus aufzulösen. Daß einer seinen eigenen religiösen Weg für „absolut" wahr hält, ist nicht das Ende, sondern der Anfang des Dialogs.

Überhaupt sind die Aussagen der nichtchristlichen Religionen über die Heilsmöglichkeiten in anderen religiösen Traditionen keineswegs so großzügig, wie oft unterstellt wird. Der entscheidende Unterschied zwischen dem Christentum und den östlichen Religionen liegt vor allem darin, daß die letzteren aufgrund ihrer Kosmologie (mit ihren vielen Himmeln, Höllen und Zwischenzuständen) und ihren Reinkarnationsvorstellungen eine Abstufung von Heils- und Unheilsmöglichkeiten aufweisen, die eine relative Anerkennung anderer religiöser Traditionen erlaubt. Die Erreichung des letzten und höchsten Heilsziels (moksha, nirvana usw.) bleibt aber in der Regel an Vorbedingungen geknüpft, die der eigenen Tradition entstammen: einer bestimmten Meditationspraxis, einer mystischen Einheitserfahrung, der Realisierung buddhistisch verstandener Ichlosigkeit usw. Die Vorbedingungen bilden die Norm, an der andere religiöse Traditionen gemessen werden. Davon abgesehen, erscheint der Heilswert aller empirischen Religionen nur vorläufig und geeignet, den Menschen durch ein frommes und moralisches Leben auf dem Weg über eine neue Geburt dem Ziel etwas näher zu bringen. Gerade in christlichen Kreisen findet man gelegentlich ein idealisiertes Bild östlicher Toleranz.

Wo von christlicher Seite theologische Aussagen über den Heilswert *(salvific value)* der Religionen gemacht werden, sollten sie konkretisiert werden. Es reicht nicht aus, vom 2. oder 3. Artikel des Credo her abstrakt über das Wirken Christi bzw. des Heiligen Geistes in den Religionen zu spekulieren. Eine kosmische Christologie und die orthodoxe Lehre, nach der der Heilige Geist vom Vater, aber nicht vom Sohn ausgegangen ist, erlauben weitergehende Aussagen über den Heilswert der Religionen[30], als die ›Studie‹ sie mit ihrer Zuordnung der Religionen zum Welthandeln Gottes wagt. Es ist hier nicht der Ort, diese Entwürfe theologisch zu würdigen. Es muß aber gefragt werden, was sie konkret austragen. Worin wird das Wirken des kosmischen Christus bzw. des Geistes konkret gesehen? Die ökumenische Diskussion über das Wirken Gottes in politischen Befreiungsbewegungen demonstriert die Gefahr willkürlicher und kontroverser Geschichtsdeutungen auf der Basis solcher Konzepte. Im Blick auf ein Heilswirken des kosmischen Christus bzw. des Geistes in den Religionen müßte gefragt werden: Was wird dabei unter Heil verstanden? Was ist es, das Heil vermittelt? Bloße Zugehörigkeit, ethisches Handeln, Glaube an Gott, Formen mystischer Vereinigung mit dem Göttlichen, Praktiken spiritueller Selbstbefreiung, oder alles das zusammengenommen, was die Religionen ihre Anhänger jeweils lehren? Oder hat nur das Heilswert, was sich an der christlichen Norm messen lassen kann: Glaube, Ergreifen der göttlichen Gnade usw.? Was bedeutet in einer säkular geprägten und religiös pluralen Situation mit vielfach ungeklärter religiöser Zugehörigkeit die These, jede Religion sei ein Heilsweg für ihre jeweiligen Anhänger, das Christentum für die Christen, der Pfad des Buddha für die Buddhisten usw.? Wodurch unterscheidet sich diese Auskunft von Relativismus und Beliebigkeitspluralismus, wie sie im Bild von den vielen Wegen angedeutet sind, die alle auf den gleichen Berg führen? Viele dieser Fragen sind noch längst nicht geklärt, manche noch gar nicht richtig gestellt.

H. Küng, der die moderne pluralistische Religionstheologie zutreffend als Fortsetzung der alten liberalen Position wertet, geht mit Recht davon aus, daß man nicht verschiedene Wege zur gleichen Zeit gehen kann. Er arbeitet an dieser Stelle mit der Unterscheidung zwischen Innen- und Außenperspektive: „Von *außen* gesehen, religionswissenschaftlich betrachtet, gibt es *verschiedene wahre Religionen* ... verschiedene Heilswege zum einen Ziel, die sich sogar zum Teil überschneiden und sich jedenfalls gegenseitig befruchten können. Von *innen* gesehen, vom Standpunkt des am Neuen Testament orientierten gläubigen Christen gesehen, gibt es für mich *die wahre Religion, die für mich, da ich unmöglich alle Wege gleichzeitig gehen kann, der Weg ist, den ich zu gehen versuche:* Das Christentum, insofern es den einen wahren Gott in Jesus bezeugt."[31] Abgelehnt ist damit die Auflösung der Spannung zwischen Außen- und Binnenperspektive, die durchzuhalten für den interreligiösen Dialog konstitutiv ist.

Das ist eine überzeugendere Lösung als die Verlagerung der religiösen Absolutheit in den Bereich subjektiver Überzeugung nach dem Muster „Mein Papa ist der beste"[32]. L. Newbigin[33] wendet sich mit Recht gegen die These von Diana Eck, der früheren Moderatorin der ökumenischen Dialog-Arbeitsgruppe, nur der Muslim selbst könne die Frage beantworten, ob Gott sich im Koran offenbart. H. Kraemer habe nicht das Recht dazu gehabt. Das würde in der Tat die Frage nach der Offenbarungsqualität religiöser Texte ins subjektive Belieben stellen. Die muslimische Antwort ist aber ein Bekenntnis, gesprochen aus der muslimischen Binnenperspektive, die christliche dagegen eine Einschätzung aus der Außenperspektive. Beides ist legitim, aber zu unterscheiden. Das Selbstverständnis des Dialogpartners ist zu respektieren, nicht aber unbedingt zu teilen. Der interreligiöse Dialog ist laut ökumenischer Definition ein "encounter of commitments", in gewissem Sinn eine Begegnung von „Absolutheitsansprüchen" (an sich, wie schon erwähnt, ein unglücklicher Begriff aus der idealistischen Philosophie), wenn nicht für die eigene Religion, so doch für deren Kern: für die Unterwerfung unter Gott, für den Pfad des Buddha, für das in Christus kulminierende Heilsgeschehen usw. Wer für sein *commitment* einen Anspruch dieser Art erhebt, kann das nicht tun, ohne dem Andersgläubigen das gleiche Recht zuzugestehen. Damit wird nicht die Subjektivität zur entscheidenden Instanz erhoben, sondern die Vorläufigkeit alles menschlichen Urteilens eingestanden: Auch der Gläubige bekennt seine Gewißheit in der Ungesichertheit der geschichtlichen Existenz.

Christliche Orientierung im religiösen Pluralismus kann also nicht darin bestehen, alle religiösen Differenzen auf einer höheren Ebene oder gar in einem Metasystem aufzulösen, indem man sie in den Bereich des (religiös oder kulturell) Relativen verweist und zugunsten einer zugrunde liegenden Einheit vernachlässigt. Solch ein Versuch würde nur die religionsinternen Gräben um so tiefer aufreißen. Der verunsichernden Wirkung des Pluralismus kann sich niemand entziehen. Die von H. J. Margull konstatierte „Verwundbarkeit" im Dialog ist nicht zu vermeiden. Die Spannungen sind „ehrlich auszuhalten" (H. Waldenfels). – Christliche Orientierung im religiösen Pluralismus kann aber auch nicht darin bestehen, sich vor der fremdreligiösen Präsenz durch Abkapselung zu schützen und nur die Unvereinbarkeit der verschiedenen Glaubenssysteme zu konstatieren. Religionen weisen zahlreiche Gemeinsamkeiten und Überlappungen auf, die auf dem Hintergrund einer säkularen Kultur leichter zu erkennen sind; sie beeinflussen einander auf vielfache Weise. Da sich Gemeinsamkeiten wie Differenzen oft hinter unterschiedlichen Terminologien und Symbolen verbergen, müssen sie mit Hilfe einer interreligiösen Hermeneutik erschlossen werden.

Auch die Religionen sind ein Wirkungsbereich Gottes, wie immer man die göttliche Wirksamkeit in ihnen definieren mag. Daß es die Wirklichkeit des Religiösen überhaupt noch gibt, erfahren manche Christen überhaupt erst in der Begegnung mit einer anderen Religion. Es ist nicht zu verhindern (und oft genug auf das eigene christliche Schuldkonto zu verbuchen), daß manche Zeitgenossen sich ganz oder teilweise auf sie einlassen. Für andere wird die andere Religion zu einer Initiationserfahrung ins Religiöse und vielleicht sogar zu einem (providentiell zu deutenden?) Umweg in ein tiefer verstandenes Christentum. Der Pluralismus macht religiöse Zugehörigkeit zu einer Sache persönlicher Wahl, wie P. L. Berger immer wieder betont[34]: Weder Abkapselung noch Anpassung, sondern Auseinandersetzung sei die angemessene Antwort auf ihn. Wettstreit und „häretischer Imperativ" werden die pluralistische religiöse Kultur bestimmen.

Christen begegnen den Andersgläubigen als Nachbarn, mit denen sie zusammenleben sollen (Konvivenz); als Gesprächspartnern, die auch aus einer religiösen Überzeugung leben und dem Christen deshalb etwas zu sagen haben (Dialog); und schließlich als dem christlichen Glauben widersprechenden Anders-Gläubigen, die, gewollt oder ungewollt, einen Anspruch auf Auskunft über den Grund christlicher Hoffnung (1. Pt. 3,15) haben (Mission bzw. Zeugnis). Fehlformen des Religiösen in der fremden wie in der eigenen Religion mögen zu Protest herausfordern (Apologetik). Alle diese Aspekte, die sich nicht voneinander trennen lassen, sondern miteinander verschlungen sind, machen die Breite der interreligiösen Begegnung aus, die sich mehr und mehr auch auf abendländischem Boden abspielt.

# ANMERKUNGEN

## *I. Einleitung*

[1] W. Halbfass, Indien und Europa, Perspektiven ihrer geistigen Begegnung, Basel/Stuttgart 1981, 435f. Die Troeltsch-Zitate sind seiner Schrift entnommen: Der Historismus und seine Probleme, Tübingen 1922, 710, 708, 713.

[2] K. Rahner, Art. „Abendland" II, in: LThK I, $^{2}$1957, bes. Sp. 1921.

[3] J.B. Metz, Solidarische Freiheit. Krise und Auftrag des Europäischen Geistes (Conc 28/1992, 178–182), 182.

[4] Eine glückliche Verbindung von (katholischer) fundamentaltheologischer Reflexion und Auseinandersetzung mit konkreten Phänomenen liegt vor im Aufsatzband von H. Waldenfels, Begegnung der Religionen. Theologische Versuche I, Bonn 1990.

[5] P. Schmidt-Leukel, „Den Löwen brüllen hören". Zur Hermeneutik eines christlichen Verständnisses der buddhistischen Heilsbotschaft, Paderborn 1992. T. Sundermeier (Hrsg.), Die Begegnung mit dem Anderen. Plädoyers für eine interkulturelle Hermeneutik (Studien zum Verstehen fremder Religionen 2), Gütersloh 1991.

## *II. 1893–1993: Ein Jahrhundert „interreligiöse Bewegung"*

[1] M. Braybrooke, Pilgrimage of Hope. One Hundred Years of Global Interfaith Dialogue, London 1992 (im Text zitiert als „Braybrooke", mit Seitenangabe). J. H. Barrows, The World's Parliament of Religions: An Illustrated and Popular Story of the World's First Parliament of Religions, Held in Chicago in Connection with The Columbian Exposition of 1893, 2 vols., Chicago 1893. J.M. Kitagawa, The 1893 World's Parliament of Religions and its Legacy, Chicago 1983. M. Biehl, Das Weltparlament der Religionen in Chicago 1893, in: Gott und Politik in den USA, hrsg. v. K.M. Kodalle, Frankfurt a.M. 1988, 278–299.

[2] K. Hutten, Seher, Grübler, Enthusiasten, Stuttgart $^{12}$1982, 560–583. Der Einfluß des Swedenborgschen Denkens ist sogar in der Theologie der Vereinigungskirche S. M. Muns zu bemerken.

[3] Biehl, Das Weltparlament ..., a.a.O., 280f.

[4] C.C. Bonney, Das Parlament der Weltreligionen (Offene Tore 5/1960, 146–158), 158.

[5] Biehl, Das Weltparlament ..., a.a.O., 294.

[6] R. Hummel, Indische Mission und neue Frömmigkeit im Westen, Stuttgart 1980, 19.

[7] S. Ahlstrom, zitiert bei Braybrooke, Pilgrimage of Hope, a. a. O., 41.

[8] World Fellowship. Addresses and Messages by Leading Spokesmen of all Faiths, Races and Countries, ed. by C. F. Weller. General Executive World Fellowship of Faiths, New York 1935, ²1938.

[9] H. Wagner, 50 Jahre interreligiöse Arbeit in Deutschland, Dortmund 1971, 4f.

[10] R. Hummel, Interreligiöses Friedensengagement – Zur „Weltkonferenz der Religionen für den Frieden" in Melbourne (MEZW 52/1989, 129–137). Zu den einzelnen Weltkonferenzen werden in der Regel Tagungsbände herausgegeben, auch in deutscher Sprache.

[11] Nachfolge und Friedensdienst. Die Religionen in ihrem Engagement für die Rettung des Lebens, hrsg. v. K.-W. Tröger, Berlin 1986. Interreligiöse Organisationen sind aufgeführt in: M. Braybrooke, Inter-Faith Organizations 1893–1979: An Historical Directory, New York 1980.– Interfaith Directory, ed. by F. Clark, publ. by International Religious Foundation, New York 1987.

[12] Siehe Anm. 10.

[13] P. Weller, Das "Interfaith Network for the UK". Eine neue Initiative in den religiösen Beziehungen, in: J. Lähnemann (Hrsg.), Das Wiedererwachen der Religionen als pädagogische Herausforderung (Pädagogische Beiträge zur Kulturbegegnung Bd. 10), Rissen 1992, 423–431.

## *III. Inner- und randchristlicher Pluralismus*

[1] H.-J. Becken, Die himmlische Kirche Christi. Eine Afrikanische Unabhängige Kirche in Mitteleuropa (ZMiss 8/1982, 98ff.). (Es handelt sich um die 1947 gegründete "Celestial Church of Christ" aus Nigeria und Benin, der auch einige Deutsche beigetreten sein sollen.) In Großbritannien dürfte die Zahl dieser Kirchen wesentlich größer sein.

[2] Vgl. die in mehrjährigen Abständen erscheinende Sektenstatistik in MEZW, zuletzt: 56/1993, 240f.

[3] J. Gordon Melton, The Encyclopedia of American Religions, Detroit/London ³1989. Vgl. auch J. R. Nelson, Art. „Nordamerika", in: Ökumene Lexikon, Frankfurt a. M. ²1987.

[4] E. Geldbach, Freikirchen – Erbe, Gestalt und Wirkung (BenshH 70), Göttingen 1989.

[5] Vgl. Frankfurter Kirchliches Jahrbuch. Evangelisch – Katholisch – Freikirchlich, hrsg. vom Evangelischen Regionalverband Frankfurt a. M.

[6] W. Kopfermann, Abschied von einer Illusion, Volkskirche ohne Zukunft, Hamburg/Mainz 1990. Vgl. meine Rezension in: MEZW 53/1990, 235–238.

[7] Hinweis von H.-J. Ruppert, Okkultismus. Geisterwelt oder neuer Weltgeist?, Wiesbaden/Wuppertal, 1990, 47. Rupperts Buch bringt wichtige Informationen und Quellen zum gesamten Okkultismusbereich.

[8] J. S. Judah, The History and Philosophy of the Metaphysical Movements in America, Philadelphia 1967. Zur Theosophie: H.-J. Ruppert, Theosophie, Konstanz 1993.

[9] J. Gordon Melton, European Receptivity to the New Religions (Syzygy I/1, 1992, 3–13), 7, 10.

[10] M. Eliade, Die Sehnsucht nach dem Ursprung, Wien 1973, 58f. Vgl. K.-F. Daiber, Reinkarnationsglaube als Ausdruck individueller Sinnsuche, in: H. Becker u. a. (Hrsg.), Im Angesicht des Todes, St. Ottilien 1987, 207–227.

[11] Auf die Bedeutung des „Umwegs", den hinduistische und buddhistische Gruppen in den sechziger und siebziger Jahren über die USA nach Europa genommen haben, habe ich mehrfach hingewiesen: Indische Mission und neue Frömmigkeit im Westen, a. a. O., 176ff.; ferner R. Hummel/B. Hardin, Asiatische Religionen in Europa (Conc 19/1983, 26–31). Vgl. auch H. Waldenfels, Zur Entwicklung und Beurteilung der neureligiösen Bewegungen in der Bundesrepublik Deutschland (ZMR 65/1981, 103–120). Meltons Einspruch (Anm. 9, 10f.) geht an der Sache vorbei.

[12] R. Hummel, Indische Mission ... (Anm. 11), 176ff.

[13] H. Zinser, Okkultismus unter Berliner Schülern (MEZW 53/1990, 273–290. Ders., Okkulte Praktiken unter erwachsenen Schülern des zweiten Bildungsweges in Berlin (West) (MEZW 54/1991, 176–189).

[14] P. Gerlitz, Gott erwacht in Japan, Freiburg 1977. G. Lanczkowski, Die neuen Religionen, Frankfurt a. M. 1974. J. Kitagawa, On Understanding Japanese Religions, Princeton 1987.

[15] W. Davis, Dojo. Magic and Exorcism in Modern Japan, Stanford 1980, bietet eine interessante soziologische Studie einer Mahikari-Gruppe in Japan, mit abschließenden Erwägungen über „Kirchen der Magie", die es laut E. Durkheim eigentlich nicht geben dürfte.

[16] A. Resch, Art. „Magie", in: Lexikon der Sekten, Sondergruppen und Weltanschauungen: „Magie bleibt über alle Kultur- und Entwicklungsbereiche hinweg die jeweilige Auseinandersetzung mit dem Unbekannten" (S. 611). T. Sundermeier, Nur gemeinsam können wir leben. Das Menschenbild schwarzafrikanischer Religionen, Gütersloh 1988, 42, weist darauf hin, daß die Unterscheidung von Magie und Religion in den afrikanischen Religionen keinen Anhalt findet; alle menschlichen und nichtmenschlichen Kräfte gingen im afrikanischen Denken letztlich auf Gott zurück. Vgl. R. Hummel, Kult statt Kirche. Wurzeln und Erscheinungsformen neuer Religiosität außerhalb und am Rande der Kirchen, in: G. Baadte/J. Rauscher (Hrsg.), Neue Religiosität und säkulare Kultur, Graz u. a. 1988, 43–61; sowie das in Anm. 7 genannte Buch von H.-J. Ruppert, bes. 133ff.

## *IV. Die Präsenz östlicher Religionen*

1 Vgl. drei Beiträge in M. Pye/R. Stegerhoff (Hrsg.), Religion in fremder Kultur. Religion als Minderheit in Europa und Asien (Schriften zur internationalen Kultur- und Geisteswelt), Saarbrücken-Scheidt 1987: A. van Dijk, Originalhinduismus als Religion niederländischer Staatsbürger. Hindustanische Hindus in den Niederlanden (99–110); U. King, Religionen ethnischer Minderheiten in England. Bericht über ein Forschungsprojekt der Universität Leeds (123–134); P. Gerlitz, Die Rissho Koseikai und ihre Assimilation im Westen (111–122). Ferner die Länderdarstellungen in: M. u. U. Tworuschka (Hrsg.), Religionen der Welt, Gütersloh/München 1992, bes. 279 ff. und 336 ff.

2 Aus buddhistischer Sicht: H. Hecker, Chronik des Buddhismus in Deutschland, Plochingen [3]1985; ders., Lebensbilder deutscher Buddhisten 2 Bde., Konstanz 1990 u. 1992; Die Deutsche Buddhistische Union (DBU) und ihre Mitglieder in Selbstdarstellungen, hrsg. von der DBU (Gelbe Reihe), München 1991; Nr. 3/1992 der ›Lotusblätter‹, 44 ff. (Buddhismus in Europa und in einzelnen europäischen Ländern); Buddhismus in Österreich, in: Ursache und Wirkung, Zeitschrift der buddhistischen Kultusgemeinde Österreichs, Oktober 1992, 5 ff.; C. Humphreys, Sixty Years of Buddhism in England (1907–1967), London 1968. Aus religionswissenschaftlicher Sicht: K.-J. Notz, Der Buddhismus in Deutschland in seinen Selbstdarstellungen, Frankfurt a. M. u. a. 1984; M. Baumann, Deutsche Buddhisten. Geschichte und Gemeinschaften, Marburg 1993 (dort auch ältere Literatur); R. Hummel, Indische Mission und neue Frömmigkeit im Westen, Stuttgart 1988; F. Usarski, Asiatische Religiosität als alternativkulturelles Phänomen, in: K. Rudolph/ G. Rinschede (Hrsg.), Beiträge zur Religion/Umwelt-Forschung I, Berlin 1989, 87–102; E. Puttick, Growth and Appeal of Buddhism in Britain (Religion Today, 8/1993, 5–10).

3 Vgl. P. Hacker, Der religiöse Nationalismus Vivekanandas (EMZ 28/1971, 1–15).

4 R. Hummel (Anm. 2), bes. 234 ff.

5 G. F. Vicedom, Die Mission der Weltreligionen, München 1959.

6 M. Bergler, Die Anthropologie des Grafen Karlfried von Dürckheim im Rahmen der Rezeptionsgeschichte des Zen-Buddhismus in Deutschland, Erlangen 1981; ders., Zen-Buddhismus in Deutschland (MEZW 47/1984, 356–366); K.-J. Notz, Der Tibetische Buddhismus in Deutschland (EZW-Information Nr. 91), Stuttgart 1984.

7 J. Triebel (Hrsg.), Der Missionar als Forscher (MWF 21), Gütersloh 1988.

8 Weijan Liu, Die daoistische Philosophie im Werk von Hesse, Döblin und Brecht (Chinathemen Bd. 59), Bochum 1991; P. Sloterdijk, Eurotaoismus. Zur Kritik der politischen Kinetik, Frankfurt a. M. 1989.

9 H.-J. Ruppert, Theosophie – Unterwegs zum okkulten Übermenschen, Konstanz 1993.

10 A. Bharati, Hindus ignorant of Hinduism – Phoney Swamis abroad, in:

The Illustrated Weekly of India vom 18.3.1973, 25, und in anderen Publikationen.

11 A. Faust/S. Ohasama, Zen – der lebendige Buddhismus in Japan, mit einem Geleitwort von R. Otto, Gotha 1925. E. Herrigel, Zen in der Kunst des Bogenschießens, Konstanz 1948.

12 R. Hummel, Gurus in Ost und West, Stuttgart 1984. J. Finger, Gurus, Ashrams und der Westen, Frankfurt a. M. 1987.

13 E. Benz, Zen in westlicher Sicht – Zenbuddhismus und Zensnobismus, Weilheim 1962.

14 K.-J. Notz, Der Tibetische Buddhismus in Deutschland (Anm. 6). O. Nydahl, Wie die Buddhas in den Westen kamen, Sulzberg 1990. F. V. Tiso, The Karma Kagyupa Tibetan Buddhists (StMiss 41/1992, 144–167).

15 M. Mildenberger, Die religiöse Revolte, Frankfurt a. M. 1979.

16 C. Fuchs, Yoga in Deutschland, Stuttgart 1990.

17 H.-J. Ruppert, New Age. Endzeit oder Wendzeit?, Wiesbaden 1985. C. Schorsch, Die New Age-Bewegung, Gütersloh 1988. R. N. Walsh/F. Vaughan (Hrsg.), Psychologie in der Wende, Bern u. a. 1985. S. Grof, Geburt, Tod und Transzendenz, Stuttgart 1985.

18 Vgl. Anm. 1. Ferner: M. Nye, Constructing a Hindu Temple Community in Edinburgh (Religion Today 8/1992, 12–15).

19 Zur Vielfalt der „Sitze im Leben" heutiger Reinkarnationsvorstellungen und ihrer Problematik: H. Kochanek (Hrsg.), Reinkarnation oder Auferstehung?, Freiburg 1992. Vgl. R. Hummel, Reinkarnation. Weltbilder des Reinkarnationsglaubens und das Christentum, Stuttgart 1988.

20 F. V. Tiso (Anm. 14), passim.

21 P. Gerlitz, Gott erwacht in Japan, Freiburg 1977, 139–152. W. Davis, Dojo. Magic and Exorcism in Modern Japan, Stanford 1980.

22 K. Bitter, Konversionen zum tibetischen Buddhismus, Göttingen 1988.

23 P. L. Berger, Der Zwang zur Häresie. Religion in der pluralistischen Gesellschaft, Frankfurt a. M. 1980, 24ff. u. passim.

## *V. Christentum und östliche Religionen im Dialog*

1 M. Mildenberger, Religiöser Humanismus. Zum europäischen Erbe im deutschen Buddhismus, in: G. Kehrer (Hrsg.), Zur Religionsgeschichte der Bundesrepublik Deutschland, München 1980, 49–76, 59, 75.

2 Ein klassischer Vertreter des Komplementaritätsmodells war S. Radhakrishnan, z. B. in: Wissenschaft und Weisheit, München 1961, 155: „Jeder einzelne von uns ist sowohl östlich als westlich. Ost und West ... sind zwei Möglichkeiten, die jeder Mensch in jedem Zeitalter in sich trägt ... Jeder einzelne von uns ist sowohl religiös als auch rational." Aus jüngerer Zeit: B. Griffiths, Die Hochzeit von Ost und West, Salzburg 1983.

3 Vgl. den Brief von Sivendra Prakash, in Auszügen übersetzt, abgedruckt

und kommentiert in: Christentum im Spiegel der Weltreligionen, hrsg. von H.-J. Loth u. a., Stuttgart 1978, 297f.

4 A. Pieris, Christentum und Buddhismus im Dialog aus der Mitte ihrer Traditionen, in: A. Bsteh (Hrsg.), Dialog aus der Mitte christlicher Theologie (Beiträge zur Religionstheologie 5), Mödling 1987, 131–178, 156. Vgl. die Artikel „Inkulturation" und „Kontextuelle Theologie", in: Lexikon Missionstheologischer Grundbegriffe, hrsg. von K. Müller, T. Sundermeier, Berlin 1987.

5 K.-J. Notz, Der Buddhismus in Deutschland in seinen Selbstdarstellungen, Frankfurt a. M. 1984, 205ff. M. Mildenberger, a. a. O., passim.

6 Dalai Lama, Interreligiöser Dialog, in: Dalai Lama/Eugen Drewermann, Der Weg des Herzens, hrsg. von D. J. Krieger, Olten 1992, 35–45, passim.

7 E. K. Dargyay, The Response of the Dalai Lama and the Tibetan Community in the Indian Exile, in: H. G. Coward (Ed.), Modern Indian Responses to Religious Pluralism, Albany 1987, 315–328, 325.

8 G. Schüttler, Die Erleuchtung im Zen-Buddhismus, Freiburg/München 1974. C. Naranjo/R. Ornstein, Psychologie der Meditation, Frankfurt a. M. 1976.

9 D. Kantowsky (Hrsg.), „nicht derselbe und nicht ein anderer". Beschreibungen und Gespräche, Texte, Bilder und Dokumente zum 90. Geburtstag des Ehrwürdigen Nyanaponika Mahathera, Konstanz 1991, 149 (aus einem Gespräch mit D. Kantowsky). Auch abgedruckt in: MEZW 51/1988, 287–291.

10 Geshe Lhündub Söpa/J. Hopkins, Der tibetische Buddhismus, Düsseldorf/Köln 1976, 39 u. passim.

11 H. Dumoulin, Begegnung mit dem Buddhismus, Neuausgabe, Freiburg u. a. 1991, 131ff. u. passim. Zu H. Enomiya-Lassalle und anderen Vertretern eines „Zen für Christen" s. u. im Kapitel über „Suche nach Spiritualität". Dort weitere Literatur.

12 M. Baumann, Deutsche Buddhisten, a. a. O., 102. Gegen die Ablösbarkeit des Zen vom buddhistischen Mutterboden hat sich, neben anderen, ausgesprochen: Ruth Fuller Sasaki, zitiert in: H. Rzepkowski, Buddhismus in geistiger Auseinandersetzung mit der modernen Welt (Arbeitstexte der EZW Nr. 12), Stuttgart 1973, 18f. Auch in Deutschland gibt es Zen-Gemeinschaften, die sich gegen „Zen für Christen" aussprechen.

13 Schreiben an die Bischöfe der katholischen Kirche über einige Aspekte der christlichen Meditation (HerKorr 44/1990, 79–85). Vgl. dazu J. Sudbrack, Eine römische Verlautbarung zur Meditation (MEZW 53/1990, 102–104).

14 C. Fuchs, Yoga in Deutschland, Stuttgart u. a. 1990, besonders 211ff. Zum Problem „Yoga für Christen": A. Frenz, Christlicher Yoga, Stuttgart 1985. E. Bochinger/G. Martin (Hrsg.), Gesammeltes Leben. Christliche Meditation, Gebet und Yoga, Konstanz 1991. R. Hummel, Yoga-Meditationsweg für Christen? Probleme einer christlichen Yoga-Rezeption (EZW-Texte, Information 112), Stuttgart 1990.

15 R. M. Steinmann, Guru-Sisya-Sambandha. Das Meister-Schüler-Verhältnis im traditionellen und modernen Hinduismus, Stuttgart 1986. M. Kämp-

chen, Briefe aus dem Ashram, Hildesheim 1981. R. Hummel, Gurus in Ost und West, Stuttgart 1984.

[16] H.-M. Barth, Sehnsucht nach den Heiligen? Verborgene Quellen ökumenischer Spiritualität, Stuttgart 1992.

[17] M. Eliade, Die Sehnsucht nach dem Ursprung, Wien 1973, 58f. Vgl. auch die Erwägungen über einen christlich-esoterischen Initiationsweg von J. Coleman, Die religiöse Bedeutung neuer religiöser Bewegungen (Conc [D] 19/1983, 13–20).

[18] Dalai Lama/E. Drewermann (Anm. 6), 49–58, das Zitat auf S. 51. K.-J. Notz (Anm. 5), 165ff.

[19] A. Pieris (Anm. 4), 134.

[20] T. Deshimaru Roshi, Zen-Buddhismus und Christentum, Berlin 1978, 25. Vgl. D. T. Suzuki, Der westliche und der östliche Weg, Frankfurt a. M. u. a. 1974, 20ff.

[21] S. Ueda, Die Gottesgeburt in der Seele und der Durchbruch zur Gottheit. Die mystische Anthropologie Meister Eckharts und ihre Konfrontation mit der Mystik des Zen-Buddhismus, Gütersloh 1965. H. Waldenfels, Absolutes Nichts, Zur Grundlegung des Dialogs zwischen Buddhismus und Christentum, Freiburg u. a. [3]1980. Ders., Faszination des Buddhismus, Zum christlich-buddhistischen Dialog, Mainz 1982. Ryosuke Ohashi (Hrsg.), Die Philosophie der Kyoto-Schule, Freiburg/München 1990. Dort auch ein Beitrag von S. Ueda: Das absolute Nichts im Zen, bei Eckhart und bei Nietzsche, 471–502.

[22] K. Takizawa, Buddhismus und Christentum, Kyoto 1964. Ders., Reflexionen über die universale Grundlage in Buddhismus und Christentum, Frankfurt a. M. u. a. 1980. Seiichi Yagi, Die Front-Struktur als Brücke vom buddhistischen zum christlichen Denken, München 1988. Vgl. T. Sundermeier, Gott im Buddhismus (Ev. Th 48/1988, 19–35). S. Fritsch-Oppermann, Konvivenz und Konfrontation – im Dialog mit dem Dialogtheologen S. Yagi (ZMiss 18/1992, 210–221), und die Replik darauf von O. Schumann (222–225).

[23] Zitiert bei Masao Abe, Umgestaltung im Verständnis des Buddhismus im Vergleich mit platonischen und christlichen Auffassungen (Conc [D] 24/1988, 110–122).

[24] D. T. Suzuki, Über Zen-Buddhismus, in: E. Fromm/D. T. Suzuki/R. de Martino, Zen-Buddhismus und Psychoanalyse, Frankfurt a. M. 1972, 9–100, 20.

[25] Zum hinduistischen Gottesverständnis: H. von Stietencron, in: H. Küng/J. van Ess/H. von Stietencron/H. Bechert, Christentum und Weltreligionen, München 1984, 271–291, und Küngs Antwort darauf: 292–310.

[26] Die von C. Humphreys formulierten ›Zwölf Grundsätze‹ sind abgedruckt in: H. Rzepkowski (Anm. 12), 12–14.

[27] R. N. Dandekar, Der Mensch im Denken des Hinduismus, in: A. Bsteh (Hrsg.), Sein als Offenbarung in Christentum und Hinduismus, Mödling 1984, 139–179, 151.

[28] P. Hacker, Religiöse Toleranz und Intoleranz im Hinduismus (Saec. 8/1957, 167–179).

[29] R. Hummel, Guru, Wundertäter, Religionsgründer: Sathya Sai Baba (MEZW 47/1984, 28–35).

[30] J. Finger, Jesus – Essener, Guru, Esoteriker?, Mainz/Stuttgart 1993, 23 ff., 33 ff.

[31] D. T. Suzuki, Der westliche und der östliche Weg (Anm. 20), 127.

[32] G. Greshake, Tod – und dann? Ende – Reinkarnation – Auferstehung, Freiburg 1988. R. Hummel, Reinkarnation. Weltbilder des Reinkarnationsglaubens, Mainz/Stuttgart 1988.

[33] R. Sachau, Elisabeth Kübler-Ross. Über die Grenze des Todes hinaus? (MEZW 50/1987, 313–323).

[34] Lama A. Govinda, Buddhistische Reflexionen, Bern u. a. 1983, 24 f.

[35] Für die wechselseitige Einschätzung von Christentum und Hinduismus ist der Dialog zwischen beiden in Indien im 19. und 20. Jahrhundert immer noch wichtig. Dazu: M. M. Thomas, Christus im neuen Indien. Reformhinduismus und Christentum, Göttingen 1989: S. J. Samartha, Hindus vor dem universalen Christus, Stuttgart 1970. R. Boyd, An Introduction to Indian Christian Theology, Madras ²1975. Über die Auseinandersetzung der ökumenischen Bewegung mit dem Hinduismus: W. Ariarajah, Hindus and Christians: A Century of Protestant Ecumenical Thought (Currents of Encounter 5), Amsterdam 1991. Vgl. K. Klostermaier, Hinduismus, Köln 1965.

[36] Vgl. die Beiträge zum Hinduismus in: Christentum im Spiegel der Weltreligion (Anm. 3); Modern Indian Responses to Religious Pluralism (Anm. 7).

[37] D. T. Suzuki, Amida – der Buddha der Liebe, Bern u. a. 1974.

[38] K. Barth, Kirchliche Dogmatik I, 2, 376.

[39] So der Titel: M. von Brück, Einheit der Wirklichkeit, München 1986. Vgl. meine Rezension in: Ev. Kommentare 20/1987, 540.

[40] Anm. 22.

[41] Vgl. die Beiträge von R. D. Baird/K. Klostermaier/K. Sivaraman in: Modern Indian Responses to Religious Pluralism (Anm. 7).

[42] Z. B. H. Küng, Projekt Weltethos, München 1990, 123 ff.

## *VI. Die neuen religiösen Bewegungen*

[1] Die Literatur (wissenschaftlich, kirchlich-apologetisch, polemisch usw.) über dieses Thema ist unübersehbar. Vgl. meine Sammelrezension: Neue religiöse Bewegungen (VF 32/1987, 78–95). Aus der seit 1986 erschienenen wissenschaftlichen Literatur (nicht über einzelne Bewegungen) sei genannt: Lexikon der Sekten, Sondergruppen und Weltanschauungen, hrsg. von H. Gasper/J. Müller/F. Valentin, Freiburg u. a. 1990; O. Eggenberger, Die Kirchen, Sondergruppen und religiösen Vereinigungen, Zürich ⁵1990; H. Obst, Außerkirchliche Protestbewegungen der Neuzeit (Kirchengeschichte in Einzeldarstellungen III/4); E. Geldbach, Erscheinungsbilder der Neuen Religiösen Bewegungen, in: Christ und Kultur (JEB 32), Göttingen 1989, 148–191. Das ›Handbuch Religöser Gemeinschaften‹ der VELKD soll demnächst in

veränderter Auflage erscheinen. Englischsprachig: J. A. Beckford (Ed.), New Religious Movements and Rapid Social Change, London/Beverly Hills/New Delhi 1986; P. Clarke (Ed.), The New Evangelists: Recruitment, Methods and Aims of New Religious Movements, London 1987; D. Bromley/Ph. Hammond (Eds.), The Future of New Religious Movements, Macon 1987; E. Barker, New Religious Movements. A Practical Introduction, London 1989; T. Miller (Ed.), When Prophets Die, Albany 1991. Verläßliche Einzeldarstellungen bei J. Gordon Melton, Encyclopedic Handbook of Cults in America, New York 1986; ders., Biographical Dictionary of American Cult and Sect Leaders, New York 1986. Zur neureligiösen Szene insgesamt: J. Sudbrack, Neue Religiosität. Herausforderung für die Christen, Mainz 1987.

[2] Neue Jugendreligionen, hrsg. v. M. Müller-Küppers/F. Specht, Göttingen 1979. Destruktive Kulte, hrsg. v. K. G. Karbe/M. Müller-Küppers, Göttingen 1983. Familie und Destruktive Kulte: Menschenwürde, Recht und Freiheit, Arbeitsgemeinschaft für Religions- und Weltanschauungsfragen, München 1985. (Der Ausdruck „psychomutatorische Gruppen" findet sich im Beitrag zu diesem Buch von E. Flöther/F.-W. Haack, Ausblick auf die Sektenszene der nächsten Jahre, 96–117, besonders 110.)

[3] Destruktive Kulte (s. Anm. 2), 95f.

[4] J.A. Beckford, Cult Controversies. The Societal Response to the New Religious Movements, London/New York 1985. D. G. Bromley/A. D. Shupe, Strange Gods. The Great American Cult Scare, Boston 1981; F. Usarski, Die Stigmatisierung neuer spiritueller Bewegungen in der Bundesrepublik Deutschland, Köln/Wien 1988; A.C. Seckler, „Jugendsekten" in Deutschland. Öffentliche Meinung und Wirklichkeit. Eine religionswissenschaftliche Untersuchung (EHS.T 360), Frankfurt a. M. u. a. 1989; N. Thiel, Der Kampf gegen neue religiöse Bewegungen. Anti-„Sekten" – Kampagne und Religionsfreiheit in der Bundesrepublik Deutschland, Mörfelden-Walldorf 1986. – Die meisten Darstellungen der „Kult-Kontroverse" sind nicht um Neutralität bemüht, sondern sind selbst ein Teil davon. Das gilt auch für die drei genannten deutschen Titel. N. Thiel, ein führendes Mitglied der deutschen Vereinigungskirche, war zur Zeit der Abfassung seines Buches deren Pressesprecher. Eine sachliche Darstellung der deutschen Elterninitiativen, ihrer Geschichte und Leistungen, freilich auch ihrer Grenzen und Gefahren, steht noch aus.

[5] Vgl. J.A. Saliba, Social Science and the Cults. An Annotated Bibliography, New York/London 1990. Darin werden 2219 Titel aufgeführt!

[6] R. Stark/W. S. Bainbridge, The Future of Religion. Secularization, Revival and Cult Formation, Berkeley u. a. 1985, passim.

[7] Diese Aufgliederung habe ich zuerst vorgeschlagen in meinem Beitrag: Die sogenannten Jugendreligionen als religiöse und gesellschaftliche Phänomene, in: H. Marré/J. Stüting, Essener Gespräche zum Thema Staat und Kirche (19), Münster 1985, 64–85.

[8] Vgl. die zahlreichen Publikationen von Kurt Hutten und Hans-Diether Reimer, ferner die Sekten-Artikel von F. Valentin im ›Lexikon der Sekten ...‹ und im ›Handwörterbuch religiöser Gegenwartsfragen‹, Freiburg u. a. 1986.

[9] J. Gordon Melton, European Receptivity to the New Religions (Syzygy I/1, 1992, 3–13), 4f.

[10] Europäische Hindu-Konferenz unterstützt fundamentalistische Unruhestifter (MEZW 55/1992, 338–340). Vgl. meinen Beitrag: Militanter Hinduismus (MEZW 56/1993, 65–72). Neuerdings bemüht sich die ISKCON um größere Distanz zum Hindu-Fundamentalismus, vor allem zu den Vorgängen in Ayodhya.

[11] R. Stark, Europe's Receptivity to Cults and Sects, in: R. Stark/W. S. Bainbridge (Anm. 6), 475–505, 491.

[12] Statistische Angaben zu Sekten: MEZW 56/1993, 240f.

[13] James T. Richardson (Ed.), Money and Power in the New Religions, New York 1988.

## *VII. Christentum und neureligiöse Bewegungen*

[1] A. R. Brockway/J. P. Rajashekar (Eds.), New Religious Movements and the Churches. Report and papers of a consultation sponsored by the LWF and the WCC, Geneva 1987. Die Empfehlungen dieser Amsterdamer Konsultation sind in deutscher Übersetzung auszugsweise abgedruckt in: MEZW 50/1987, 44–46. Der vatikanische Bericht ›Sects or New Religious Movements: Pastoral Challenge‹ von 1986 ist abgedruckt bei Brockway/Rajashekar (180–197), in deutscher Fassung in der Werkmappe ›Sekten und religiöse Sondergemeinschaften in Österreich‹, Wien (Dokumentation 2/86). Dazu und zur weiteren Entwicklung im katholischen Bereich: J. A. Saliba, Vatican Response to the New Religious Movements (TS 53/1992, 3–39), und R. Hummel, Kult statt Kirche. Wurzeln und Erscheinungsformen neuer Religiosität außerhalb und am Rande der Kirchen, in: G. Baadte/A. Rauscher (Hrsg.), Neue Religiosität und säkulare Kultur (Kirche heute 2), Graz u. a. 1988, 43–61. Zur gegenwärtigen Diskussion: H. Waldenfels, Zwischen Dialog und Protest. Religionstheologische Anmerkungen zu den Neuen Religiösen Bewegungen (StZ 117/1992, 183–198); M. Fuss, Unsichtbar bleibt ihre Frömmigkeit. Kritische Begegnung mit Neuen Religiösen Bewegungen (StMiss 41/1992, 353–389). Themennummern über NRBen und die kirchliche Auseinandersetzung mit ihnen: Conc 19/1983, H. 1; StMiss 41/1992.

[2] H.-J. Ruppert, Okkultismus. Geisterwelt oder neuer Weltgeist?, Wiesbaden/Wuppertal 1990; ders., Theosophie – unterwegs zum okkulten Übermenschen, Konstanz 1993. Psychogruppen und Psychoszene werden in der angloamerikanischen Forschung in der Regel unter "Human Potential Movement" oder unter "Self Religions" abgehandelt. Vgl. P. Heelas, Californian Self Religions and Socializing the Subjective, in: E. Barker (Ed.), New Religious Movements: A Perspective for Understanding Society, New York 1982, 69–85; P. Vitz, Psychology as Religion. The Cult of Self Worship, Herfordshire 1977; H. Hemminger, Psychotherapie – Weg zum Glück?, München 1987.

[3] So bei Kardinal F. Arinze, Die Herausforderung der Sekten oder der

neuen religiösen Bewegungen: Ein pastoraler Zugang, Osservatore Romano vom 26.4.1991, Beilage XVI, im Absatz II.

[4] H. Waldenfels (Anm. 1), Zitate auf S. 184 und 196f.

[5] J.H. Kamstra, Changes in Buddhist Attitudes towards other Religions: The Case of the Soka Gakkai (ZMR 73/1989, 28–61).

[6] R. Hummel, Religionsfriede statt Dritter Weltkrieg. S.M. Moons interreligiöse Aktivitäten (MEZW 53/1990, 291–295).

[7] Beispiele („Forum für die Universale Religion“ und Sathya Sai Baba) habe ich beschrieben in: MEZW 49/1986, 106–110 und 47/1984, 28–35.

[8] A. Nehring, Rissho Kosei-kai. Eine neubuddhistische Religion in Japan (EM 16), Erlangen 1992, 265f.

[9] Die F. I. U. C (Internationale Föderation katholischer Universitäten) hat eine Reihe von internationalen Konferenzen über neue religiöse Bewegungen durchgeführt und dabei auch die Frage eines Dialogs mit ihnen diskutiert. U. a. auf der europäischen Konferenz im Herbst 1991 in Wien mit Beiträgen von H. Waldenfels, M. Introvigne, M. Fuss, mir und anderen.

[10] L. Swidlers ›Dialog-Dekalog‹ ist abgedruckt in: MEZW 55/1992, 232–236.

[11] B. Hargrove, Integrative and Transformative Religions, in: J. Needleman/G. Baker (Eds.), Understanding the New Religions, Seabury Press 1981, 257–266. Die integrative Religion im Sinne dieser Idealtypologie zeichnet sich laut Hargrove durch klare Identifizierbarkeit, deutliche Abgrenzung und einen spezifischen Verhaltenskodex aus, die transformative Religion durch Betonung des individuellen Bewußtseins und Wachstums sowie der personalen Beziehungen.

[12] Von mir übersetzt aus: New Religious Movements and the Churches (Anm. 1), 171–179.

[13] Zitiert nach: MEZW 50/1987, 44–46.

[14] Kardinal F. Arinze (Anm. 3). Vgl. die informative Darstellung bei Saliba und den Artikel von M. Fuss (beide Anm. 1).

## *VIII. Auf der Suche nach Spiritualität*

[1] V.H. Hine, The Deprivation and Disorganization Theories of Social Movements, in: I.I. Zaretsky/M. Leone (Eds.), Religious Movements in Contemporary America, Princeton 1974, 646–661. Durchweg findet die Kompensationstheorie in ihrer massiven Form keine Bestätigung durch die Forschung. Die Zusammenhänge zwischen sozialem Wandel und sich wandelndem religiösen Verhalten liegen aber auf der Hand.

[2] G. Schulze, Die Erlebnisgesellschaft. Kultursoziologie der Gegenwart, Frankfurt a. M. 1992. P. Heelas, Californian Self-Religions and Socialising the Subjective, in: E. Barker (Ed.), New Religious Movements. A Perspective for Understanding Society (Studies in Religion and Society vol. 3), New York/Toronto 1982, 69–85.

[3] Vgl. den Titel von: H.P. Siller (Hrsg.), Suchbewegungen, Darmstadt 1991; M. Blasberg-Kuhnke, Politische Mystagogie der Nachfolge. Suchbewegungen im Christentum, in: A. Schilson (Hrsg.), Gottes Weisheit im Mysterium. Vergessene Wege christlicher Spiritualität, Mainz 1989, 44–60.

[4] H. Waldenfels in: StZ 117/1992, 191. Zitiert bei M. Fuss, Unsichtbar bleibt ihre Frömmigkeit. Kritische Begegnung mit Neuen Religiösen Bewegungen (StMiss 41/1992, 353–389), 387.

[5] Abgedruckt als ›Information 4/86‹ in der ›Werkmappe Sekten und religiöse Sondergemeinschaften in Österreich‹, Wien. Zitat S. 3.

[6] Die drei Aspekte habe ich mehrfach dargelegt. Siehe R. Hummel, Suche nach Identität. Selbstfindung als Thema der „Neuen Religiosität", in: B. Haneke/K. Huttner (Hrsg.), Spirituelle Aufbrüche. New Age und „Neue Religiosität als Herausforderung an Gesellschaft und Kirche, Regensburg 1991, 47–61, 58f.

[7] E. Barker, Freedom to Surrender with Bhagwan, in: Bhagwan. Trick or Treat. Self and Society. European Journal of Humanistic Psychology (15/1987, 209–216).

[8] Religionen, Religiosität und christlicher Glaube, hrsg. im Auftrag des Vorstandes der Arnoldshainer Konferenz (AKf) und der Kirchenleitung der VELKD von der Geschäftsstelle der Arnoldshainer Konferenz und dem Lutherischen Kirchenamt Hannover 1991, 17f.

[9] H. Waldenfels, Der Gekreuzigte und die Weltreligionen, Zürich u.a. 1983, 11–33, u. passim.

[10] Vgl. R. Waßner, Neue Religiöse Bewegungen in Deutschland. Ein soziologischer Bericht (EZW-Texte, Information Nr. 113), Stuttgart 1991.

[11] Gegen C. Schütz, Art. „Spiritualität/Christliche Spiritualität", in: Praktisches Lexikon der Spiritualität, Freiburg 1988, 1170–1180. Zutreffend M. Kämpchen, Art. „Spiritualität/Indische Spiritualität", ebd. 1198. Vgl. H.-M. Barth, Spiritualität (BenshH 74), Göttingen 1993, bes. 14f.

[12] R. Hummel, Indische Mission und neue Frömmigkeit im Westen, Stuttgart u.a. 1980, 23–29, 122–131.

[13] B. Martin, Handbuch der spirituellen Wege, Neuausgabe, Reinbek 1985.

[14] H. Cox, Licht aus Asien, Stuttgart/Berlin 1978, 109.

[15] Religionen ... (Anm. 8), 78.

[16] Zu den frühen Publikationen gehört: H.M. Enomiya-Lassalle, Zen – Weg zur Erleuchtung, Wien 1960; ders., Zen-Meditation für Christen, München/Bern 1968. Der Anschluß an J. Gebser findet sich in: ders., Am Morgen einer besseren Welt, Freiburg 1984. Titel der Originalausgabe von 1981: Wohin geht der Mensch?

[17] B. Griffiths, Rückkehr zur Mitte. Das Gemeinsame östlicher und westlicher Spiritualität, München 1987.

[18] H. Waldenfels, Christlicher Glaube und Zen, in: G. Stachel (Hrsg.), *munen muso*. Festschrift für Pater H.M. Enomiya-Lassalle, SJ, Mainz 1978, 405–418, 414f.

[19] E. Lorenz, Vom Karma zum Karmel, Freiburg 1989, 151.

[20] W. Herbstrith/E. Moltmann-Wendel, Formen christlicher Spiritualität heute, in: P. Fiedler u. a. (Hrsg.), Studientexte Funkkolleg Religion, Weinheim/Basel 1985, 426–459.

[21] R. Hummel, Yoga – Meditationsweg für Christen? (EZW-Texte, Information Nr. 112, Stuttgart 1990), 16ff.

[22] J. Aagaard, The World-view/Cosmology of the New Religious Movements, in: New Religious Movements and the Churches, 39–59.

[23] J. Moltmann, Der Geist des Lebens. Eine ganzheitliche Pneumatologie, München 1991, 95ff.

[24] C. Schütz (Anm. 11), 1174.

[25] H.-D. Reimer, Wenn der Geist in der Kirche wirken will, Stuttgart 1987.

[26] W. Kopfermann, Abschied von einer Illusion. Volkskirche ohne Zukunft, Hamburg/Mainz 1990.

[27] A. Bittlinger, Das Vaterunser. Erlebt im Licht von Tiefenpsychologie und Chakrenmeditation, München 1990.

[28] MEZW 56/1993, 240f.

[29] T. Meyer (Hrsg.), Fundamentalismus in der modernen Welt. Die Internationale der Unvernunft, Frankfurt a. M. 1989, 18. Kritisch gegenüber T. Meyers „Totalrationalismus": G. Küenzlen, Fundamentalismus und die säkulare Kultur der Moderne, in: Fundamentalismus in der verweltlichten Kultur, hrsg. von H. Hemminger, Stuttgart 1991, 196–221, bes. 204.

[30] M. N. Ebertz, Wider die Relativierung der heiligen Ordnung: Fundamentalismen im Katholizismus (Aus Politik und Zeitgeschichte, Beilage zur Wochenzeitung Das Parlament, Bd. 33/92, 11–22), 13.

[31] R. H. Prince, Cocoon Work: An Interpretation of the Concern of Contemporary Youth with the Mystical, in: I. I. Zaretzky/M. Leone (Anm. 1), 255–271, unter Berufung auf A. von Gennep, The Rites of Passage, London 1960.

[32] K. Rahner, Frömmigkeit heute und morgen (Geist und Leben 39/1966, 335f.).

[33] Vgl. den Untertitel von J. Sudbrack, Mystik. Selbsterfahrung – Kosmische Erfahrung – Gotteserfahrung, Mainz/Stuttgart 1988; ders., Neue Religiosität. Herausforderung für die Christen, Mainz 1987; ders., Mystik im Dialog, Würzburg 1992.

[34] M. Fuss, Unsichtbar bleibt ihre Frömmigkeit. Kritische Begegnung mit Neuen Religiösen Bewegungen (StMiss 41/1992, 353–389), 371.

[35] Religionen ... (Anm. 8), 29.

## *IX. Islamische Präsenz in Deutschland und Europa*

[1] Ich verwende den üblich gewordenen Begriff „Muslime", obgleich in islamischen Kreisen nicht selten lieber von „Moslems" gesprochen wird. – Einen ausgezeichneten Überblick über Fakten, Probleme und Lösungsversuche bietet J. S. Nielsen, Muslims in Western Europe (IslS 20), Edinburgh 1992 (mit ausführlichem bibliographischem Essay). Informativ auch die Länderdarstel-

lungen in: M.u.U. Tworuschka (Hrsg.), Religionen der Welt. Grundlagen, Entwicklung und Gegenwart, Gütersloh/München 1992, bes. S. 233ff., und von D. Khalid in: W. Ende/U. Steinbach, Der Islam in der Gegenwart, München 1984, 440–469. Zur Geschichte des deutschen Islam: M. S. Abdullah, Geschichte des Islams in Deutschland (Islam und westliche Welt 5), Graz u. a. 1981; ders., ... und gab ihnen sein Königswort. Berlin – Preußen – Bundesrepublik. Ein Abriß der Geschichte der islamischen Minderheit in Deutschland, Altenberge 1987. Die Reihe ›Beiträge zur Ausländerarbeit‹ und andere allgemeinverständliche Publikationen im Verlag Otto Lembeck behandeln mit Schwerpunkt Probleme des Zusammenlebens mit Muslimen, mit M. Mildenberger, J. Micksch u. a. als Herausgebern.

Über Islam in Deutschland und anderen Ländern wird in den CIBEDO-Beiträgen informiert. (CIBEDO, „Christlich-Islamische Begegnungs- und Dokumentationsstelle" in Frankfurt, eine exzellent arbeitende katholische Einrichtung der Weißen Väter.) Wertvolle Informationen und Beiträge liefert die Zeitschrift ›Islam & Christian-Muslim Relations‹, hrsg. vom "Centre for the Study of Islam and Christian-Muslim Relations" (CSIC) in Selly Oak/ Birmingham. Das „Zentral-Institut Islam-Archiv-Deutschland", die wichtigste islamische Publikationsstelle in Deutschland, gibt die ›Moslemische Revue‹ mit Nachrichten und Beiträgen heraus, in denen sich Ereignisse und Einsichten eines aufgeschlossenen deutschen Islam und islamischer Dialogbemühungen widerspiegeln.

Zum gegenwärtigen Stand: Barbara Huber, Als Teil der pluralistischen Gesellschaft begreifen. Muslime in der deutschen Diaspora (HerKorr 4/1992), 571–575; M. S. Abdullah, Der Islam will in Deutschland heimisch werden, in: Islam im Abendland, Sonderband 1, Saarbrücken 1992, 30–40; J. Waardenburg, Muslimische Präsenz: Eine Feldbeschreibung (CIBEDO-Beiträge 5/ 1991), 109–122; B. Nirumand (Hrsg.), Im Namen Allahs. Islamische Gruppen und der Fundamentalismus in der Bundesrepublik Deutschland, Köln 1990. Kirstin Arat, Der Islam in Österreich (CIBEDO-Beiträge 1/1987, Nr. 4), 97–128.

[2] Siehe Nielsen a. a. O., 119.

[3] Ebd. 116. Zu den Bewegungen in den islamischen Herkunftsländern vgl. die einschlägigen Abschnitte bei Nielsen und bei Ende/Steinbach (siehe Anm. 1); S. A. Arjomand, Social change and movements of revitalization in contemporary Islam, in: J. A. Beckford (Ed.), New Religious Movements and Rapid Social Change, Paris u. a. 1986, 87–112.

[4] A. W. Haas, Türkische Volksfrömmigkeit, Frankfurt a. M. 1986; Begegnung mit dem türkischen Islam. Nach einem Reisebericht der Kommission für Ausländerfragen der EKD. Redaktion: M. Mildenberger (EZW-Texte, Information Nr. 98), Stuttgart 1986.

Ch. Elsas (Hrsg.), Identität. Veränderungen kultureller Eigenarten im Zusammenleben von Türken und Deutschen, Hamburg-Rissen 1983. Vgl. ders., Islam in Deutschland. Überlegungen zu angemessener religionswissenschaftlicher Behandlung, in: M. Pye/R. Stegerhoff (Hrsg.), Religion in fremder Kultur. Religion als Minderheit in Europa und Asien (Schriften zur internationalen Kultur- und Geisteswelt), Saarbrücken-Scheidt 1987, 187–202.

[5] B. Huber (Anm. 1), 573.

[6] K. Binswanger, Islamischer Fundamentalismus in der Bundesrepublik Deutschland, in: B. Nirumand (Anm. 1), 38–54, 46. Andere Schätzungen liegen bei 15 Prozent.

[7] Ebd. 48ff. Binswanger belegt und datiert die von ihm zitierten, teilweise alarmierenden fundamentalistischen Äußerungen nicht, so daß man ihren Stellenwert für die gegenwärtige Situation schwer abschätzen kann. Man muß die Herkunft der Bewegungen aus der Konfrontation mit dem türkischen Staat und der Verfolgung durch ihn berücksichtigen.

[8] M. Rassoul (Hrsg.), Deutsche von Allah geleitet, Köln 1982. Dieses Büchlein enthält sieben Selbstzeugnisse von Konvertiten zum Islam, darunter das des ehemaligen deutschen Botschafters Murad Wilfried Hofmann, der sich in seinem Buch (Der Islam als Alternative, München 1992) als Apologet eines konservativen Islam zu erkennen gibt. – S. Ibrahim Rüschoff, Da'wah unter Christen (Schriftenreihe des Islamischen Zentrums München Nr. 11/1983). Dazu MEZW 47/1984, 238–242. – Ein aufschlußreiches Selbstzeugnis eines deutschen Konvertiten zum Ahmadiyya-Islam: Hadayatullah Hübsch, Die Reise zum glücklichen Ufer. Ein Erfahrungsbericht aus der Subkultur (MEZW 37/1974, 178–185).

[9] L. Schlessmann, Sufismus in Deutschland, in: Gemeinsam vor Gott. Religionen im Gespräch (JIB Bd. 1), 258–265. C.-A. Keller, Sufismus in Europa, in: O. Bischofberger u. a. (Hrsg.), Der Islam in Bewegung (Weltanschauungen im Gespräch Bd. 10), Freiburg (Schweiz)/Zürich 1991, 130–163. Über den aus Indien stammenden, eher synkretistischen als islamischen „Sufi-Orden des Westens“: F. Mildenberger, „Dem Einen entgegen“. Sufis im Westen (MEZW 40/1977, 172–179). Es gibt einige Nummern der Zeitschrift ›Sufi‹ mit ausführlichen Darstellungen der hiesigen Sufi-Szene.

[10] Literatur wie zu Anm. 3.

[11] M. Reeber, A Study of Islamic Preaching in France (Islam and Christian-Muslim Relations, 2/1991, 275–294); ders., Die Grenzen des Laizismus. Zur Situation der islamischen Gemeinschaft in Frankreich (HerKorr 47/1993, 255–266).

[12] M. S. Abdullah, Der Islam will in Deutschland heimisch werden (Anm. 1), 36.

[13] J. Röhrig, Der fremde Spiegel. Autoren aus islamischen Ländern in Westeuropa (StZ 118/1993, 10–20).

[14] Siehe Arjomand (Anm. 3). Zum Begriff vgl. A. F. C. Wallace, Revitalisierungsbewegungen, in: C. A. Schmitz (Hrsg.), Religions-Ethnologie, Frankfurt a. M. 1964, 404–427.

[15] Z. B. von H. Halm, in: Süddeutsche Zeitung vom 16./17. 2. 91. Vgl. M. Tworuschka, Re-Islamisierung – eine vieldeutige Erscheinung (EZW-Texte, Arbeitstexte Nr. 21), Stuttgart [2]1989.

[16] G. Kepel, Die Rache Gottes. Radikale Moslems, Christen und Juden auf dem Vormarsch, München 1991, 57ff.

[17] B. Tibi, Bedroht uns der Islam? SPIEGEL-Essay (DER SPIEGEL 5/1993, 126f.). S. Balic, Worüber können wir sprechen? Theologische Inhalte eines Dialogs zwischen Christen und Muslimen (Islam und der Westen, 6/1986, 1–7); ders., Wie lebt ein deutschkultureller Muslim?, in: Weltmacht Islam: Ein Symposion, Landau 1983, 41–52.

## *X. Christentum und Islam im Dialog*

[1] F. Kandil, Verständigungsprobleme zwischen Muslimen und Christen (MEZW 55/1992, 33–41), 35. Vgl. C. Elsas, Der schwierige Weg zum Gespräch mit den Muslimen (ThViat NF 1/1984, 333–351).

[2] M. S. Abdullah, Der Islam will in Deutschland heimisch werden, a. a. O., 38. Zu seinem Islam-Verständnis vgl. M. S. Abdullah, Islam. Für das Gespräch mit Christen, Gütersloh 1992.

[3] F. Kandil (Anm. 1), 36 bzw. 37.

[4] G. C. Anawati, Christentum und Islam. Ihr Verhältnis aus christlicher Sicht, in: A. Bsteh (Hrsg.), Dialog aus der Mitte christlicher Theologie, Mödling 1987, 197–216, 210. Versuche, hinter die offizielle islamische Exegese zurück nach einem ursprünglichen, weniger christentumsfeindlichen Sinn koranischer Verse zu fragen, liegen z. B. vor bei C. Schedel, Muhammad und Jesus. Die christologisch relevanten Texte und Koran, Wien u. a. 1978. Vgl. auch P. Schwarzenau, Korankunde für Christen. Ein Zugang zum heiligen Buch der Moslems, Stuttgart/Berlin 1982. Schwarzenau hat seine Position zusammengefaßt in: „Kommt herbei zu einem gleichen Wort zwischen uns" (Koran, Sure 3, 64). Biblische und koranische Grundlagen für den christlich-islamischen Dialog, in: U. Tworuschka (Hrsg.), Gottes ist der Orient – Gottes ist der Okzident, Festschrift für A. Falaturi, Köln/Wien 1991, 499–508.

[5] H. Busse, Die theologischen Beziehungen des Islams zu Judentum und Christentum. Grundlagen des Dialogs im Koran und die gegenwärtige Situation, Darmstadt 1988; A.-Th. Khoury, Toleranz im Islam, Mainz/München 1980; O. Schumann, Der Christus der Muslime. Christologische Aspekte in der arabisch-islamischen Literatur (KVRG 13), Köln/Wien [2]1988; H. Zirker, Christentum und Islam. Theologische Verwandtschaft und Konkurrenz, Düsseldorf 1989. Aus dem „Sekretariat für die Nichtchristen": M. Borrmans, Wege zum christlich-islamischen Dialog, Frankfurt a. M. 1985. Ältere Literatur: M. Fitzgerald/A.-Th. Khoury/W. Wanzura (Hrsg.), Moslems und Christen – Partner?, Graz u. a. 1976; R. Paret, Toleranz und Intoleranz im Islam (Saec. 21/1970, 344–365); P. Antes, Das Verhältnis zu den Ungläubigen in der islamischen Theologie, in: A. Falaturi/W. Strolz (Hrsg.), Glauben an den einen Gott, Freiburg u. a. 1975, 117–129.

[6] Beziehungen zwischen Christen und Muslimen: Ökumenische Überlegungen (CIBEDO-Beiträge 7/1993, 65–75).

[7] A.-Th. Khoury, Dialog mit dem Islam (MD der Ökumenischen Centrale Nr. 12, II/1992, 31 ff.).

[8] I. R. al-Faruqi, On the Nature of Islamic Da'wah (IRM 65/1976, 391 ff.), 396. Vorträge und Diskussionen der Chambésy-Konsultation sind auch von der Islamic Foundation in Leicester veröffentlicht worden: Christian Mission and Islamic Da'wah, Leicester 1982. Das Zitat: S. 38 f.

[9] A. O. Nasseef, Muslim-Christian Relations: Muslim Approach, in: Current Dialogue 11, Dec. 1986, 29–32.

[10] E. Rudolf, Muslimische Äußerungen zum Dialog mit dem Christentum (1970–1991) (CIBEDO-Beiträge 6/1992, Nr. 2/3, 33–46), auszugsweise abgedruckt in: MEZW 55/1992, 254–263.

[11] In Bangladesh z. B. hat die Regierung deshalb zeitweilig eine neue bengalische Bibelübersetzung verboten (vgl. KM 5/1990, 152).

[12] Z. B. Fazhi-r-Rahman/I. R. al-Faruqi, Christliches Verständnis des Islam?, in: Kairos, 1961, 225–233. Vgl. K. Hock, Der Islam im Spiegel westlicher Theologie (Kölner Veröffentlichungen zur Religionsgeschichte Bd. 8), Köln/Wien 1986, 275. Wichtige Werke von K. Cragg: The Call of the Minaret, New York 1956; Sandals at the Mosque, London 1959.

[13] K. Hock, Der Islam im Spiegel westlicher Theologie. Aspekte christlich-theologischer Beurteilung des Islam im 20. Jahrhundert, Köln/Wien 1986, 287.

[14] S. Balic, Worüber können wir sprechen? Theologische Inhalte eines Dialogs zwischen Christen und Muslimen (Islam und der Westen 6/1986, 1–7), 6.

[15] Moslemische Revue 12/1992, 7 f.

[16] Christians meeting Muslims. WCC-Papers on Ten Years of Christian-Muslim Dialogue, Geneva 1966, 149.

[17] M. A. al Ra'uf, Judaismus und Christentum, aus der Sicht des Islam, in: I. R. al-Faruqi, Judentum, Christentum, Islam. Trialog der Abrahamitischen Religionen, Frankfurt a. M. 1986, 41–51, 50.

[18] H. Zirker, Katholische Kirche und Islam, soll im MdKI erscheinen.

[19] Vgl. die positive Würdigung bei T. Sundermeier, Interreligiöser Dialog und die „Stammesreligionen" (NZSTh 23/1981, 225–237).

[20] Was jeder vom Islam wissen muß, hrsg. vom Luth. Kirchenamt der VELKD und vom Kirchenamt der EKD, Gütersloh 1990, 182.

[21] So argumentiert mit Recht W. Ariarajah, The Bible and People of other Faiths, Geneva 1985, 10, auch wenn ich seine weitergehenden Konsequenzen nicht teilen kann.

[22] E. Kellerhals, Der Islam, Basel [2]1956, 352. „Zur Weißglut überhitzten Monotheismus" wirft H. Kraemer dem Islam vor in seinem Hauptwerk: Die christliche Botschaft in einer nichtchristlichen Welt, Zürich 1940, 198. Von Kellerhals zitiert 355.

[23] K. Barth, Gotteserkenntnis und Gottesdienst nach reformatorischer Lehre, Zollikon 1938, 57.

[24] J. Bouman, Der Glaube an den einen Gott im Christentum und im Islam, Gießen/Basel 1983, 32, siehe K. Hock, a. a. O., 250, 256.

[25] H. Zirker, Christentum und Islam, a. a. O., 55 ff. u. passim.

[26] E. Kellerhals, a. a. O., 376. Dazu K. Hock, a. a. O., 163. Auch Walter Freytag ging 1955 von einer zwangsläufigen Entfaltung des nachchristlichen Islam zu einer antichristlichen Religion aus: W. Freytag, Der Islam als Beispiel einer nachchristlichen Religion, in: Reden und Aufsätze Teil II, hrsg. von J. Hermelink und H. J. Margull, München 1961, 53–63, 58.

[27] Abgedruckt in: MEZW 47/1984, 232–234.

[28] H. Zirker, Christentum und Islam, a. a. O., 140ff.

[29] Die Vollversammlung von Nairobi wandte sich 1975 gegen „jede Form von Synkretismus" im Sinne eines Versuchs, „aus Elementen vieler verschiedener Religionen eine neue Religion zu schaffen". Bericht aus Nairobi 75, hrsg. vom ÖRK, Frankfurt a. M. 1976.

[30] „Die andere [Aussage] geht von den unterschiedlichen Anliegen einer Selbstmitteilung Gottes im Christentum und einer Willensmitteilung im Islam aus und sieht beide *komplementär* zueinander, wobei bestimmte antitritheistische/antitrinitarische Passagen des Koran weniger als Ablehnung der dogmatischen Position des Christentums, sondern vielmehr als Abwehr einer irreführenden, weil auch aus christlicher Sicht häretischen Dreigötterlehre zu sehen wären." P. Antes, Dialog oder doppelter Monolog? Bemerkungen zum Gespräch zwischen Christen und Muslimen, in: Gottes ist der Orient, Gottes ist der Okzident. Festschrift für A. Falaturi, Köln/Wien 1991, 425–437, 432.

[31] S. H. Nasr, Ideals and Realities of Islam, Boston 1972, 35.

[32] T. Sundermeier, Die religiöse und politische Herausforderung des Islam (Evangelische Mission, Jahrbuch 1983, 37–49), 38.

[33] Vgl. den Jahresrückblick 1990 in den vom Zentralinstitut Islam-Archiv-Deutschland herausgegebenen ›Islam-Nachrichten‹ vom 24. 12. 1990, auszugsweise abgedruckt in: MEZW 54/1991, 38–41. Zur Vergleichbarkeit von christlicher „Mission" und islamischer *„daʿwa"* vgl. K. Hock, Christliche Mission und islamische *daʿwa:* „Sendung" und „Ruf" im geschichtlichen Wandel (CIBEDO-Beiträge 3/1989, 11–26), 20: „Christliche Mission und islamische *daʿwa* stellen heute vergleichbare Konzeptionen dar!"

## *XI. Fremde Religionen in der säkularen Kultur*

[1] M. Riesebrodt, Fundamentalismus als patriarchalische Protestbewegung, Tübingen 1990, 170 u. passim. R. Hummel, Fundamentalismus in Indien und im Islam, in: H. Hemminger, Fundamentalismus in der verweltlichten Kultur, Stuttgart 1991, 17–65, bes. 154ff.

[2] G. Kepel, Die Rache Gottes, München 1991, 27. – Zum Umgang mit dem Fremden: T. Sundermeier (Hrsg.), Den Fremden wahrnehmen. Bausteine für eine Xenologie, Gütersloh 1992.

[3] Wanderungsbewegungen in Europa – Ein Diskussionspapier der EKD (epd-Dokumentation Nr. 14 a/92), 11.

[4] H. Cox, Licht aus Asien. Verheißung und Versuchung östlicher Religiosität, Stuttgart 1978, 109.

[5] C. G. Jung, Gesammelte Werke Bd. 15, Olten 1971, 69 (aus der Gedächtnisrede Jungs für Richard Wilhelm). Zu H. Hesse siehe ZMiss 4/1978, 51.

[6] Ein kurzer Überblick über verschiedene Länder bei F. O. Radtke, Multikulturalismus. Ein postmoderner Nachfahre des Nationalismus? (Vorgänge 117, H. 3, 23–30). Vgl. C. Leggewie, MultiKulti. Spielregeln für die Vielvölkerrepublik, Berlin 1990.

[7] W. Pannenberg, Christentum in einer säkularisierten Welt, Freiburg u. a. 1988, 20f.

[8] R. N. Dandekar, Der Mensch im Denken des Hinduismus, in: A. Bsteh (Hrsg.), Sein als Offenbarung in Christentum und Hinduismus (Beiträge zur Religionstheologie 4), Mödling 1984, 139–179, 179.

[9] H.-J. Klimkeit, Der politische Hinduismus. Indische Denker zwischen religiöser Reform und politischem Erwachen, Wiesbaden 1981. Die indischen Gurus in Westen haben den Hinduismus auf eine Botschaft spiritueller Befreiung reduziert: R. Hummel, Gurus in Ost und West, Stuttgart 1984, 96f.

[10] Auf die gesellschaftliche Relevanz des Buddhismus für den Westen weist Detlef Kantowsky immer wieder hin, z. B.: Von Südasien lernen, Frankfurt a. M./New York 1985.

[11] Grundlegend dazu: J. D. M. Derrett, Religion, Law and the State in India, London 1968. M. Reeber, Die Grenzen des Laizismus (HerKorr 1993, 255–260), verwendet den Begriff „Kommunitarismus" für die Tendenz unter Muslimen in Frankreich, „auf einer ethnisch-religiösen bzw. politisch-religiösen Basis Parallel-Gesellschaften zu gründen" (S. 256).

[12] W. Haußmann, „Multikulturelle Gesellschaft". Zur Problematik eines vieldeutigen Begriffs, in: R. Kirste/P. Schwarzenau/U. Tworuschka (Hrsg.), Gemeinsam vor Gott (Jahrbuch für interreligiöse Begegnung Bd. 1, 1990/91), 87–105. Vgl. ›Pädagogische Beiträge zur Kulturbegegnung‹, hrsg. von J. Lähnemann, bisher 10 Bände. Ein Beitrag zur Begriffserklärung liegt in der Unterscheidung zwischen „multikulturell" als Zustandsbeschreibung und „interkulturell" als Ausdruck von Beziehungen untereinander.

[13] G. Schulze, Die Erlebnisgesellschaft. Kultursoziologie der Gegenwart, Frankfurt a. M./New York 1992, bes. 365f.

[14] E. Barker, New Religious Movements. A Practical Introduction, a. a. O., 72.

[15] P. Antes hat darauf aufmerksam gemacht, daß das islamische Denken der traditionellen christlichen Theologie nähersteht als der modernen, z. B. im Verständnis von Offenbarung und Inspiration. Die gegenwärtige christliche Position sei dabei „nicht als eine absolute und damit zeitlose anzusehen, sondern sie ist in ihrer Grundausrichtung historisch in Auseinandersetzung mit dem neuzeitlichen Denken so geworden". P. Antes, Dialog oder doppelter Monolog?, in: Gottes ist der Orient. Gottes ist der Okzident. Festschrift für A. Falaturi, Köln/Wien 1991, 425–437, 429.

[16] F. Kandil, Verständigungsprobleme zwischen Muslimen und Christen (MEZ 54/1991, 33–38), 36.

[17] Wanderungsbewegungen ... (Anm. 3), 11.

[18] Die ZEIT von 20. 11. 92.

[19] Themennummer ›Focus on the Salman Rushdie Affair‹ von ›Discernment‹ (4/1990, H. 2), der Zeitschrift des (früheren) Committee for Relations with People of Other Faiths des Britischen Kirchenrats.

[20] L. Newbigin, Muslims, Christians and Public Doctrine, in: The Gospel and our Culture, Newsletter No. 6, 1990, 1 (übersetzt von R. H.).

[21] Auf die Unterschiedlichkeit westlicher und nichtwestlicher Säkularisationsmodelle verweist auch (unter Berufung auf H. Waldenfels) B. Hoedemaker, Säkularisation: Ein Problem ökumenischer Theologie, in: T. Sundermeier (Hrsg.), Die Begegnung mit dem Anderen, Gütersloh 1991, 173–181.

[22] J. Nielsen, a. a. O., 165 f. (übersetzt von R. H.).

[23] H.-W. Gensichen, Christentum, Mission und Kultur (Evang. Mission 1984, 57–73) verweist auf den ›Bericht aus Vancouver‹ 1983 (Frankfurt a. M. 1983) und die dort formulierte Aufgabe, „ein Verständnis der Beziehung zwischen Evangelisation und Kultur zu entwickeln, das sowohl die kontextuelle Verkündigung des Evangeliums in allen Kulturen als auch die verändernde Kraft des Evangeliums in jeder Kultur einbezieht" (S. 69). Der Bericht aus Vancouver (S. 212) warnt eindringlich vor der kulturellen Gefangenschaft der Kirchen.

[24] Religionen, Religiosität und christlicher Glaube, Gütersloh 1991, 126.

## *XII. Islam und Menschenrechte*

[1] Zu der noch wenig erforschten Dalit-Bewegung vgl. H. Grafe, Christliche Theologie für das Dorf und für 'Dalits', Jahrbuch 1990 des Ev.-Luth. Missionswerkes in Niedersachsen, 80–89.

[2] Meldung in: epd ZA vom 25. 9. 92.

[3] J. Schwartländer/H. Bielefeldt, Christen und Muslime vor der Herausforderung der Menschenrechte, hrsg. von der Wissenschaftlichen Arbeitsgruppe für weltkirchliche Aufgaben der Deutschen Bischofskonferenz, Bonn 1992, 13. Grundlegend zum Thema: Gertraud Putz, Christentum und Menschenrechte (Veröffentlichungen des Internationalen Forschungszentrums für Grundfragen der Wissenschaften Salzburg, NF Bd. 40), Innsbruck/Wien 1991. Ann Elisabeth Mayer, Islam and Human Rights. Tradition and Politics, Boulder/London 1991.

[4] Zitiert bei G. Grohs, Christentum, Islam und die Menschenrechte (ÖR 38/1989, 293–304).

[5] B. Tibi, Universalität der Menschenrechte? (Universitas 48/1993, 130–139), 138 f.

[6] W. Huber, Die Mehrheitsgesellschaft und die Minderheiten. Bedingungen des Zusammenlebens (epd-Dokumentation Nr. 2 a/1993), 17.

[7] H. Bielefeldt, Menschenrechtliche Universalität und kulturelle Identität (›Menschenrechte sind unteilbar‹. epd-Dokumentation Nr. 21/1993, 27–32), 28.

[8] S. A. Baharuddin, Weshalb es immer eine kulturelle Konditionierung der Menschenrechte geben wird (wie Anm. 7, 23–26), 23f.

[9] Vgl. S.-H. Lee-Linke, Frauen gegen Konfuzius: Perspektiven einer asiatisch-feministischen Theologie, Gütersloh 1991. Die Ermittlung eines „menschenrechtlichen Kernbestandes" wird empfohlen von M. Honecker, Christen und Muslime vor der Herausforderung der Menschenrechte (MdKI 44/1993, 83–86), 86. Siehe auch Honeckers Beitrag in: H. Busse/M. Honecker, Gottes- und Weltverständnis in Islam und Christentum (EZW-Texte, Information Nr. 123), Stuttgart 1993. Vgl. neuerdings: Menschenrechte im Nord-Süd-Verhältnis. Erklärung der Kammer der EKD für Kirchlichen Entwicklungsdienst (EKD-Texte 46), Hannover 1993.

[10] J. Schwartländer/H. Bielefeldt (Anm. 3), 22f.

[11] P. Heine, Menschenrechte in der islamischen Diskussion (Orientierung 57/1993), 5f.

[12] M. S. Abdullah im Vorwort zur Koranübersetzung von A. Khoury, S. XXXVIII.

[13] J. Schwartländer/H. Bielefeldt (Anm. 3), 28.

[14] Abgedruckt in: MEZW 55/1992, 44–48, sowie in: CIBEDO-Beiträge Nr. 5/6, 1991, 178ff., mit ›Anmerkungen zum Verständnis der Menschenrechte im Islam‹ von C. Lienemann-Perrin, 162ff.

[15] Aus einem Interview mit Tarek Mitri (One World No. 183, March 1993, 15–17) (übersetzt von R. H.).

[16] Abgedruckt in: Moslemische Revue, 12/1992, 10–15.

[17] Vgl. ›Was jeder vom Islam wissen muß‹, hrsg. vom Luth. Kirchenamt der VELKD und vom Kirchenamt der EKD, Gütersloh 1990, 53.

## *XIII. Synkretismusprobleme*

[1] P. Beyerhaus/L. E. von Padberg (Hrsg.), Eine Welt – Eine Religion? Die synkretistische Bedrohung unseres Glaubens im Zeichen von New Age, Asslar 1988. Zur Synkretismusproblematik: U. Berner, Untersuchungen zur Verwendung des Synkretismus-Begriffes, Wiesbaden 1982. H. P. Siller (Hrsg.), Suchbewegungen. Synkretismus – Kulturelle Identität und kirchliches Bekenntnis, Darmstadt 1991. W. Greive/R. Niemann (Hrsg.), Neu glauben? Religionsvielfalt und neue religiöse Strömungen als Herausforderung an das Christentum, Gütersloh 1990. R. Hummel, Reizwort Synkretismus (MEZW 49/1986, 252–259). W. A. Visser't Hooft, Kein anderer Name. Synkretismus oder christlicher Universalismus?, Basel 1965. H. Kraemer, Die christliche Botschaft in einer nichtchristlichen Welt, Zollikon 1940.

[2] L. Boff, Kirche: Charisma und Macht, Düsseldorf 1982. W. Hollenweger unterscheidet theologisch verantworteten Synkretismus, nämlich Anpassung an eine neue Situation, von unverantwortetem, nämlich dem „direkten Eingehen auf die Marktsituation", und empfiehlt die „biblische Synkretismusverarbeitung" als Vorbild für die Gegenwart: W. Hollenweger, Pluralismus als

Gabe und Aufgabe, in: J. Lähnemann (Hrsg.), Das Wiedererwachen der Religionen als pädagogische Herausforderung (Pädagogische Beiträge zur Kulturbegegnung 10), Rissen 1992, 65–76. Das entspricht weitgehend H. Kraemers Unterscheidung zwischen uneigentlichem und eigentlichem Synkretismus.

[3] H.-W. Gensichen, Mißverständnis und Vorverständnis. Hinweise der Religionswissenschaft zum Synkretismus-Problem, in: Neu glauben? (Anm. 1), 9–22, 13.

[4] L. Newbigin, Salz der Erde. Fragen an die Kirchen heute, Neukirchen-Vluyn 1985, 36.

[5] H. Brandt, Kontextuelle Theologie als Synkretismus? Der „neue Synkretismus" der Befreiungstheologie und der Synkretismusverdacht gegenüber der Ökumene (ÖR 35/1986, 144–159).

[6] T. Sundermeier, Inkulturation und Synkretismus (EvTh 52/1992, 192–209), 195 f.

[7] R. Hummel, Sinn im Angebot. Mission auf dem Markt der Medien, in: H. N. Janowski (Hrsg.), Die kanalisierte Botschaft, Gütersloh 1987, 81–93.

[8] C. Lévi-Strauss, Das wilde Denken, Frankfurt a. M. 1973, 34 ff.

[9] M. Trowitzsch, Das Ende des Synkretismus: Der christliche Glaube (Forum Loccum, hrsg. v. d. Evang. Akademie Loccum 1/1989, 47–57), 54 f.

[10] M. M. Thomas, Christusorientierter Synkretismus – Ziel des Dialogs zwischen verschiedenen Religionen (ZMiss 7/1981, 70 ff.).

[11] W. E. Mühlmann, Chiliasmus und Nativismus, Berlin 1964, 10.

[12] A. Feldtkeller, Der Synkretismus-Begriff im Rahmen einer Theorie von Verhältnisbestimmungen zwischen Religionen (EvTh 52/1992, 224–245), 230.

[13] U. Berner, Synkretismus und Inkulturation, in: Suchbewegungen (Anm. 1), 130–144, 144.

[14] Bericht aus Nairobi, Frankfurt a. M. 1976, 42.

[15] G. Lanczkowski, Begegnung und Wandel der Religionen, Düsseldorf/Köln 1971, 64 ff.

[16] C. Colpe, Die Vereinbarkeit historischer und struktureller Bestimmungen des Synkretismus, in: ders., Theologie, Ideologie und Religionswissenschaft, München 1980, 162–185, 184.

[17] M. Eliade, Die Sehnsucht nach dem Ursprung, Wien 1973, 58 f.

[18] Zum synkretistischen Umgang der Theosophischen Gesellschaft mit den Religionen: R. Hummel, Indische Mission und neue Frömmigkeit im Westen, Stuttgart 1980, 189–192.

[19] Zur Unterscheidung von Synkretismus auf System- und Elementen-Ebene: U. Berner (Anm. 1). Zur Metapher der Achse und Achsenverlagerung (im Anschluß an Schleiermachers 5. Rede über die Religion): R. Otto, Indiens Gnadenreligion und das Christentum, München 1930, 71, 77. Vgl. J. Figl, Die Mitte der Religionen, Darmstadt 1993. Laut Figl kann man im Blick auf die (von ihm so bezeichneten) universalistischen bzw. universalreligiösen Bewegungen von einem Synkretismus auf der Meta-System-Ebene sprechen (S. 164). In der Sache handelt es sich um ein ähnliches Phänomen wie den in

Kap. 10 beschriebenen nachchristlichen Beerbungssynkretismus, der zu einer verfremdenden Umdeutung christlicher (und anderer) Inhalte führt.

[20] G. Lanczkowski (Anm. 15), 96.

[21] C. Westermann, Die Zukunft der Religionen, in: Fides pro mundi vita. H.-W. Gensichen zum 65. Geburtstag, hrsg. von T. Sundermeier, Gütersloh 1980, 151–158, 158.

[22] Religionen, Religiosität und christlicher Glaube, 126: „Zu diesem Welthandeln Gottes gehören auch und zumal die Religionen ... Wie alles Schöpfungsgeschehen ist auch dieses Gotteshandeln ... darauf angelegt, 'auf daß sie Gott suchten ...'."

[23] D. T. Suzuki, Die große Befreiung, Weilheim 1972. R. Hummel, Yoga – Meditationsweg für Christen? Probleme einer christlichen Yoga-Rezeption (EZW-Texte, Information 112), Stuttgart 1990.

[24] H. Waldenfels, Die Friedensgebete von Assisi, Freiburg u.a. 1987. R. Hummel, Getrennt glauben – gemeinsam beten? Assisi und die Nachwirkungen (MEZW 50/1987, 217–225). Auf S. 225–227 ist die Schlußansprache des Papstes in Assisi auszugsweise abgedruckt.

[25] M. Seckler, Synodos der Religionen. Das 'Ereignis von Assisi' und seine Perspektiven für eine Theologie der Religionen (ThQ 169/1989, 5–24), 11 f.

[26] Die Haltung der katholischen Kirche gegenüber den Anhängern anderer Religionen, Gedanken und Weisungen über Dialog und Mission. Dokument des Römischen Sekretariats für die Nichtchristen (Pfingsten 1984) (abgedruckt in: US 43/1988, 201–209), 208. Aus der Dialogarbeit der ÖRK vgl. T. Arai/W. Ariarajah, Spirituality in Interfaith Dialogue, Geneva 1989.

[27] Jeder zu seinem Gott – oder alle zum selben? Stellungnahmen zum „Interreligiösen Gebet" (Nachrichten der Evang.-luth. Kirche in Bayern, 46/1991, 455–458). Alle Zitate sind daraus entnommen. Vgl. H. Ucko, Interreligious Worship and Prayer (Current Dialogue 24, June 1993, 35–39). Dort weitere Literaturhinweise, darunter: A. Baumann/U. Schwenner (Hrsg.), Gemeinsame christlich-jüdische Gottesdienste? (VELK/KLAK); Interfaith Worship: Counsel for Lutherans; Lutheran Council in the USA (übersetzt in: MEZW 50/1987, 228–232).

## *XIV. Christliche Orientierung im religiösen Pluralismus*

[1] Die unübersehbare Literatur über den interreligösen Dialog überschneidet sich mit derjenigen über eine Theologie der Religionen und über den religiösen Pluralismus. Aus der Dialogarbeit der ÖRK: Leitlinien zum Dialog mit Menschen verschiedener Religionen und Ideologien (Arbeitstexte 19 der EZW), Stuttgart 1979; M. Mildenberger (Hrsg.), Denkpause im Dialog, Frankfurt a. M. 1978; U. Berger/M. Mildenberger (Hrsg.), Keiner glaubt für sich allein, Frankfurt a. M. 1987; D. L. Eck, Interreligiöser Dialog – was ist damit gemeint? (Una Sancta 43/1988, 201–209); T. Arai/W. Ariarajah, Spirituality in Interfaith Dialogue, Geneva 1989; K. Cracknell, Mission und Dialog,

Frankfurt a.M. 1990; H. Ucko, Christlich-jüdischer Dialog: Diagnose und Prognose (ÖR 40/1992, 147–160). – Aus dem katholischen Bereich: W. Strolz/H. Waldenfels (Hrsg.), Christliche Grundlagen des Dialogs mit den Weltreligionen (QD 98), Freiburg 1983; A. Bsteh (Hrsg.), Dialog aus der Mitte christlicher Theologie (Beitr. z. Religionstheologie 5), Mödling 1987; Dialog und Verkündigung. Verlautbarungen des Apostolischen Stuhls 102, hrsg. vom Sekretariat der Dt. Bischofskonferenz, Bonn 1991; L. Swidler, Die Zukunft der Theologie. Im Dialog der Religionen und Weltanschauungen, Regensburg/München 1992; H. Küng u. a., Christentum und Weltreligionen, München/Zürich 1984; H. Waldenfels, Begegnung der Religionen, Bonn 1990, bes. 305ff., 320ff., 336ff. Vgl. ferner: J. Zehner, Der notwendige Dialog. Die Weltreligionen in katholischer und evangelischer Sicht (Studien zum Verstehen fremder Religionen 3), Gütersloh 1992; W. Pannenberg, Religion und Religionen. Theologische Erwägungen zu den Prinzipien eines Dialoges mit den Weltreligionen, in: Dialog aus der Mitte christlicher Theologie, a. a. O., 179–196. Vgl. auch die Zeitschriften ›Dialog der Religionen‹ und ›Studies in Interreligious Dialogue‹ (seit 1991).

[2] P. M. Zulehner, Religion und Autoritarismus (StZ 1991, 597–608).

[3] P. L. Berger, Der Zwang zur Häresie, Frankfurt a. M. 1980, 200.

[4] W. Pannenberg, Christentum in einer säkularisierten Welt, Freiburg 1988, 20ff.

[5] Religionen, Religiosität und christlicher Glaube, Gütersloh 1991.

[6] W. Ariarajah, Hindus and Christians, Grand Rapids/Geneva 1991, 202. Es handelt sich um C. J. Eichhorst.

[7] M. von Brück, Christliche Mystik und Zen-Buddhismus. Synkretistische Zugänge, in: W. Greive/R. Niemann (Hrsg.), Neu glauben?, Gütersloh 1990, 146–166, 163. Von Brück weist der Kirche hier die Rolle des „Koordinators der pluralen Erfahrungen (gerade auch der tiefsten Dimensionen des Geistes, die in Meditationswegen erschlossen werden)“ zu.

[8] Das Konzept der „Unterscheidung des Christlichen“ (nach R. Guardinis Formulierung) liegt der Reihe ›Unterscheidung. Christliche Orientierung im religiösen Pluralismus‹ zugrunde. Vgl. das Vorwort der Herausgeber in meinem Buch ›Reinkarnation‹, Mainz/Stuttgart 1988, 5f.

[9] J.C. Basset, Christliche Theologie und interreligiöses Gespräch (ZMiss 19/1933, 95–104). L. Swidlers Dialog-Dekalog ist in deutscher Übersetzung abgedruckt in: MEZW 55/1992, 232–236.

[10] R. A. Mall, Wahrheit und Toleranz als hermeneutisches Problem (Dialog der Religionen 3/1993, 20–36). Die Zitate auf S. 27 und 35.

[11] J. Werbick, Vom entscheidend und unterscheidend Christlichen, Düsseldorf 1992.

[12] W. Ariarajah (Anm. 6), 28ff., 216.

[13] J. Aagaard, Dialog and Apologetics, in: Update and Dialog, June 1992, 12–14.

[14] P. Gerlitz, Kommt die Welteinheitsreligion?, Hamburg 1969.

[15] Der Zusammenhang von mystischer Erfahrung und pluralistischer Reli-

gionstheologie ist deutlich bei M. von Brück, Einheit der Wirklichkeit, München 1986. Zur pluralistischen Religionstheologie: J. Hick, God and the Universe of Faiths, London 1973; ders., Gott und seine vielen Namen, Altenberge 1985; J. Hick/P. Knitter, The Myth of Christian Uniqueness: Towards a Pluralistic Theology of Religions, Maryknoll 1987; R. Panikkar, Der neue religiöse Weg. Im Dialog der Religionen leben, München 1990; P. Knitter, Ein Gott – viele Religionen, München 1985; S. J. Samartha, One Christ – Many Religions, Maryknoll 1991; R. Bernhardt, Der Absolutheitsanspruch des Christentums. Von der Aufklärung bis zur pluralistischen Religionstheologie, Gütersloh 1990; ders. (Hrsg.), Horizontüberschreitung. Die Pluralistische Theologie der Religionen, Gütersloh 1991. Kritisch dazu mein Artikel: Christlicher Glaube im Pluralismus der Religionen (MEZW 55/1992, 33–44). Vgl. auch M. Welker, „Einheit der Religionsgeschichte“ und „universales Selbstbewußtsein“. Zur gegenwärtigen Suche nach Leitbegriffen im Dialog zwischen Theologie und Religionswissenschaft (EvTh 438/1988, 3–18).

16 P. Knitter (Anm. 15), 67 ff., hat die unterschiedlichen theologischen Ansätze beschrieben.

17 P. Knitter, Kein Absolutheitsanspruch und doch missionarisch?, in: Der Absolutheitsanspruch des Christentums, Loccumer Protokolle 7/1991, hrsg. von der Ev. Akademie Loccum, 1991, 54–67.

18 J. Sudbrack, Mystik, Mainz/Stuttgart 1988; ders., Mystik im Dialog, Würzburg 1992.

19 Vgl. E. Lévinas, Die Spur des Anderen, Frankfurt a. M. 1983; ders., Humanismus des anderen Menschen, Hamburg 1989.

20 Auf die Bedeutung der Liebe im Kontext der Religionsbegegnung weist auch hin H.-M. Barth, Koexistenz der Religionen – Ende des christlichen Missionsauftrags? (Dialog der Religionen 3/1993, 165–179), 179.

21 C. H. Ratschow (Hrsg.), Ethik der Religionen, Stuttgart 1980, 9 f.

22 H. Küng, Projekt Weltethos, München 1990. Das Zitat stammt aus H. Küng, Weltfrieden durch Religionsfrieden, in: Hans Küngs „Projekt Weltethos“, Hofgeismarer Protokolle Nr. 299/1993, 28. Die ›Universale Weltethos-Erklärung‹ ist hier zitiert nach: Moslemische Revue, H. 1/1992, 44–46. Die vom Weltparlament der Religionen 1993 angenommene ›Declaration of a Global Ethic‹ spricht von “a common set of core values found . . . in the teachings of the religions”. H. Küng/K. J. Kuschel (Hrsg.), Erklärung zum Weltethos, München/Zürich 1993.

23 H. Dembowski, Unser Christus – der einzige Weg? (JbM 1992, 190–219), 218.

24 C. Westermann, Die Zukunft der Religionen, in: Fides pro mundi vita (MWF 14), Gütersloh 1980, 151–158. T. Sundermeier, Interreligiöser Dialog und die „Stammesreligionen“ (NZSTh 23/1981, 225–237).

25 H. Waldenfels, Der Gekreuzigte und die Weltreligionen, Zürich u. a. 1983, 11 ff. u. passim.

26 L. Newbigin, The Gospel in a Pluralist Society, Grand Rapids/Geneva 1989, 121.

[27] So mit Recht L. Newbigin (Anm. 26), 167f., gegen W. Ariarajah, The Bible and People of other Faiths, Geneva 1985, 16f.

[28] Die Verbindung von eschatologischer Endgültigkeit der Gestalt Jesu und der Vorläufigkeit menschlicher Erkenntnis sowie die daraus folgende Möglichkeit dialogischer Offenheit betont W. Pannenberg, Die Religionen als Thema der Theologie. Die Relevanz der Religionen für das Selbstverständnis der Theologie (ThQ 169/1989, 99–110), 108f.

[29] Über K. Sivaraman vgl. W. Ariarajah (Anm. 6), 144f., 193f. Ähnlich A. Rambachan, Religious Pluralism: A Hindu Perspective, in: Current Dialogue 17, Dec. 1989, 25–27: "Hinduism ... does not wholeheartedly endorse every spiritual path as leading directly to God" (S. 27). Zur Stellung der Weltreligionen zueinander: H. Coward, Pluralism: Challenge to World Religions, Maryknoll 1985. Vgl. auch H.-J. Loth u. a. (Hrsg.), Christentum im Spiegel der Weltreligionen, Stuttgart 1978.

[30] A. Rössler, Steht Gottes Himmel allen offen? Zum Symbol des kosmischen Christus, Stuttgart 1990. Rössler entwickelt religionstheologische Überlegungen von einer kosmischen Christologie her. Zur gegenwärtigen Diskussion über die Wirksamkeit Christi bzw. des Heiligen Geistes in den Religionen vgl. P. F. Knitter, A New Pentecost? A Pneumatological Theology of Religions (Current Dialogue 19, January 1991, 32–41). (Es handelt sich um einen Bericht über die Konsultation von Baar im Januar 1990, auf der orthodoxe, katholische und protestantische Theologen sich mit christologischen und pneumatologischen Aspekten der religiösen Pluralität auseinandersetzten. Das Statement von Baar ebd., S. 47–51.)

[31] H. Küng, Theologie im Aufbruch, Neuausgabe München 1992, 305. Die Unterscheidung von Außen- und Binnenperspektive und ihre Bedeutung für die Apologetik betont W. Sparn, Religiöse Aufklärung, Krise und Transformation der christlichen Apologetik im Weltanschauungskampf der Moderne, in: Glaube und Denken. Jahrbuch der Karl Heim-Gesellschaft 5, 1992, 77–105, 155–164, 102.

[32] W. Ariarajah (Anm. 27), 25. (P. Knitter, Ein Gott – viele Religionen, a. a. O., 123, bezeichnet das als „Sprache der Liebe".) Ariarajah zieht daraus die fragwürdige Schlußfolgerung, christliche Glaubensaussagen über Christus seien außerhalb der christlichen Glaubensgemeinschaft bedeutungslos (S. 23 und 6). Er unterscheidet nicht deutlich genug zwischen einer empirischen Feststellung und einer theologischen Aussage.

[33] L. Newbigin (Anm. 26), 165.

[34] P. L. Berger in seinem Vortrag vor der EKD-Synode 1993. Gekürzter Abdruck in: LM 32/1993, 12–16.

# REGISTER (AUSWAHL)

*Namen*

## *Sachen*